大学教官歴 37 周年記念著作

地方創生と社会システム

中央大学経済研究所客員研究員

木村武雄 著

五絃舎

緒　言

　毎朝，朝食時に思うことがある。食後11の薬を飲まなければならないことである。高血圧の薬（3種類）。アジルバ20mg 1錠，イグザレルト 10mg 1錠，アムロジピン 5mg（サンド）1錠（夕食時も1錠）。不整脈の薬，ピルシカイニド塩酸塩（トーワ）25mg2錠（昼食，夕食時も）。糖尿病の薬（3種類）。グリクラジド40mg（サワイ）1錠，エクア 50mg 1錠（夕食時も），カナグル 100mg 1錠。高尿酸値の薬。アロプリノール 100mg（サワイ）2錠。前立腺肥大用薬。ナフトピジル（トーワ）OD 25mg（フリバス後継薬）1錠。そして糖尿病の傾向は皮膚組織の最も弱い部分の眼球にでるので，ラタノプスト点眼液0.005％も毎朝起床した際，必ず両面に点眼する。最初はこんなに沢山の薬の服用を不思議に思わなかった。8〜9年前に亡くなった両親の薬も当時管理していて，彼らとそんなに違わない数の薬を扱っていたからである。私の最も忌避したものは「借金と薬」で，abhorrence。人生の皮肉というか，私の晩年は「借金地獄と薬地獄」に陥っている。日常生活は健康で，何ら不自由なく活動できるのに。（借金地獄は前著『地方創生と労働経済論』の緒言で詳述したので割愛）。人生悩みは尽きない。このままだったら，妻に約束したスイスや世界一周旅行は夢物語になるかもしれない。

　閑話休題，本書は『10ヵ国語経済・ビジネス用語辞典』，『地方創生と日本経済論』，『地方創生と労働経済論』に続く「大学教官歴30年超シリーズ」第4弾である。

　本書の構成を次に掲げる。

①私が論じる社会システムは，宗教システム・政治システム・法律システム・国際システム・労働システム・経済システムから成る。何れも社会の基底システムである。多くは欧州に祖を辿ることが出来る。嘗て，拙著『EUと

iv

社会システム - 移行期経済国分析を加味して - 』で6つの社会システム及び欧州との関係を詳述した。移行期経済国であったポーランドはEUのトップ・リーダーであるEU大統領を輩出している。スロヴェニア・スロヴァキアやバルト三国では欧州の単一通貨ユーロが流通している。ルーマニアにはNATOが頼みにしている陸のイージス・アショアが配備されている。もう，東欧諸国は西欧諸国と遜色なく，違和感はない。むしろ英国がEUを離脱のご時世になった。だから今回は移行期の部分も含め大幅に割愛した。

②本書では，第2部で社会システムの分析手法を解説したのち，先の拙著との重複を避けるため，社会システムでの補強すべき2つの基底システム（国際システム・労働システム）を説明した後，基底システムに文化・宗教システムを包含した複合システム（日本システム）も論じた。複合システムは他に普遍主義システムとポーランドシステムがある。両複合システムは別の拙著の中で版を重ねて出版されている（『欧露経済研究の新地平』，『現代経済システムと公共政策』『欧州に於けるポーランド経済』等）。

③本書では，第1部で日本システムのミクロ・メカニズムである地方創生論の21都府県を扱った。『地方創生と日本経済論』で13道県，『地方創生と労働経済論』で13県扱ったので，日本の全47都道府県が完成したことになる。この2種類の本の関係から本書の名前が決定した。そこで，第1部で地方創生論を論ずることに相成ったことをご容赦願いたい。

④社会システム論を部分的・体系的・理論的に把握すると共に，社会システムの各システムの評価や経済用語の解説に当たっては拙著『10ヵ国語経済・ビジネス用語辞典』（創成社）の標準的方法論及び概念規定を参考にした。宗教学・政治学・法学・社会学は門外漢なので，自分なりの理解の仕方かも知れないので，ご容赦願いたい。

⑤（前述した門外漢の科目を除き）基礎から応用への架橋を心掛けた。

ところで，私の名前の「武雄」は，母方祖父平戸武雄（横浜市南区南太田）に因んで付けられた。偉大な祖父の名前に少しでも近づけるよう精進したい。

最後に本書の刊行に際して，株式会社五絃舎の長谷雅春取締役社長をはじめ
スタッフの皆様に大変お世話になりました。記して厚く御礼申し上げます。そ
して拙妻福美の理解と献身的な協力にも付記したい。

　2019年（令和元年）5月1日，鎌倉の寓居にて

木村武雄

目　次

緒　言

第1部　地方創生

第1講　岩手県と陸前高田市の植物工場 ……………………………… *2*

第2講　宮崎県と西米良村のワーキングホリデー制度 ………………… *7*

第3講　福岡県と北九州市の子育て環境と雇用創出政策 ……………… *10*

第4講　島根県と江津市の荒廃した桑畑の再生 ……………………… *13*

第5講　長崎県と対馬市の起業支援と「域学連携」 …………………… *17*

第6講　奈良県と大和高田市の靴下・繊維業 ………………………… *20*

第7講　鹿児島県と志布志市の国際物流拠点 ………………………… *23*

第8講　広島県と大竹市の定住促進アクションプラン ………………… *26*

第9講　群馬県と太田市直営メガソーラー …………………………… *29*

第10講　滋賀県と長浜市のまちづくり会社「黒壁」 ………………… *33*

第11講　静岡県と長泉町の「ママラッチ」事業 ……………………… *36*

第12講　大阪府と大阪市天王寺区の子育てバウチャー券と

　　　　教育水準 ………………………………………………………… *39*

第13講　東京都と町田市の農業バンク事業 …………………………… *44*

第14講　京都府と福知山市の子育て事業 ……………………………… *48*

第15講　三重県と多気町の相可高校レストラン『まごの店』……… *51*

第 16 講 山口県と空き家対策……………………………………………54

第 17 講 福島県と会津若松市七日町通り………………………………57

第 18 講 茨城県と鹿嶋市の子育て事業………………………………61

第 19 講 佐賀県と武雄市の「いのしし課」…………………………64

第 20 講 山梨県と甲斐市の子育て支援策……………………………68

第 21 講 神奈川県と大和市の「寺子屋」……………………………71

第 2 部　社会システム

第 1 講　システム論の分析手法………………………………………76

第 2 講　国際システム…………………………………………………80

第 3 講　労働システム…………………………………………………134

第 4 講　日本システム…………………………………………………186

巻末付録

研究課題…………………………………………………………………234

キーワード………………………………………………………………242

労働システム参考文献…………………………………………………245

日本経済年表……………………………………………………………249

全世界会社名鑑 2016……………………………………………………272

事項索引…………………………………………………………………295

人名索引…………………………………………………………………298

第1部　地方創生

第1講　岩手県と陸前高田市の植物工場

1.　岩手県の日本に於ける位置づけ

(1)　歴史的位置づけ（東山道，陸奥・陸中・陸前）

　岩手県が歴史上に現れたのは，749（天平21）年に陸奥の金が奉納されて，黄金の山があることが知られている。その後坂上田村麻呂の蝦夷開拓となり，地下資源と結びついていて北上川の川筋から開かれてきた。平安（794-1185）末期から鎌倉（1185-1333）初期奥州藤原氏三代に渡る治世百年は，平泉の地に高度の文化を築きあげた。鎌倉時代には，源頼朝の部下であった南部氏が地頭職になり，奥羽九牧（領地糖部ぬかべを9つの戸に分け，戸ごとに軍馬を育成する為の牧馬を設置した）を開いて軍産を興した。江戸時代には，伊達・南部両氏によって，黒沢尻（北上市）から釜石を結ぶ線で二分されたが，1629（寛政6）年石巻港の改修により北上川舟運が開かれ，盛岡は南部藩の城下町として栄えた。1871（明治4）年の廃藩置県で盛岡・江刺・胆沢・一関の四県となり，76年に宮城県から気仙郡を，青森県から二戸郡を併合し，今の岩手県が成立。現在は14市，15町，4村（2014.10.1，（地域経済総覧2015））。

(2)　経済的位置づけ

　1人当たり県民所得（2011年度）は235.91万円，全国39位で，全国平均（291万円）を遥かに下回っている（東京の5割弱）。有効求人倍率（2013年）は，1.03倍で，全国平均（0.93）を上回っている（東京1.33）。これは2011.3.11の東日本大震災の影響があるかもしれない。因みに同様に宮城県1.26,福島県1.24倍である。他の東北県は青森県0.69，秋田県0.72，山形県0.99倍。

　国立社会保障・人口問題研究所が平成25（2013）年3月推計した市区町村

別「若年女性人口変化率（2010-2040）」で，岩手県下で西和賀町 -76.0% で
最大の減少率，金ヶ崎町が -25.4% で最小値。陸前高田市は上位 3 分の一の
-65.7%。全てがマイナス値。

　販売農家数（2010 年）は 1 位茨城県 7 万 884 戸に微差で 2 位岩手県の 7 万
520 戸である。販売農家とは，経営耕地面積が 30 アール以上または年間の農
産物販売金額が 50 万以上の農家をいう。一般に農家と言えばこの「販売農家」
を指す。この販売農家は①主業農家・②準主業農家・③副業的農家から成る。
①は農業所得が主（農家所得が過半）で，65 歳未満の自営農家従業 60 日以上
の者がいる農家。②は，農外所得が主で，65 歳未満の自営農業従事 60 日以
上がいる農家。③は 65 歳未満の自営農業従事 60 日以上の者がいない農家。

　農業就業人口（2010 年）は 1 位茨城県 11 万 3,287 人，2 位北海道 11 万
1,324 人に次いで 3 位は岩手県の 10 万 9,048 人である。「農業従事者」は満
15 歳以上の世帯員のうち，調査期日前 1 年間に自営農業に従事した者。「農業
就業人口」はこの「農業従事者」のうち，調査期日 1 年前に，「自営農業のみ
に従事した者」と「自営農業とその他の仕事に従事し，自営農業の従事日数の
方が多い者」の合計。故に岩手県は農業県である。主な生産物（2015）はり
んどう（2013）全国シェア 62%，生うるし 69.5%，オキアミ類 51.8%，木炭
32.9%，アワビ類 26.4% 養殖わかめ 38.8% で全国 1 位。肉用若鶏（2012）同
16% で全国 3 位。有力企業は，日立メディアエレクトロニクス（ディスプレイ
用部品，水沢市真城字北野），東日本ハウス（建設「木造注文住宅」，盛岡市長田町），
岩手東芝エレクトロニクス（半導体素子，北上市北工業団地），岩手銀行（銀行，
盛岡市中央通，設立年 1932.5，上場 1973.4），十文字チキンカンパニー（鶏肉加工・
販売大手，未上場，本社二戸市石切所字行塚，設立年 1975.4），カガヤ（建設業）。（『デー
タでみる県勢 2015』）農業県の岩手県より）

2. 陸前高田市と植物工場

(1) 陸前高田市のプロファイル

　陸前高田の由来は，中心地「高田」に旧国名「陸前」を冠す。当地は陸中海

岸の南玄関に当たる。三方を山に囲まれ，日本一の牡蠣や帆立を育む広田湾を抱えるリアス式海岸の美しい町。棕櫚・枇杷・真竹等の暖地性植物が自生する温暖な地域で厳寒に咲く椿は有名。日本一のものとして，土鯨の剥製，気仙隕石，オオジャコガイ，全国太鼓フェスティバル。

(2) 大震災の陸前高田市での被害状況

　2万3千人の市で，1,735名の犠牲者。7.5%で13人に1人の犠牲者。2011.3.11の巨大大震災で，中心市街地が壊滅。市役所庁舎水没。全半壊住宅3,368棟。瓦礫に覆われた農地は塩害の影響が大きく，廃業に追い込まれた農家は少なくない。

(3) 震災復興事業としての植物工場

A（野菜栽培をフル操業している）㈱グランパ（横浜市，阿部隆昭社長）の資金繰り

　運営主体はグランパ傘下の農業生産法人「グランパファーム」。県道45号線沿いの市有地2ヘクタールを借地し太陽光利用型のドーム式工場8棟。総事業費は4億8千万円。完成は2012年初夏，同年8月から出荷。販路の開拓が進んだ為，14年2月に2億2千万円をかけて，4棟増設，現在は12棟体制で，フル操業。資金調達は，第1期の8棟は経産省の「先端農工商連携実用化研究事業」の，第2期の4棟は農水省の「強い農業づくり」の補助金で其々活用した。

B　グランパの作業内容，流通経路

　栽培品目は，カット野菜用のフリルレタスやサンドウィッチ用のグリーンリーフレタス，サラダの盛り付けに使われるホワイトセロリ等の葉物類。1日に1棟当たり400株程度の収穫が必要。従業員はパートと含め，22人で，1棟に1.8人位が張り付き朝8時から午後3時まで農作業に従事。女性を中心に少数のパート社員が手際よく作業。収穫した野菜はパックに詰め，全国スーパーのイオンや地場スーパーのマイヤー等に出荷。販路は東北一円を狙っているが，輸送時間がかかる青森県は課題。

C　コスト・パフォーマンス，作業サイクルと対価格競争と対放射能対策

　6月から盆前は地場産の路地栽培物が大量に出回るので，地場産と激しい価

格競争。秋―冬はグランパの競争力が一気に高まる。グランパでは夏場価格と冬場価格の二本立てで市場に対応。密閉式の工場内での作物栽培だから，外気に触れることがなく生産可能。養液栽培なので土を使用せず，塩害のあった農地でも早期に再開可能。食の安全が確保され，放射能から完全に無縁。

D　グランパの栽培方法や育苗の仕方（太陽光と電算管理）雪国でも可能

　直径 20 メートルの円形ハウスは集光と断熱効果に優れた樹脂フィルムで覆われ，太陽光を効率的に利用。内部に設置した円形水槽に養液を注入し，循環させながら水耕栽培する仕組み。水槽に浮かぶ 250 枚のフロート上の苗が徐ろに回転しながら，外側に向い，最後に外延部に到達すると収穫できる。工場では播種から収穫，出荷まで一貫生産しているが，定植して約 50 日で出荷できるという効率性が良好。植物工場では温度や湿度，CO_2 や養液等を電算管理し，作物に最適な環境を設定できるので，周年栽培・周年収穫が可能。陸前高田のような雪国にとっても魅力的。ただ唯一の欠点は初期費用が掛かりすぎること。そのため，露地物より高価格になる点である。

E　陸前高田市の植物工場がモデル・ケース（被災地復興の）

　○福島県南相馬市

　　グランパは，復興交付金を活用し，直径 29 メートルのドーム式 2 基を建設。市に無償で貸与。市はこの植物工場と太陽光発電を組み合わせた「南相馬ソーラー・アグリパーク」を 13 年春に開設。レタス栽培。

　○宮城県亘理町

　　グランパはドーム式工場 2 基を 15 年 2 月に建設。トマト栽培。

（引用文献）

1．木村武雄『地方創生と日本経済論』五絃舎，2016 年 9 月 25 日。
2．木村武雄『地方創生と労働経済論』五絃舎，2017 年 10 月 15 日。
3．木村武雄「地方創生と日本経済」『経済学論纂（中央大学）第 57 巻第 5・6 合併号（中野守教授古稀記念論文集）』2017 年 3 月 25 日。
4．時事通信社編『全論点　人口急減と自治体消滅』時事通信社，2015 年 2 月 20 日。
5．「植物工場，震災地で威力。雇用創出や活性化に効果」（岩手県陸前高田市，㈱グランパ），竹本昌史『地方創生まちづくり大事典』国書刊行会，2016 年 1 月 25 日。

6. 『データでみる県勢 2015 年版』矢野恒太記念会，2014 年 12 月 1 日。
7. 『都市データパック 2014 年版』東洋経済新報社，2014 年 7 月 16 日。
8. 「全国市区町別の将来推計人口」村田寛也編著『地方消滅』中公新書 2282，2014 年 8 月 25 日，208-243 頁。

第2講　宮崎県と西米良村のワーキングホリデー制度

1. 宮崎県の日本に於ける位置づけ

(1) 歴史的位置づけ（西海道, 日向）

　宮崎県は，かつての日向国で，天孫降臨（日本神話で，瓊瓊杵尊が，天照大神の命を受け葦原中国を治める為に高天原から日向国の高千穂に天降だったこと）の地。日本建国の神話・伝説が多く，古墳も県内全域に分布し，発見されたものは2千ほどある。特に，西都原の男狭穂塚・女狭穂塚は仁徳陵に匹敵する大規模なもの。713（和銅6）年，現在の西都市三宅に国府と国分寺・国分尼寺が置かれ，廃藩置県（1871年）後，7県が統一されて宮崎県となった。1876（明治9）年鹿児島県に合併されたが83年激しい分県運動によって分離し，今日に及んだ。現在宮崎は9市，14町，3村の26市区町村（2014.10.1）。

(2) 経済的位置づけ　農業大県

　1人当たり県民所得（2011年度）は220.8万円, 全国45位で, 全国平均（291万円）を遥かに下回っている（東京の5割）。有効求人倍率（2013年）は, 0.77倍である（東京1.33）。

　「若年女性人口変化率」(2010-2040年) 推計で宮崎県下で, 日之影町-73.7%が最大の減少率で最小値は三股町-29.9%で全ての市区町村でマイナス値。

　人口10万人当たりの病院(入院患者数20人以上)数は全国9位の1723.1施設。同様に一般診療所(入院患者数19人以下)は281.00施設で同7位。しかしながら, (2013年10月1日現在) 人口10万人当たりの医師数（2012年）は228.2人。これは全国平均226.5を僅かに上回る位である。同様に歯医者数62.9人（平均78.2人）, 薬剤師数142.2人(平均161.3人)で全国平均を大きく下回っている。

宮崎県の総面積に占める耕地の割合は 8.7% と，全国平均の 12% を下回っている。しかしながら，農業産出額は全国 5 位である。耕地の割合が少なくても高い産出額をあげているのは，農業産出額に占める畜産と野菜の割合が高いからである。主な生産物（2014 年）金柑（全国シェア 68.1%），きゅうり（同 11.1%）以上全国 1 位。ピーマン（同 19.1%）全国 2 位，マンゴー（同 33%）全国 2 位。乾燥椎茸（2012 年 18%）全国 2 位。里芋（同 8.5%）全国 3 位。ブロイラーの飼育頭数は全国 1 位。肉用牛の飼育頭数は全国 3 位。豚の飼育戸数は鹿児島県に次いで全国 2 位。豚枝肉生産量は全国 5 位。肉用若鶏処理量は全国 1 位。県内の有力・伝統企業は，宮崎中央農業協同組合（宮崎市丸島町），児湯食鳥（養鶏・鶏肉加工販売，児湯郡川南町大字川南），ホンダロック（自動車部品，宮崎郡佐土原町大字下那珂字和田山），宮崎銀行（銀行，宮崎市橘通東），霧島酒造（芋焼酎生産企業，都城市下川東）。

2. 西米良村のワーキングホリデー制度

(1) 西米良村のプロファイル

西米良村は，面積 271.56 平米（13 年 10 月），県下最少の人口 1,250 人（2014.1.1）で県下最低の人口密度 4.6 人 / 平米である。行政では，中部の児湯郡に高鍋町，新富町，木城町，川南町，都農町の 5 町とともに属しているが，西米良村とこの 5 町の間に西都市が横たわっている。産業的には，宮崎エリアの西都都市圏に西都市と木城町と共に含まれている（『民力 2015』）。西隣は熊本県である。

(2) 西米良村のワーキングホリデー制度

☆西米良村型ワーキングホリデー制度（1998 年）→農作業の人手の確保。都市部との交流人口を増やす目的。全国に先駆けて同制度を開始。農家が人手不足となる時期に参加者を募集。参加者は，農家で働いて稼ぎながら，村の豊かな自然を満喫しつつ余暇を楽しむことができる。公設の滞在施設を利用することで，殆ど費用をかけずに過ごせる。これまでに全国各地から 10 〜 70 歳代の約 410 人が参加。特に 10 〜 20 歳代の参加者が多く，

その半分を占める。熱心なリピーターも多く，村の活性化に繋がるだけでなく，全国に村の存在を知ってもらう切掛になった。

☆「おがわ作小屋村」（2009 年 10 月開業）→人口百人未満の小川地区にある交流拠点。農繁期に作業や寝泊りに使った「作小屋」を再現した茅葺き屋根の建物。「平成の桃源郷」を謳い，村が約 1 億 3 千万円の費用をかけた。

☆「お食事処」→運営は，地元の 50 〜 70 代のおばちゃんが知恵を出し合って，地元で採れた山菜，鹿や猪等を使った料理を提供。コテージでは，村の大自然に囲まれながらゆっくりと宿泊を楽しむことができる。

☆コストパフォーマンス

　作小屋村が開業する以前は，年間 5 千人が訪れるに過ぎなかったが，年間売上高も 6 百万円程だった。しかし，いざ作小屋が開業すると，半年で来客数は約 1 万 8 千人を記録。2012 年度には，約 2 万 7 千人が訪れ，売上も約 2 千 7 百万円に上った。

☆2013 年度「地域づくり国土交通大臣賞」を受賞。→当初「今更ハコモノを作ってどうするのか」とか等批判の声も少なくなかった。しかし黒木村長は，「時流に逆らうことをすると必ず批判の対象になる」としてこの批判に反して，自分の信念を貫いた。作小屋村を開業すると，村長の人柄もあり，約 200 人のボランティアが茅を刈る等積極的に協力してくれたことも後押しになった。

☆「すくすく子育て支援金」→未就学児を養育する世帯を対象に，年間 9 万 6 千円分の村内の買い物の金券を発行。

☆村の合計特殊出生率（2002~2013 年）→平均 2.175 を記録。

☆観光入込客（2013 年度）→ 14 万 2,749 人と近年増加傾向。

（引用文献）

1. 黒木定蔵（西米良村長）「ワーキングホリデー制度で知名度アップも狙う」時事通信社編『全論点　人口急減と自治体消滅』時事通信社，2015 年 2 月 20 日。

第3講　福岡県と北九州市の子育て環境と
　　　　雇用創出政策

1.　福岡県の日本における位置づけ

(1) 歴史的位置づけ（西海道, 筑前・筑後・豊前）

　古くは筑紫国と豊国の北部に当たっていたが，7世紀頃筑紫国は筑前・筑後の二国に，豊国の北半は，豊前国となった。古来大陸文化の門戸，国防の第一線として，また，貿易基地として大きな役割を果たし，特に朝鮮に於ける白村江の敗戦（663年）以降設けた太宰府は，対外の府であるとともに，九州を統括する政庁として重要な機能を持った。鎌倉時代（1185-1333），宇都宮・武藤（少弐）・北条氏らが守護として統治，一方文永・弘安両役（1274, 81）は，この地の重要性を高め，役後博多に鎮西探題を置いて防衛を強化した。室町時代（1336-1573）博多は日明貿易の中心地として繁栄したが，戦国時代（1467-1573）末期，大内・大友・毛利・竜造寺氏ら諸大名による博多港争奪戦が相次ぎ一時は全く荒廃したが，九州を平定した豊臣秀吉によって漸く復興された。江戸時代（1603-1867）には黒田・有馬・小笠原・立花氏らがこの地を領有，各藩は新田開発・干拓・産業奨励に努めた。1871（明治4）年の廃藩置県後，福岡・小倉・三潴の3県を設置，76年小倉県の一部を除いて合併，福岡県となり，現境域が決定した。福岡県は，現在2政令指定都市，14特別区・行政区，26市，30町，2村の60市区町村からなる（2014.10.1）

(2) 経済的位置づけ　三大都市圏に次ぐ地域

　1人当たり県民所得（2011年度）は277.8万円，全国19位（九州・沖縄では首位）で，全国平均（291万円）を若干下回っている（東京の64%）。有効求人倍率（2013

年）は，0.79 倍である（東京 1.33）。

「若年女性人口変化率」（2010-2040 年）推計で福岡県下で，鞍手町 -68.1%
が最大の減少率である。最小値は粕屋町 11.8%で志免町 4.8%並んでプラス値。
この 2 町は福岡市に隣接する全国ベストテン（4 番と 8 番目）に入る屈指の人
口増加地区である。

　生活指標で，人口 10 万人当たりの病床数は 1699.0 で，全国 11 位である。
不思議なことに他の九州の県が福岡県を上回っていることである。1 位高知県
2473.4，2 位鹿児島県 2054.8，3 位熊本県 1956.7，4 位徳島県 1939.7，5 位
長崎県 1934.4，6 位山口県 1921.4，7 位佐賀県 1799.4，8 位北海道 1792.3，
9 位宮崎県 1723.1，10 位大分県 1704.2。しかしながら，人口 10 万人当た
りの医師，歯科医師，薬剤師の数は全国有数である。医師数は第 1 位京都府
296.7，2 位徳島県 296.3，3 位東京都 295.7，4 位高知県 284.0 に次いで，5
位が福岡県の 283.0 人である。歯科医師数は第 1 位東京都 117.8，に次いで，
2 位が福岡県の 101.7 人である。薬剤師に関しては，第 1 位徳島県 199.5，2
位東京都 198.1，3 位兵庫県 188.1，4 位広島県 184.1，5 位高知県 181.6，6
位山口県 179.5 に次いで，7 位が福岡県の 177.1 人である。主な生産物（2014年）
は，蓼 全国シェア 83.2%，花筵・蓙同 75%（2012），ゴム底靴同 42%（2012），
提灯同 39%（2012），金属圧延用ロール同 34%（2012），たけのこ同 34%（2012），
カイワレ大根同 30.9%，箪笥 同 27%（2012），洋蘭類（切り花類）同 16.6%
（2015）以上全国 1 位。ガーベラ全国 2 位同 13.9%（2015），ぶなしめじ 3 位
同 11.7%（2015）。県内の有力・伝統企業は，九州電力（電力事業（業界 5 位），
福岡市中央区渡辺通），NTT ドコモ九州（通信［携帯電話］，福岡市中央区渡辺通），
トヨタ自動車九州（鞍手郡宮田町大字上有），福岡銀行（銀行，福岡市中央区天神），
JR 九州（鉄道，福岡市博多区博多駅前，2016 年 10 月株式上場し，完全民営化）。

2. 北九州市と子育て環境と雇用創出政策

（1）北九州市のプロファイル

　市名の由来は 1963 年 2 月 10 日の市発足に際し，市名を全国公募で。九州

の最北部に位置する九州初の政令指定都市。長く美しい海岸線や緑豊かな山々等恵まれた自然環境を有しつつ，国内有数の産業都市として我が国近代化を支えてきた歴史を持つ。日本一のものとして，官営八幡製鐵所，JR門司港駅駅舎，源平壇之浦合戦絵巻壁画，セイスモサウルス骨格標本，関門トンネル，バナナの叩き売り・競輪レース・パラグライダー発祥。全国有数のものは，813市区（2014）中，高齢夫婦世帯数8位，高齢単身世帯数8位，大型店店舗数8位，同店舗面積9位，介護老人施設定員数8位。

（2）北九州市の子育て施策と雇用創出施策

A 問題意識：嘗ての製鉄やものづくりによる繁栄から，産業構造の転換，製鉄業就業者数の大幅減，更に少子高齢化の影響も受け，長期的に人口減少傾向が続く北九州市。

B. 子育て施策：同市の人口推移で，自然動態は2003年からマイナス。→危機感

☆24時間小児救急医療体制（市内4ヶ所）全国的先駆

☆放課後児童クラブ（学童保育）全ての児童対象。充実した保育サービス。

☆2011年度当初の保育所の待機児童ゼロ実現。

☆「企業人による小学校応援団」→市内200社の市内企業が企業の持つ人材やノウハウを登録し，教育活動に投入。

☆「赤ちゃんの駅」→民間事業所の協力で授乳やお襁褓替えを提供。

☆男の育児参加を促進→珍造語で目を引くやり方で。九州男児の家庭を顧みる試み

　　「パパシエ」（パパとパティシエ），「ソフリエ」（祖父とソムリエ）→「男2代の子育て講座」

結果→合計特殊出生率は政令都市でトップクラス。NPO法人「子育て環境ランキング」も。

C. 雇用創出施策（ベンチャー企業創出育成）：企業の固定資産税の減免→2013年度情報・物流企業の誘致成功等→約4,600人雇用創出。

（引用文献）

1. 北橋健治（北九州市長）「企業応援団や男性講座で子育て施設充実」，時事通信社編『全論点　人口急減と自治体消滅』時事通信社，2015年2月20日。

第4講　島根県と江津市の荒廃した桑畑の再生

1. 島根県の日本における位置づけ

(1) 歴史的位置づけ（山陰道, 出雲・石見・隠岐）

　島根県は出雲・石見・隠岐からなる。このうち出雲は，大陸文化の影響を受けて早くから開けた。縄文式時代（1万2, 3千年前から2千3百, 4百年前まで）や弥生式時代（2千3百, 4百年前から千7百年前まで）の遺跡も数多く発見され，国引き（新羅に綱を掛けて出雲国に引っ張った）や国譲り{大国主神が国土を瓊瓊杵尊に献上し，隠退したこと}等の神話も多い。長い間強力な豪族が勢力をはっていたが，4世紀頃に大和朝廷の支配下に属した。隠岐は古くから遠流の島とされ，承久の乱（1221）後には後鳥羽上皇，元弘の変（1331）後には後醍醐天皇が流されたこともあった。石見は地勢的に恵まれないため長い僻遠の地として取り残されたが，中世（鎌倉・室町時代）末に石見（大森）銀山が開発されてから，俄かに活気づいた。室町時代（1336-1573）から戦国時代（1467-1573）に掛けて，出雲・隠岐は山名・京極・尼子氏等，石見は益田・大内・毛利氏等が領有，江戸時代（1603-1867）には，松江藩・浜田藩・津和野藩等の他，幕府直轄の大森銀山領があった。廃藩置県（1871（明治4）年）後，分離統合を繰り返したが，1881（明治14）年現県域が決定。現島根県は，8市，10町，1村の19市区町村数からなる（2014年10月1日現在）。

(2) 経済的位置づけ

　1人当たり県民所得（2011年度）は238.2万円，全国38位，全国平均（291万円）を下回っている（東京の54.5%）。有効求人倍率（2013年）は，1.05倍である（東京1.33）。

「若年女性人口変化率」（2010-2040年）推計で島根県下で，津和野町 -77.5%が最大の減少率で最小値は出雲市 -34.7% で全ての市区町村でマイナス値。江津市は中間の -57.2%。

生活指標（2012）の代表的6つ全ての指標で全国水準を上回っている。①人口10万人当たりの病床数，②実収入（1世帯当たり），③1住宅当たり延べ面積，④ゴミのリサイクル率，⑤百世帯当たり乗用車保有数，⑥民生費（1人当たり）。消費水準（2014-2016平均）では，あじ（全国2位（島根県松江市）），鯖（同1位），蜆（同1位），マーガリン（同1位），醤油（同2位），砂糖（同3位），マヨネーズ・マヨネーズ風調味料（同2位）はトップクラス。つまり島根県は，鳥取県と並んで面積・人口とも日本でスモール県でありながら，生活水準や消費水準は日本有数である。この傾向はバルト三国が旧ソ連で面積・人口で数パーセントでありながら，漁獲量や生活水準の豊かさは国内外で有数であるのと同様である。山椒は小粒でもピリリと辛い。主な生産物（2015）は蜆（全国シェア40.8%），蟹類（同15%（2012）），普通合板（同13%（2012）），穴子類（同12.8%），鰈類（同7.5%）。蜆は全国1位。蟹・穴子・鰈は全国2位普通合板は全国3位。有力・伝統企業は，㈱島根富士通（パソコン），㈱出雲村田製作所（コンデンサ），ジュンテンドー（スーパーストア，益田市下本郷町）山陰合同銀行（銀行，松江市魚町），島根合板（建材）。

2. 江津市と桑畑の再生事業

(1) 江津市のプロファイル「江の川が日本海に注ぐまち」

江津の由来は，古くから江（郷）川の津（港）の意から，「郷津」「江津」と言われたことに由来。島根県の中央部に位置し，中国地方随一の大河「江の川」が市の中央部を流れ，河口を中心に交通運輸の拠点として栄えてきた。当地は気温・降水量とも穏やかで，山陰型気候の中でも比較的北九州型に近い。良質な粘土が産出されることから，窯業を中心とする「石州瓦」の産地として栄えた。江の川と北前船（大坂（大阪）→瀬戸内海→日本海岸→酒田）が育んだ「江津本町」の街並みは，舟運と山陰道（丹後・丹波・但馬・因幡・伯耆・出雲・石見・隠岐の8ヵ

国）の要衝として繁栄した集落群や，石州瓦の街並みが趣のある赤の景観を今に伝えている。

(2) 江津市と桑畑の再生事業（養蚕衰退で桑畑が荒れ放題で，野菜畑への転換も費用もかさみ，持て余していた。町の負の遺産だった。）

2004年10月に江津市に合併した桜江町は，町の面積の9割が林野という山間の町である。荒廃した桑畑を健康茶の新産地として再興する事業が，島根県江津市で育っている。

ア．1996年福岡県から移住してきた古野俊彦氏が町主催セミナーでの「生活習慣病を防ぐ効果があるという桑茶の商品化」という素人の発想。しかしその技術は誰も知らず。

→古野氏は桑茶に関する学会のデータを検討したり，インターネットや本で乾燥方法や焙煎方法を研究したり試行錯誤を重ねた末，やっとメドがたった。

イ．桑畑事業の稼働（1998年3月）町の有志21人が桜江町桑茶生産組合を設置。初年度30ヘクタールの桑畑から収穫，加工場で製品販売で年商額400万円。3年目に任意団体から法人化し，1千万円の年商額。拡大化には，主力の桑茶の品揃えが大きかった。販路や用途に応じて箱入り，ティーバック，バラと種類が増え，桑の葉をパウダー状にして圧縮した桑葉つぶ，抹茶味の桑青汁，焼き塩を混ぜた桑焼塩等10数種類。5年目の02年本社工場を移転強化。年商は5千万円に迫る勢い。健康ブームに乗って業績は急拡大。7年目「しまね有機ファーム」設立。大麦若葉やはと麦若葉を栽培しはじめ，青汁若葉製品が桑茶に加わった。健康をキーワードに，桑以外にも扱い商品を拡大と同時に，閑散期の雇用対策としての戦略。大麦等の栽培で周年収穫が可能になり，町民の働き口が更に広がる。17年立って，桑の葉の収穫量は年間100トンから120トンとなり，地元金融筋によると，グループ全体の売上高は桑茶部門と青汁大麦若葉等部門合計10億円に迫ると推定。グループ全体の扱い商品は30種類，従業員は50人を超過。

ウ．島根県の「機能性食品産業化プロジェクト」に参画。県産業技術センター
　や島根大医学部と共同研究。

（武光誠他監修『日本の歴史（下）』）

（引用文献）
1．島根県江津市，桜江町桑茶生産組合「お荷物の桑畑が地域の宝に健康茶の産地として再生」。
2．竹本昌史『地方創生まちづくり大事典』国書刊行会，2016 年 1 月 25 日。

第5講　長崎県と対馬市の起業支援と「域学連携」

1.　長崎県の日本における位置づけ

(1) 歴史的位置づけ（西街道，肥前・壱岐・対馬）

　長崎県は，日本の西端に位置するが，古来から大陸文化の移入地として開け，弥生式文化の遺跡も多く，また『魏志倭人伝』には，壱岐・対馬の地名が見られる。大和朝廷の成立（4世紀中頃）後は，大陸への進出拠点，或いは防衛線として，壱岐・対馬には防人が配置され，奈良・平安時代（710-784-1185），壱岐・対馬・平戸・五島列島等は遣唐使航路の要地になるなど，大陸との交渉過程で常に重要な地位を占めていた。平安時代（784-1185）後期の律令制の衰退とともに，各地で武士団が成長，中世（鎌倉・室町時代）には平戸の松浦氏が松浦党の盟主となって勢いを奮った。1550（天文19）年のポルトガル船の平戸入港以来，平戸は南蛮貿易の拠点として栄え，一方長崎も次第に発展，特に江戸幕府の鎖国後は，我が国唯一の貿易港として大きな役割を果たした。藩政時代には天領の長崎と，厳原・平戸・福江（五島列島中心地）・大村・島原・鍋島の諸藩が分立。1871（明治4）年の廃藩置県で各藩は県となり，ついで厳原を除く各県が長崎県に合体，75年には肥前・壱岐・対馬の三国を含む大県となったが，83年佐賀県が分離，現境域が決定した。長崎県は13市，8町，0村の21市区町村からなる（2014.10.1現在）。

(2) 経済的位置づけ

　1人当たり県民所得（2011年度）は235.1万円，全国40位，全国平均（291万円）を下回っている（東京の53.8%）。有効求人倍率（2013年）は，0.73倍で全国40位で，全国平均0.93（東京1.33）。「若年女性人口変化率」（2010-

2040 年）推計で長崎県下で，新上五島町 -80.4% が最大の減少率で最小値は時津町 -18.97% で全ての市区町村でマイナス値。対馬市は最大値から 4 番目の -75.2% の減少率。2013 年の人口 10 万人当たりの病院（患者数 20 人以上）病床数は 1956.7 で全国 5 位。同一般診療所（患者数 19 名以下）は 318.8 で同 5 位。2012 年の人口 10 万人当たりの医師数は同 8 位の 275.8 人，同様に歯医者数も同 8 位の 83.0 人。しかしながら 2010 年の長崎県の男の平均寿命は全国 43 位の 78.88 歳，女は同 26 位の 86.30 歳。長崎県は，総面積は全国 47 都道府県中 37 位と小さい部類に入るが，海岸線の長さは 4 千キロメートル以上あり，北海道についで 2 位。これは，海岸線が複雑に入り込み，加えて 594 の島があるからである。これらの島のうち，人が住む島は 72（2010 年現在）で，島の産業の中心は漁業と農業である。中でも漁業では，対馬近海で，鰺（あじ），鰤（ぶり），甘鯛（あまだい）等の漁が，壱岐近海で，烏賊（いか）を中心とした漁が，五島列島近海で，鯛，鰺，鰯（いわし），鶏魚（いさき），鰆（さわら）等の漁が行われている。そのため，これらの魚の漁獲量は全国でもトップクラスにあり，長崎県の漁業生産量や漁業生産額は，北海道に次いで第 2 位である。主な生産物（2015）は，鰺類（全国シェア 40.1%），枇杷（び）（わ）（同 35%（2013）），養殖真珠（同 35%（2012）），鶏魚（同 29.3%），黒鮪（養殖同 27.8%），椿油（同 20%（2012）2 位），鯛類（同 17.1%），鯖類（さば）（同 12.0% 2 位）陶磁器製和飲食器（同 14%（2012）3 位）以上全国 1 位。県内の有力・伝統企業は，長崎物産商事（卸売，長崎市丸山町），平和物産（事務用品等卸売，佐世保市俵町），ジャパネットたかた（通信販売，佐世保市日字町），親和銀行（銀行，佐世保市島瀬町），大島造船所（造船，未上場）。

2. 対馬市と起業支援と「域学連携」

（1）対馬市のプロファイル（国境の町）

対馬の由来は，魏志倭人伝（日本の 3 世紀記述の中国の歴史書）に「始めて一海を渡る，千余里，対馬国に至る」と記されている。全島が一つの市で，北は対馬海峡西水道を隔てて朝鮮半島に対して，南は対馬海峡東水道を隔てて壱岐島，九州本土に面する。全島の約 9 割が山林。大陸との交流において，古代

から重要な役割を果たす。韓国・釜山とは定期航路（高速ジェットフォイル）で結ばれている。日本一のものとして，ひとつばたご自生地，万松院宗家墓所（日本三大墓地），銀の産出・小学校・外国語学校・在外公館（いずれも日本初），対馬山猫・つしまてん（日本唯一）。自市内従業割合 99.6%（2013 年（全国 1718 市区町村中日本一），合計特殊出生率 2.18（同 2 位）。

(2) 対馬市と起業支援と「域学連携」

韓国の釜山から僅か 49.5km の距離。「平成の大合併」で，全島が長崎県対馬市となった対馬は，東西約 18 キロ，南北約 82 キロ。面積の 88.9% を森林が占める国境の島。当市の人口は，1960 年の 6 万 9,556 人を頂点に，減少を続け，今は 3 万 3,087 人（2014 年 9 月末現在）まで落ち込んだ。

A. 教育・産業維持の必要性→「ややもすると，親は子供に対して額に汗して稼ぎ出す産業に就けと言わない。いい会社に入り老後まで安泰な人生を目指せと教育する。水産業等の第一次産業へのきちんとした意識を持たせる教育が大切だ」。

B. 島での起業を支援→島外へ出た学生を呼び戻し，都会の若者を I ターンさせ，定住して若者が島で企業家を目指すのをサポートする。

総務省の「地域起こし協力隊」制度を活用。2011 年度「島おこし協働隊」の一期生のうち二人が 3 年の任務終了後，島に残り，地域おこしの一般社団法人「MIT」を設立。

C. 国境離島での漁業の重要性→漁船が海にでれば，密漁船や密航船に気づき海上保安庁に連絡できる。漁師がいなくなった時，900 キロを越える対馬の海岸線を守るのにどれだけの国家公務員がこないといけないか」。

D. 大学との「域学連携」→市は大学からの研修生を受け入れて地域活性化。「域学連携」として，夏から秋に掛けて，200~300 人の大学生が島内の集落にインターンとして入る。

（引用文献）

1. 財部能成（対馬市長）「起業支援と「域学連携」で若者を島に呼ぶ」時事通信社編『全論点　人口急減と自治体消滅』時事通信社，2015 年 2 月 20 日。

第6講　奈良県と大和高田市の靴下・繊維業

1.　奈良県の日本における位置づけ

(1) 歴史的位置づけ (畿内，大和)

　全県域が大和国に当たる。大和朝廷の発祥地として知られ，以後奈良時代まで歴代皇居の殆どが大和国内にあり，多くの寺社の建立をみる等，古代日本の中心地として繁栄した。平安遷都 (794年) 後も南部 (奈良) を中心とする寺社，殊に興福寺は大きな勢力を持ち，遂には大和一国を支配するに至った。以後室町時代 (1336-1573) 中期頃までその支配が続くが，やがて寺社領の武士 (衆徒・国民) が擡頭，衆徒筒井氏がその地位を奪った。江戸時代(1603-1868)には幕府直轄領(天領)・大名領・寺社領等細かく分割統治され，1871 (明治4) 年の廃藩置県で大和一国を所管する奈良県が誕生，その後堺県・大阪府への編入を経て，87年再び旧に復し，現県域が決定した。奈良県は12市，15町，12村 (2014.5.1) から成る。

(2) 経済的位置づけ

　1人当たり県民所得 (2011年度) は238.8万円，全国37位で，全国平均 (291万円) を遥かに下回っている (東京の5割弱)。有効求人倍率 (2013年) は，0.79倍で，全国平均 (0.93) を下回っている (東京1.33)。

　「若年女性人口変化率」(2010-2040年) 推計で奈良県下で，川上村 -89.0% が最大の減少率で最小値は香芝市 -1.8% で全ての市区町村でマイナス値。大和高田市は粗中間の -55.3%。

　1人当たり県民所得では見劣りするが，勤労者1世帯当たり実収入 (2013年) は59.5万円で全国7位である (1位香川県62.6，2位山形県60.6，3位富山県59.9，

4位愛知県 59.8, 5位茨城県 59.76, 6位埼玉県 59.71）。因みに東京都は同 57.77 万円で 10位である（8位石川県 58.6, 9位栃木県 58.0）。日刊新聞発行部数（2013年）は 1部当たり 2.21人，1世帯当たり 1.11部で共に全国 1位である。主な生産物（2012年）は，ソックス 52%（全国 1位），集成材 15%（同 1位），柿 13%（同 2013年），飴菓子 12%（同 2012年）。奈良県全域は，大阪府全域, 京都府・和歌山県・三重県の一部とともに，「大阪狭域エリア」を構成している（『民力 2015』）。奈良県の有力・伝統的な企業は，ユーテック［(産業用機器卸 [縫製, カーテンレール]], 大和郡山市池沢町]，村本建設 {(建設業), 北葛城郡広陵町大字平尾}，森精機製作所 {(金属工作機械), 名古屋市中村区名駅}，南都銀行 {(銀行業), 奈良市橋本町}，ツバキ・ナカシマ {(精密機械ベアリング用精密鋼球), 大阪市中央区本町}，竜田工業 {(自動車部品・建材)}。

　日本で初めて都が形成された奈良県は，それ以前から，日本の政治や文化の中心のひとつだった。その為，日本の産業始まりの地だとも考えられる。そうしたこともあり，奈良県には，長い歴史と伝統により発展してきた地場産業が沢山ある。国の伝統工芸品に指定されている筆や茶筅は，その一例である。奈良筆は，書道の達人として知られる弘法大師が，9世紀に中国から帰国した時に筆作りの技術を伝えたことが始まりとされている。高山茶筅は，室町時代（1336-1573）中期から生産されている茶道の道具である。なお，今の奈良県の地場産業では，ソックスやニット製品等の繊維製品，山間部の森林で産出された木製品，名産品として知られる三輪素麺や奈良漬等の食料品，靴やグローブ等の皮革製品が代表的である。

2. 大和高田市と靴下・繊維業

(1) 大和高田市のプロファイル

　日本書紀の武烈記に「高田丘」の名。和名類聚抄{平安中期（934年）の漢和辞典}に「蓼田」という郷名があり，これが転訛したとも。大和高田市は奈良県中南部の中心都市。奈良盆地の西部に位置し，南北に葛城川と高田川の清流が流れる。古くから難波と飛鳥を結ぶ交通の要衝。地場産業として，繊維や靴下，履物等の

工業が発達。大阪市 30km 圏にあり，大阪都心へ約 30 分でアクセス可能な至便さから県内で最も人口密度が高く，住宅都市の側面も。

(2) 大和高田市と靴下・繊維業

奈良県が，ソックス全国シェア 52% から関連データを拾って見ることにする。経済産業省調査統計グループ「工業統計表」（『地域経済総覧 2015』）により，繊維業（製造品出荷額等）は県下 1 位は大和高田市 142.56 億円，2 位香芝市 55.23 億円，3 位桜井市 37.87 億円，4 位御所市 25.76 億円等。大和高田市（2012 年）の製造出荷額等は 518.61 億円である。つまり大和高田市の製造業の 27.4% が繊維業・靴下関連が占めている。河村繊維，浪華ゴム工業等がある。

(引用文献)

1. 木村武雄『地方創生と日本経済論』五絃舎，2016 年 9 月 25 日。
2. 木村武雄『地方創生と労働経済論』五絃舎，2017 年 10 月 15 日。
3. 木村武雄「地方創生と日本経済」『経済学論纂（中央大学）第 57 巻第 5・6 合併号（中野守教授古稀記念論文集）』2017 年 3 月 25 日。
4. 時事通信社編『全論点　人口急減と自治体消滅』時事通信社，2015 年 2 月 20 日。
5. 竹本昌史『地方創生まちづくり大事典』国書刊行会，2016 年 1 月 25 日。
6. 『データでみる県勢 2015 年版』矢野恒太記念会，2014 年 12 月 1 日。

第7講　鹿児島県と志布志市の国際物流拠点

1.　鹿児島県の日本における位置づけ

(1) 歴史的位置づけ（西海道(さいかいどう)，薩摩・大隅）

　鹿児島県は，縄文・弥生式遺跡が豊富で，古墳の分布から，最も早く開けたのは大隅半島（鹿児島県南東部）中部と考えられる。千数百年前，鹿児島湾北部に熊襲(くまそ)・隼人(はやと)と呼ばれた部族が住み，大和朝廷の支配に根強く抗(こう)したが，次第に平定・同化された。鎌倉時代（1185-1333），島津氏の祖が守護として来任したが，豪族の反抗に悩まされ，室町時代（1336-1573）に漸(ようや)く島津氏の統一がなされた。関ヶ原の戦い（1600）には豊臣方につき破れたが，領地は削減されずに残り，島津氏の支配は幕末まで続いた。領地薩摩藩は経済的にはむしろ恵まれなかった。シラス・コラ・ボラ層等の火山性土壌が広範囲に分布していることもあり，薩摩芋，砂糖黍，煙草等の特産物がある。しかしながら，その地理的位置を利用して，鎖国中にも密貿易を行い，経済の発展に努めた。幕末，第28代藩主島津斉彬が出て，欧州諸国の知識・技術を導入，造船所・紡績工場等を建設し，薩摩藩を幕府に対抗できる大藩に育てるとともに，明治維新の原動力となった。しかし維新後，封建的特権を奪われた旧藩士の不満が爆発，西郷隆盛を首長に西南の役を引き起こした。以来，先進地鹿児島は，中央から遠い位置や資源の乏しさ等の理由もあって他県の発展に立ち遅れ，後進県に甘んじた。1871（明治4）年廃藩置県で鹿児島県となり，96年粗現在の県域となった。第2次世界大戦，北緯30度以南は米軍の統治下にあったが，1953年，奄美諸島までが日本に復帰した。現在は鹿児島県は総自治体数は43で，19市，20町，4村からなる（2014.5.1）（『データパック2014』24頁）。

(2) 経済的位置づけ（『データでみる県勢 2015』）

1 人当たり県民所得（2011 年度）は 243.1 万円，全国 26 位で，全国平均（291 万円）を遥かに下回っている（東京の 5 割弱）。有効求人倍率（2013 年）は，0.71 倍で，全国平均（0.93）を下回っている（東京 1.33）。（2013 年 10 月 1 日現在）

「若年女性人口変化率」（2010-2040 年）推計で鹿児島県下で，与論町 -72.9% が最大の減少率で最小値は龍郷町 -23.5% で全ての市区町村でマイナス値。志布志市は中間より若干下位の -49.2%。

人口 10 万人当たりの病院（入院患者数 20 人以上）数は高知県の 2473.4 施設についで，2054.8 施設。同様に一般診療所（入院患者数 19 人以下）は 367.0 施設でトップ。しかしながら，（2013 年 10 月 1 日現在）人口 10 万人当たりの医師数は 240.7 人。これは全国 20 位で平均 226.5 を僅かに上回る位である。同様に歯医者数 74.3 人（平均 78.2 人），薬剤師数 148.6 人（平均 161.3 人）で全国平均を大きく下回っている。主な生産物（2012 年）は鰹節全国シェア 71% でトップ。以下全国シェア 1 位は養殖鰻 41%，甘藷 40%，オクラ 40%，養殖ブリ類 32%，本格焼酎 33%，配合飼料 20%，豚肉 16%。日本一のものは，ゴミの資源化率（2012 年度 74.9% は市レベルで日本一）。鱧の漁獲量（日本有数）。大隅地方の養殖鰻生産量（世界で初めて完全養殖に成功）。有力企業は，鹿児島経済農業協同組合(鹿児島市鴨池新町)，タイヨー(スーパーマーケット，鹿児島市南栄)，城山観光（ホテル経営，鹿児島市新照元町），鹿児島銀行，日本エアコミューター(航空運送)。

2. 志布志市と国際物流拠点

(1) 志布志市のプロファイル

志布志の由来は，「645 年蘇我入鹿を倒した中大兄皇子が後に天智天皇になり，この地に庵を営まれた。そこで土地の者が上も下も志を一つにして天皇を慰めるため絹の布を献上した。天皇はお喜びになり志布志の名を与えた」ことから。2006 年 1 月，松山町・志布志町・有明町が合併して市制施行。県東部に位置し，宮崎県に接する。藩政時代に密貿易で栄え，志布志千軒の町と呼ば

れる程の賑わいを呈した。農畜産業が基幹産業で，茶や養殖鰻は全国トップクラスの生産量，肉用牛の評価も高い。志布志市の合計特殊出生率（2008-2012）は 1.95 で全国 12 位。鹿児島県で 1 位。県 2 位西之表 1.94，3 位鹿屋 1.93，4 位伊佐 1.90，5 位 1.86 薩摩川内，6 位出水 1.85，7 位奄美 1.83，以下省略最下位は鹿児島市の 1.42。県平均 1.62,全国平均 1.38（厚生労働省統計情報部）。

(2) 国際物流拠点

太平洋に臨む志布志港は，九州で有数の国際物流拠点。穀物貯蔵施設や運送業等の企業立地が進み，国際定期コンテナ航路で台湾・香港・フィリピン・韓国・中国（上海，大連，青島）と結ばれている。東九州自動車道や都城志布志道路等の整備が進められ効率的な運送が可能に。港周辺は，臨海工業団地の開発を行っている。

(引用文献)

1. 木村武雄『地方創生と日本経済論』五絃舎，2016 年 9 月 25 日。
2. 木村武雄『地方創生と労働経済論』五絃舎，2017 年 10 月 15 日。
3. 木村武雄「地方創生と日本経済」『経済学論纂（中央大学）第 57 巻第 5・6 合併号（中野守教授古稀記念論文集）』2017 年 3 月 25 日。
4. 時事通信社編『全論点　人口急減と自治体消滅』時事通信社，2015 年 2 月 20 日。
5. 竹本昌史『地方創生まちづくり大事典』国書刊行会，2016 年 1 月 25 日。
6. 『データでみる県勢 2015 年版』矢野恒太記念会，2014 年 12 月 1 日。
7. 『都市データパック 2014 年版』東洋経済新報社，2014 年 7 月 16 日
8. 『今がわかる時代がわかる日本地図 2018 年版』成美堂，2018 年 1 月 10 日。
9. 『地域経済総覧 2015』東洋経済新報社，2014 年 10 月 1 日。

第8講　広島県と大竹市の定住促進
アクションプラン

1. 広島県の日本における位置づけ

(1) 歴史的位置づけ（山陽道，備後・安芸）

　瀬戸内海沿岸部の県域南部（福山・尾道・呉・広島等）は古くから開け，先史時代の遺跡・遺物が各地で発見されている。大化の改新（645年）後，安芸（広島県中西部）・備後（広島県東部）の二国を設置。山陽道沿いには宿駅が設けられ，沿岸部には鞆・長井等の港が発達。平安（794-1185）末期平氏の勢力下にはいったが，鎌倉時代（1185-1333）になると，小早川・吉川・毛利氏等東国武士が地頭となってこの地に移住。次第に彼らが勢力を伸ばしていった。室町時代（1336-1573），武田・山名氏が其々安芸・備後の守護として勢威を高め，前記の有力地頭武士とともに，複雑な勢力分布図を描いた。戦国時代（1467-1573）末期，毛利氏がこの地を含めた西国（近畿地方より西の地域，中国・四国・九州）一帯を支配。ついで江戸時代（1603-1867）には福島正則を経て，浅野氏が安芸と備後の大半を統治，備後の一部は水野氏から松平氏・阿部氏に代わり，幕末に至った。この時代，広島・福山は城下町として繁栄，沿岸部には大規模な干拓平野が開かれ，各種商品作物の栽培も盛んとなった。1871（明治4）年廃藩置県で，広島県・福山県を設置，その後数次の変遷を経て，76年安芸・備後を合わせた現県域が成立。現在政令指定都市1，特別区・行政区8，市13，町9，村0，合計23（2014.10.1）。

(2) 経済的位置づけ　中国地方の中心都市

　1人当たり県民所得（2011年度）は303.0万円，全国7位で，全国平均（291万円）を遥かに上回っている（東京の7割弱）。有効求人倍率（2013年）は，1.00

倍で，全国平均でもある（東京 1.33）。

「若年女性人口変化率」（2010-2040 年）推計で広島県下で，神石高原町 -74.5%
が最大の減少率で最小値は府中町 -37.4% で全ての市区町村でマイナス値。大竹
市は上位 5 番目の -60.1%。

主な生産物（2012 年）は，やすり（全国シェア 72%），養殖牡蠣（同 71%），圧
延機械・同付属装置（同 68%），檸檬（れもん）（2014 年 62.0%），わけぎ（2014 年 60.0%），
くわい（2014 年 55.8%），遮断機（2012 年 28%），ウスター中濃・濃厚ソース（2014
年 23.6%），ネーブルオレンジ（同 38.6%）以上全国 1 位。有力・伝統企業は，マ
ツダ（自動車，安芸郡府中町新地），中国電力（電力事業，広島市中区小町），㈱イズミ（スー
パーストア，広島市南区京橋町），広島銀行（銀行，広島市中区紙屋町）。

2. 大竹市と定住促進アクションプラン

（1）大竹市のプロファイル

「大竹」の由来は，古代以来からの地名。県西南端の臨海工業都市。海上沖合
いには阿多田島の他 3 島あり，内陸部には廿日市市の中に飛び地が点在。標高
100 メートル以上の山間部が 8 割。江戸時代から明治期には小瀬川の良水に恵
まれ和紙産業が発展。1950 年代より紙パルプ・化学繊維・石油化学等の大企業
が立地。瀬戸内海有数の臨海工業地区に。人口一人あたり地方税税収額（2012
年度，総務省「市町村別決算状況」，全国全 813 市区中）は 20.3 万円で 26 位。従業
員一人当たり製造出荷額等（2012 年，経済産業省「工業統計」）は 5974.5 万円で
同 53 位。従業員一人当たり粗付加価値額（同上）は 2551.9 万円で同 30 位。市
内の主な企業は三菱レイヨン，㈱ダイセル，三井化学，戸田建設，中国塗料，
日本製紙，三井・ダウ ポリケミカル。日本一のものは，弥栄ダム（海から近いダム），
医療手袋（全国の 50% を生産），岩国大竹コンビナート（日本初の総合コンビナート）。

（2）何故大竹市は全市を挙げて人口の社会減抑制対策に取り組んでいるのか。

大竹市の面積は 79 平米弱。瀬戸内海沿いに大手化学メーカーの工場が建ち並
び，隣接する山口県和木町，岩国市とともに日本初の石油化学コンビナートを
形成する。高度成長とともに発展した典型的な工業の町で，オイルショック後

の 1975 年から徐々に減少してきた。日本創成会議が 2014 年 5 月に公表した試算で，将来消滅する可能性があるとされた自治体の一つに入った。2006 年に就任した入山市長は，この提言の遥か前から人口急減に危機感を持っていた。08 年 7 月に関係各課長で構成する市定住促進戦略会議を設置。戦略会議の背景には，大竹市の定住に不向きなイメージが従来からあった。公害のイメージとともに実際に住宅地の少なさ。そのためか，20 代 30 代の若い世代が，独身時代は，市内会社寮に住んでいたが，結婚を契機に市外に転出するケースが多かった。アクションプラン（2009-13 年度，その後期間延長）で集中的に問題解決に取り組んだ。①住宅確保政策，②公害イメージの払拭，③子育て支援。①は，民間デベロッパーを通じて 150 区画を分譲。②は環境に配慮したまちづくり姿勢を示す環境基本条例を制定。過去と現在の大気，水質等の環境測定結果の比較，企業の環境活動等の発信に努めた。③は，妊婦への産婦人科通院等の交通費支援，妊婦健康診断の拡充，小学校までの医療費助成（一部自己負担あり），中学校への学校給食導入。その結果，2007 年に 200 人を超えていた転出超過が，13 年には 11 人と，転出・転入が粗拮抗。社会減を食い止めたが，出生率低下の自然減での人口減少は免れていない。人口が減っても，市には良いところがあると思える前向きなまちづくりを。

（引用文献）
1. 木村武雄『地方創生と日本経済論』五絃舎，2016 年 9 月 25 日。
2. 木村武雄『地方創生と労働経済論』五絃舎，2017 年 10 月 15 日。
3. 木村武雄「地方創生と日本経済」『経済学論纂（中央大学）第 57 巻第 5・6 合併号（中野守教授古稀記念論文集）』2017 年 3 月 25 日。
4. 入山欣郎「公害イメージの払拭が転出抑制に効果」時事通信社編『全論点人口急減と自治体消滅』時事通信社，2015 年 2 月 20 日。
5. 竹本昌史『地方創生まちづくり大事典』国書刊行会，2016 年 1 月 25 日。

第 9 講　群馬県と太田市直営メガソーラー

1.　群馬県の日本における位置づけ

（1）歴史的位置づけ（東山道・上野）

　無土器文化時代の岩宿遺跡をはじめ，群馬各地に縄文遺跡が分布する。上代（奈良時代:710-784）の東国（北陸を除く近畿地方からみて以東の諸国）経営の要地で，栃木県と合わせて毛野国と言われ，後に本県を上毛野，栃木県を下毛野というようになった。奈良時代に上野国と改められ，平安時代（794-1185）になると荘園が発展し，武士が起こった。源氏の流れをくむ新田氏が勢力をふるい，建武の中興（1333）で新田義貞が活躍した。室町時代（1336-1573）の城跡が，現在も各地に残っている。江戸時代（1603-1867）時代初期には 20 余藩と 400 余の旗本・天領に別れていたが，幕末には前橋・高崎・館林・沼田・安中・伊勢崎・小幡・七日市・吉井の 9 藩があった。明治維新（1853-1868）後目まぐるしい変遷を経て，上野一国で群馬県となった。現在 12 市，15 町，8 村からなる（2014.10.1）。

（2）経済的位置づけ

　1 人当たり県民所得（2011 年度）は 289.0 万円，全国 11 位で，全国平均（291 万円）を遥かに下回っている（東京の 7 割弱）。有効求人倍率（2013 年）は，1.02 倍で粗全国平均でもある（東京 1.33）。

　「若年女性人口変化率」（2010-2040 年）推計で群馬県下で，南牧村 -89.9% が最大の減少率である。最小値は吉岡町 1.9% で唯一のプラス値。太田市は 3 番目の最小値で -26.3%。乗用車百世帯当たり保有数は 165.4 台で福井（174.2），富山（170.8），山形（167.6）に次いで全国 4 位。公共交通機関の密度が粗いため，自家用車の保有が多い。主な生産物（2015 年）は，蒟蒻芋（全国シェア

92.2%)，冷凍用・冷蔵用ショーケース（2012年同39%），コーヒー飲料（2014年同19.3%），キャベツ（同16.6%），即席麺（2014年同16.5%），アイスクリーム（2014年同15.5%），豆腐・しみ豆腐・油揚げ類（2014年同9.1%），きゅうり（2013年同10%）。キャベツ（1位愛知県），きゅうり（1位宮崎県）の2位以外て，上記全国1位。県内の有力・伝統企業は，㈱ヤマダ電機（家電量販店大手，前橋市日吉町），群馬県信用保証協会（金融業，前橋市大手町），カインズ（スーパーストア（DIY, インテリア），高崎市高関町），群馬銀行（銀行，前橋市元総社町），ベイシア（小売，北関東地盤のスーパーマーケットチェーン，前橋市亀里町）。

2．太田市と太田市直営メガソーラー　「太陽光発電のまちづくり」政策

（1）「まるごとおおた太陽光発電」事業

環境に配慮したクリーンエネルギーを→最終的には設置可能な市内全家屋に普及させる事業主体は，市等が出資した「ものづくり研究機構」（2001年度から10年間の太陽光発電システムを設置した新築住宅に対して，最高40万円の奨励金を市が支給に続き）

A．アパート経営者には8キロワットの太陽光パネルをレンタル

B．一戸建て住宅には安い費用で設備を導入できるローン商品を紹介

Aのケースだと，アパート経営者には初期投資ゼロで設置でき，レンタル料は余剰電力の売電収入で賄える。Bだと，百万円余の格安価格でパネルを取り付けられる。

（2）公共施設へのパネル導入

12年度は小学校25校のプールに，13年度に中学校のプールに出力10キロワットの設備を，市駐車場に20キロワットの追尾型パネルを設置可能。

（3）メガソーラーと固定価格買取制度（FIT：Free -in Tariff）

①メガソーラー

1メガワット（1000キロワット）以上の規模の太陽光発電。固定価格買取制度（FIT）で，家庭用太陽光発電の余剰電力買取りに加え，10キロワット以上が優遇価格での全量買取対象となり，投資事業として全国で急増し，竣工件数

では総数約 100 万件のうち 0.3% だが，設備容量では約 3 割を占める（2017年 2 月末現在）。設備認定総量 8,300 万キロワットでみると 54％を占めるが，法改正によって 17 年 3 月に約 2,800 万キロワットの設備認定が取り消された。これで制度導入初期にみられた地権者の同意もない空押さえなどの過剰な設備認定は解消された。他方，その急増が「九電ショック」など電力会社の警戒を招き，接続可能量という導入抑制の問題は残される。乱開発や土地投機にも近い状況が生まれ，各地でメガソーラー反対運動など景観や森林破壊をめぐる地域紛争も生まれている。今後は地域社会に調和した地域主導のメガソーラーやより小規模分散型の太陽光発電事業が望まれている。

②固定価格買取制度（FIT）

2011 年 8 月に成立，12 年 7 月施行の「電気事業者による再生可能エネルギー電気の調達に関する特別措置法」。09 年 11 月には家庭用太陽光発電だけに適用される制度を先行導入。再生可能エネルギー（再エネ）電力を，国が定める一定の優遇価格（調達価格）で 20 年間（家庭用は 10 年間）買い取ることを電力会社に義務づける制度。1978 年アメリカの公益事業規制法と 90 年ドイツが導入した電力供給法を起源とし，その後世界各国に広がり，近年の再エネの飛躍的な拡大の原動力となった。日本では 03 年から新エネルギー等利用特別措置法（RPS　固定枠制度）を導入したが，再エネ普及には機能せず，09 年の政権交代にともない 11 年に FIT に変更された。FIT 導入後，太陽光発電は約 8 倍増の 4,321 万キロワット（17 年 9 月末）と急拡大し，調達価格も着実に下がってきた。

一方で，申込量で約 8,000 万キロワットもの急増を懸念した九州電力や複数の電力会社が 14 年 9 月末に接続の申込みを中断し（九電ショック），15 年 1 月には事実上の導入制限となる接続可能量を含む制度改正が行われ，16 年には入札の導入や優先接続の廃止を含む FIT 改正が行われた結果，系統の「空き容量ゼロ問題」が発生するなど再エネ普及に逆行する動きもある。

(引用文献)

1. 木村武雄『地方創生と日本経済論』五絃舎，2016 年 9 月 25 日。

2. 木村武雄『地方創生と労働経済論』五絃舎，2017 年 10 月 15 日。

3. 木村武雄「地方創生と日本経済」『経済学論纂（中央大学）第 57 巻第 5・6 合併号（中野守教授古稀記念論文集）』2017 年 3 月 25 日。

4. 時事通信社編『全論点　人口急減と自治体消滅』時事通信社，2015 年 2 月 20 日。

5. 「自治体直営のメガソーラー・狙いは太陽光のまちづくり」（群馬県太田市）竹本昌史『地方創生まちづくり大事典』国書刊行会，2016 年 1 月 25 日。

6. 『データでみる県勢 2015 年版』矢野恒太記念会，2014 年 12 月 1 日。

7. 『都市データパック 2014 年版』東洋経済新報社，2014 年 7 月 16 日。

第 10 講　滋賀県と長浜市のまちづくり会社「黒壁」

1.　滋賀県の日本における位置づけ

(1) 歴史的位置づけ（東山道，近江）

　滋賀県の県域は古代（奈良・平安時代 :710-784-1185）以来の近江国に相当，山城（京都府南東部）・大和（奈良県）等の先進地域に接して早くから開け，先史時代（旧石器から弥生時代）の遺物・遺跡に富む。7 世紀には天智天皇の大津京が置かれ，奈良時代中期からは荘園化が進展，延暦寺・日吉神社・園城寺等がその有力な領主となった。鎌倉時代（1185-1333）から戦国時代（1467-1573）に掛けて，佐々木氏・浅井氏等の豪族が擡頭，県内は屡々戦場と化したが，一方では近江商人が発生して，次第に経済的実力を高めていった。16 世紀末，織田信長の全国統一の本拠安土は，一時天下の中心的位置を占めたが，江戸時代（1603-1867）に入ると，井伊家彦根藩 35 万石のほかは，幕府直轄領や多くの小領地に分割統治された。1871（明治 4）年の廃藩置県で大津県・長浜県が置かれ，翌年滋賀県と改称，81 年現県域が決定した。現在滋賀県は，13 市，6 町，0 村の 19 市区町村からなる（2014.10.1）。

(2) 経済的位置づけ

　1 人当たり県民所得（2011 年度）は 307.2 万円，全国 4 位で，全国平均（291 万円）を大きく上回っている（東京の 7 割）。有効求人倍率（2013 年）は，0.79 倍である（東京 1.33）。

　「若年女性人口変化率」（2010-2040 年）推計で滋賀県下で，甲良町 -65.5% が最大の減少率で，最小値は守山市の -5.6%。長浜市は中央値の -38.3%。

　従業員 1 人当たり製造出荷額等（2012 年）は 1 位山口県 6,502 万円，2 位

大分県，3位千葉県，4位和歌山県，5位三重県，6位岡山県，7位愛知県，8位愛媛県，9位神奈川県に次いで10位滋賀県の4236万円。主な生産物（2014年）は「かるた，すごろく，トランプ，花札，囲碁，将棋，チェス，麻雀，ゲーム等」は滋賀県が全国シェア71.0%，理容用電気器具（同65.2%），プラスチック雨樋（同64.5%），秤（同44.2%）以上全国1位。県内の有力・伝統企業は，㈱平和堂（スーパーストア，彦根市小泉町），日本電気硝子（電子管｛ブラウン管用ガラス大手｝，大津市晴嵐），関西日本電気（半導体，大津市晴嵐），滋賀銀行（銀行，大津市浜町），フジテック（エレベーター（業界4位），彦根市宮田町）。

2. 長浜市とまちづくり会社「黒壁」

(1) 長浜市のプロファイル（戦国の聖地）　人口12万2千人の湖北の中核都市

　長浜の由来は，古くは「今浜」だったが，豊臣秀吉によって城下町が開かれた時，織田信長の一字をとって「長浜」に。県の東北部に位置し，北は福井県，東は岐阜県に接する。周囲は伊吹山系等の山々と，ラムサール条約（1971年イランの同地で締結された湿地と水鳥に関する自然体系保全の国際条約，日本は1980年加盟）の登録湿地でもある琵琶湖に面している。同湖中央部の豊かな湖水盆地と水鳥が集う湖岸風景が広がる。また，北国街道（中山道の信濃追分から小諸・上田・高田経由して北陸街道の直江津に至る）や北國脇往還，戦国時代を偲ばせる長浜城や小谷城跡，賤ヶ岳，姉川古戦場をはじめ，竹生島の宝厳寺，渡岸寺の国宝十一面観音をはじめとする数多くの観音が祀られる観音の里等，優れた歴史的遺産がある。2010年1月，東浅井郡虎姫町・湖北町，伊香郡高月町・木之本町・余呉町・西浅井町の6町と合併。日本一の，日本三大山車まつり，長浜曳山まつり，現存する日本最古の駅舎・旧長浜駅舎鉄道資料館，琴糸，三味線糸，十一面観音立像，長浜バイオ大学。出身者は石田三成・浅井長政（戦国武将），浅井三姉妹（茶々・初・江）山岡孫吉（ヤンマー創設者）。就業人口構成で第2次産業の比率は37.4%で，全国813市区で61位でかなり上位である。その証拠に市内に有数の企業群があるヤンマー，キヤノン，三菱樹脂，日本電気硝子等。

(2) 長浜市と町づくり会社「黒壁」

A. 1988年春第三セクター「黒壁」を設立

　地元住民から「黒壁銀行」と呼ばれる町の象徴的な存在だった建造物の取り壊しを契機に歴史的建造物を保存する運動が沸騰。8人の民間人が発起人となって、黒壁はその街並みを活かしつつ、欧州のガラス文化を注入して地域を活性化する組織の成立に発展。

B. 2008年「黒壁ガラスまつり」記念事業、年間を通じて開催

　1.「黒壁ガラス館」3万点を越す内外のガラス製品を販売

　2.「札の辻本舗」地元の観光物産品を販売

　3.「長浜オルゴール堂」西日本最大のオルゴール専門店

　創業時の89年は僅か9万8千人、6年後には100万超過、13年後の01年には200万人を突破。右上がりに観光客が増え、NHKの大河ドラマ「江」の放映した11年には244万人に膨れ上がった。こうして黒壁は滋賀県最大の観光スポットとなった。ただ、この年を境に集客力は陰りを見せる。

C. 2013年の25周年に経営のプロが社長に就任

　今までの「見る・食べる」から文化の創造・発信へ、飛躍発展へのシナリオを提案。この試みは失敗し、元の社長が返り咲き再起を図る。

(引用文献)

1.　時事通信社編『全論点　人口急減と自治体消滅』時事通信社、2015年2月20日。
2.　「枠組み整え第2の創業目指す、社長交代、黒壁の次の挑戦」(滋賀県長浜市「黒壁」)、竹本昌史『地方創生まちづくり大事典』国書刊行会、2016年1月25日。
3.　『データでみる県勢2015年版』矢野恒太記念会、2014年12月1日。
4.　『都市データパック2014年版』東洋経済新報社、2014年7月16日。

第11講 静岡県と長泉町の「ママラッチ」事業

1. 静岡県の日本における位置づけ

(1) 歴史的位置づけ（東海道，駿河・伊豆・遠江）

　静岡市南部の登呂で弥生式遺跡が発見されたことは，約2000年前既にこの地方に住民が生活していたことを示す。大化の改新（645年）で遠江 {静岡県西部}，駿河 {同中央部}，伊豆の3国が設置され，磐田・静岡・大仁（伊豆半島基部）に国府が置かれた。その後源頼朝が鎌倉に幕府を開くと，東海道を利用する人も増加した。14世紀に入ると今川氏が遠江・駿河の守護に任じられ，以後約200年に渡って勢力を保ったが，16世紀後半今川氏は織田信長に敗れ，以来，徳川家康が遠江・駿河を掌中に収めた。家康の死後，江戸幕府は，譜代大名の藩と幕府領・旗本領に分けて統治した。東海道五十三次の内22の宿場が現県域内に置かれた為，交通の要地としての地位が高まり，幕末には，下田が開港場に指定され，開国の先駆地となった。1871（明治4）年の廃藩置県で，静岡県・浜松県・足柄県ができたが，76（明治9）年足柄県から伊豆を編入して，現県域が確定した。静岡県は現在政令指定都市2，特別区・行政区10，市21，町12，村0の35市区町村である（2014.10.1）。

(2) 経済的位置づけ　全国2位の県民所得

　1人当たり県民所得（2011年度）は316.2万円，全国2位，全国平均（291万円）。東京都の72.3%。有効求人倍率（2013）は，0.84（全国平均0.93，東京都1.33）である。

　「若年女性人口変化率」（2010-2040年）推計で静岡県下で，川根本町-71.1%が最大の減少率で，最小値は当該の長泉町-7.16%。しかしながら，全ての市区町村でマイナス値。

第11講　静岡県と長泉町の「ママラッチ」事業　37

　主な生産物(2015)はピアノ(2012)全国シェア100%，プラモデル同93%(2012)、白熱電灯器具同78%（2012），触媒同50%（2012），紅茶（仕上茶）全国シェア69.2%（2014），茶（荒茶）40.0%同，鰹類同30.9%，鮪類同16.1%，紙・パルプ製品(2012)同11%以上全国1位。シラス干し同17.9%(同2位)，海老類同7.5%(同3位)。県内の有力・伝統企業は，スズキ（自動車・自動二輪 { 大手 }，浜松市高塚町），ヤマハ発動機（自動二輪 {大手}，磐田市新見），ヤマハ（ピアノ・AV 機器 {楽器世界一}，浜松市中沢町），スルガ銀行（銀行，沼津市通横町）。

2.　長泉町との「ママラッチ」事業。

(1) 静岡県東部，伊豆半島の基部。三島市と沼津市に挟まれた人口4万2千人。

　新幹線三島駅から東京まで1時間余り。朝は9本の始発があり，新幹線で通勤・通学する「長泉都民」族が少なくない。

(2) 静岡県と長泉町の人口動態

　総務省「人口動態調査」(2014年1月時点) 静岡県の県人口（外国人を含む）は380万3,481人と，前年から約2万人減少。都道府県別では，北海道に次いで2番目に多く，［全国ワースト2］の衝撃。先行きも厳しく，県の試算では40年には308万人と，70万人以上も減る見通し。そんな悩みをよそに，長泉町は人口が過去10年間で10.6%も増加。向こう30年間で見ても，人口が増える自治体は県内で唯一，この長泉町だけと県は試算。

　増える人口の半数は，30〜40代で占める。中学生以下の子を持つ，所謂共稼ぎ子育て世代である。婚姻率・出生率も高く，「13年は赤ちゃんが41人も生まれ」(遠藤町長)。

(3)「ママラッチ」事業——町の行政の穴を埋める政策。

ママ記者が市民目線で情報発信

　メンバーは29〜41歳の7人で，生後2ヵ月の乳児から小学5年生の長男を育てている，子育て中の若い女性ばかり。産業振興課が14年9月から全5回の養成講座を開き，記事の書き方や写真の撮り方，ブログ，フェイスブックの基本操作等。「共稼ぎの子育て世帯が欲しがる情報」「子育ての悩みに応える，血の通っ

た話題」―――子育てサービスの実態や育児ネタ，グルメ，イベント情報。子育ての援軍で，人口増加に一助。

（4）町の子育て支援政策

中学3年生まで子供の医療費の自己負担，所得制限なし。第三子以降の子供の通う幼稚園・保育園の保育料無料。不妊治療費の助成。母子予防接種事業・チャイルドシート購入費補助。認可外保育園の利用料補助。

（5）県内1位の財政力（静岡県駿東郡長泉町）

財政力指数 1.26（総務省自治財政局財務調査課「市町村別決算状況調」2014年9月22日時点）『地域経済総覧 2015』736頁。静岡県 0.6672。賀茂郡東伊豆町 0.68，同河津町 0.38，同南伊豆町 0.32，同松崎町 0.32，同西伊豆町 0.36，田方郡函南町 0.76，駿東郡清水町 0.93，小山町 0.94，椿原郡吉田町 0.96，同川根本町 0.37，周智郡森町 0.59 以上。「財政力指数」：基準財政収入額を基準財政需要額で除したもの（3カ年の平均）。一般に，需要に対して収入が大きい自治体（財政力指数が大きい自治体）が，財政的には余裕がある。地方交付税は，財政力指数が1を越える団体には交付されず，1を下回る団体に基準に従って交付される。高度成長期に誘致した多くの工場から法人町民税が入り，3つの長泉工業団地に誘致した企業が50社近くあり，税収面と雇用創出で大きな役割。

（引用文献）
1. 木村武雄『地方創生と日本経済論』五絃舎，2016年9月25日。
2. 木村武雄『地方創生と労働経済論』五絃舎，2017年10月15日。
3. 木村武雄「地方創生と日本経済」『経済学論纂（中央大学）第57巻第5・6合併号（中野守教授古稀記念論文集）』2017年3月25日。
4. 時事通信社編『全論点　人口急減と自治体消滅』時事通信社，2015年2月20日。
5. 竹本昌史『地方創生まちづくり大事典』国書刊行会，2016年1月25日。
6. 『データでみる県勢 2015年版』矢野恒太記念会，2014年12月1日。
7. 『都市データパック 2014年版』東洋経済新報社，2014年7月16日。

第12講　大阪府と大阪市天王寺区の子育て バウチャー券と教育水準

1. 大阪府の日本における位置づけ

(1) 歴史的位置づけ（畿内，河内・和泉・摂津）

　大坂開発の歴史は古く，山麓や台地の各所に先史遺跡が多い。殊に巨大な古跡が古市（羽曳野市）や百舌鳥（堺市）付近に一大集団をなして分布している。農業も早くから行われ，狭山池等我が国最古の池沼があり，上代（奈良時代：710-784）の条里制の跡も至る所に見られる。上代は難波津（大阪市）を通じて，朝鮮・中国との往来が盛んで，大陸文化の門戸ともなっていた。その為，この地が帝都に選ばれたこともあった。

　中世（鎌倉・室町時代：1185-1333, 1336-1573）には難波津は衰退し，代わって堺が遣明船（勘合船1404-1544）・南蛮船（紅毛船：室町時代末期から江戸時代に掛けて南洋方面からの，ポルトガル・スペイン船）の出入港として栄えた。近世（安土・桃山：1568-1600・江戸時代：1603-1867）に豊臣秀吉が大阪城築城以来，大阪が繁栄を取り戻し，江戸時代に入っても，諸国物資の集散地として経済の中心であった。

　明治以降，近代工業の移入と交通機関の発達で，大阪市の商工業は飛躍的に発展して巨大都市となったが，それとともに周辺もまた，その影響を受けて，堺・豊中・東大阪等衛星都市の発展も目覚しい発展をみた。現在の府境が確定したのは1887（明治20）年。現在は政令指定都市2，特別区・行政区31，市31，町9，村1（2014.5.1，都市データパック2014）。

(2) 経済的位置づけ

　1人当たり県民所得（2011年度）は292.0万円，全国10位で，全国平均（291

万円）とほぼ同一水準（東京の 66%）。

国立社会保障・人口問題研究所が平成 25（2013）年 3 月推計した市区町村別「若年女性人口変化率（2010-2040）」で，大阪府下で能勢町 -81.4% で最大の減少率。田尻町が 3.8% で唯一のプラス値の最小値。これ以外は，全てがマイナス値。

嘗て江戸時代の経済の中心だった影もない。有効求人倍率（2013 年）は，0.95 倍で，全国平均（0.93）と僅かに上回っている（東京 1.33）。

主な生産物（2012）は毛布（2014）全国シェア 94%，自動車部品同 76%、アーク溶接同 64%，綿織物下着同 64%，水彩絵具同 59%、浴用石鹸同 45%，ボルト・ナット同 18%，チョコレート類（2014）同 18%，食パン（2014）同 14% で全国 1 位。秀菊（2015）同 12%，ビール（2016）同 11% で全国 2 位。魚介類のこのしろ（2015）同 10% で全国 3 位。有力企業は，パナソニック（旧松下電器産業）家電［家電トップ］，門真市大字門真，日本生命保険（非上場）保険 { 生保最大手 }、大阪市中央区今福，大和ハウス工業，住宅建設，大阪市北区梅田，住友生命保険（非上場）保険（生保大手），大阪市中央区城見。

2. 大阪府・大阪市・天王寺区

(1) 大阪市のプロファイル

「大阪」の由来, 古くは「難波」。1498(明和 6)年の本願寺八世蓮如の手紙が「大坂」の初見。江戸時代は「大坂」と「大阪」が混用。明治以降「大阪」が一般的に。

(2) 日本最古の都市

大化の改新後「難波宮」が建設されてから 1300 年余。古代には国際港「難波津」を擁する海外への玄関口であった。今日の町の原型は 16 世紀に豊臣秀吉によってつくられ, 以来, 金融商工業の中心地として発展するとともに, 文化・芸術・町づくり等様々な分野で日本をリード。しかしながら, その後の発展は特に明治以降首都東京に後塵を拝するものであった。

(3) 大阪の再生（大阪都構想の挫折）

東京を意識しつつ, 大阪のパワーをひとつに結集して, アジアの諸都市との競争に打ち勝つために, 「成長は広域行政, 安心は基礎自治行政」の理念のもと

に再生を目指す。「ニア・イズ・ベターを徹底し，豊かなコミュニティが形成され，住民が安心できる活力ある地域社会の実現」，「社会を支える現役世代が十分に力を発揮し，国内外から人材・資金・情報が集まる都市魅力を備えた活力ある大阪」を目途とする。大阪都構想は，堺市を念頭に置かないと実現不可能であることが，住民投票からわかる。

(4) 大阪府・大阪市・天王寺区の関係 (2014.10.1)

大阪府 (1,901 平米，867 万人)，大阪市 (223 平米 (シェア 11.7%)，255 万人 (同 29.4%))，天王寺区 (4.80 平米 (同 2.15%)，6.74 万人 (同 2.64%))。大阪府には大阪市の他，堺市 (149 平米 (同 7.8%)，83.7 万人 (同 4.5%)) という政令指定都市がある。

3. 大阪市の教育水準 (政令指定都市最下位)

2018 年度小学校 6 年・中学校 3 年全国テスト

全都道府県 (47)・全国 (国公私立)・全国 (公立)・政令指定都市 (20，東京都は含まない) の小学校国語 A・国語 B・算数 A・算数 B・理科の 5 科目。中学校は国語 A・国語 B・数学 A・数学 B・理科の 5 科目。大阪市の国語 A・国語 B・理科は全ての政令指定都市 (札幌・仙台・さいたま・千葉・横浜・川崎・相模原・新潟・静岡・浜松・名古屋・京都・(大阪)・堺・神戸・岡山・広島・北九州・福岡・熊本) で最低値。算数 B は最低値の相模原市の 48 点を 1 点上回って 19 位。中学校に至っては全教科 5 科目が全て最低値で 18 ～ 20 位である。小学校 6 年と中学校 3 年の 10 科目全てが，全国 (公立)，全国 (国公私) や大阪府の平均値や隣の堺市を下回っている。義務教育は国民が最低限水準をクリアすべきもの。大阪市の税金は教育行政に適切に使われたか疑問を呈する結果。小学校は 6 年間の積み重ねの結果で中学校は小学校の土台に 3 年間の積み重ね。教育に携わる教員の努力の結果でもある。都道府県でいつも最下位であった沖縄県は 1 位常連の秋田県と教員の交換移動を通じて少しでも差を詰めたいと努力していた。その成果か，小学校では国語 A 以外は都道府県の最下位を免れた。算数 A では都道府県で 4 位であり，国語 B・算数 B で 12 位，理科では 14 位と健闘している。しか

しながら，中学校は5教科すべて都道府県で最下位である。中学校も教員交換
等で刺激を受けないと最下位のままである。

4. 大阪市天王寺区の子育てヴァウチャー券と経済学者ベッカーのヴァウ
チャー理論

　大阪市天王寺区は，乳幼児を抱える子育て世帯を支援する為，民間事業者が
行う一時保育や教育等のサーヴィスに供するヴァウチャー券の交付を始めた。
乳幼児1人当たり1万円を用意し，子育て世代の定住化に繋げる考え。交付対
象は，2014年4月以降に生まれ，天王寺区に住民票がある乳幼児を持つ家庭。
3ヵ月児健康診査の受診案内と共に送付する申請書に必要事項を記入すれば，
ヴァウチャー券 (500円券で20枚) が交付された。使用期限は2歳の誕生日まで。
14年度は約420人分の交付を見込む(予算額420万円)。利用可能のサーヴィスは，
英語や音楽教室等教育分野や認可外保育園での一時保育，産後ヨガ（マタニティ・
ヨガ）等母親向けの講義，インフルエンザの任意予防接種等，区が認めた22業
者の41件。区保健福祉課は参加事業者を参加させるに当たり賄賂の危険性があ
るので注意が必要。業者選定に当たり，選考過程の透明性を担保する行政文書
が必要。交付事業は17年3月まで実施し，効果を検証した上で，継続するかど
うかを判断。

5. ベッカーのヴァウチャー・システム

　ベッカーは公共サーヴィスについて，ヴァウチャー・システムを推奨している。
その利点は，①サーヴィスの負担能力に関係なく配布される，したがって低所得
者でもニーズに応じて公平にサーヴィスを購入できる，②需要者に選択の自由が
ある，③供給者の競争による効率化を促す事が出来るというものである。しかし
供給者が倒産した場合等，サーヴィスの継続性に問題が出てくる。日本では要介
護に応じた介護受給権を得て，自己選択で介護サーヴィス事業者を選択（購入）
する形になっており，ヴァウチャー・システムの利点①から③が該当する。

第12講　大阪府と大阪市天王寺区の子育てバウチャー券と教育水準　43

| | 都道府県・政令市別の公立校の平均正答率(単位%、都道府県別は政令市を含む) | | | | | | | | | |
| | 小学校 | | | | | 中学校 | | | | |
	国語A	国語B	算数A	算数B	理科	国語A	国語B	数学A	数学B	理科
北海道	70	53	62	49	59	77	61	65	46	67
青森	75	57	65	53	62	77	61	67	46	68
岩手	74	57	63	51	61	76	61	62	43	65
宮城	69	53	62	49	59	77	62	65	47	67
秋田	77	61	67	57	66	80	66	70	51	70
山形	71	54	63	51	62	77	61	65	46	68
福島	72	54	64	51	60	76	61	64	44	66
茨城	71	56	65	52	63	77	62	66	47	68
栃木	71	55	63	51	61	76	61	65	46	67
群馬	71	54	62	50	61	77	63	67	48	69
埼玉	71	54	62	50	59	75	61	65	47	65
千葉	70	53	62	51	61	76	61	64	46	65
東京	74	57	67	55	62	77	63	67	49	65
神奈川	70	54	64	52	60	76	62	66	48	66
新潟	72	57	66	51	60	77	62	67	47	66
富山	74	58	66	55	64	78	63	70	51	70
石川	76	61	68	59	66	79	65	71	52	71
福井	76	57	66	56	64	79	64	72	53	71
山梨	71	54	62	50	60	78	62	66	48	67
長野	72	55	62	50	61	76	61	65	46	66
岐阜	72	56	63	51	61	76	62	67	49	68
静岡	69	56	63	51	60	78	63	68	49	68
愛知	68	52	61	50	58	76	61	69	49	68
三重	70	54	63	50	59	75	60	67	46	66
滋賀	68	53	60	49	58	75	58	65	45	54
京都	73	56	65	53	62	77	62	67	48	66
大阪	68	52	63	51	57	75	59	66	46	64
兵庫	70	54	63	52	59	77	61	69	48	67
奈良	69	53	53	50	59	76	60	66	48	64
和歌山	72	55	63	51	60	75	59	67	45	65
鳥取	71	55	62	50	60	76	60	66	45	66
島根	68	55	61	49	58	76	61	64	45	66
岡山	71	54	62	50	60	76	59	65	44	66
広島	73	59	66	54	63	76	61	66	46	66
山口	72	57	64	52	62	77	61	67	46	67
徳島	70	54	61	50	59	77	60	69	47	67
香川	69	58	64	53	60	76	60	67	46	66
愛媛	72	55	65	54	61	77	62	69	49	68
高知	70	55	65	53	60	75	60	64	43	64
福岡	71	55	63	51	61	75	61	65	46	65
佐賀	71	54	63	51	61	75	59	64	44	64
長崎	69	54	62	50	60	75	60	65	45	64
熊本	71	56	64	51	62	75	59	65	46	66
大分	72	56	65	52	63	77	62	66	47	67
宮崎	71	54	62	50	60	75	59	66	44	65
鹿児島	70	53	64	50	60	75	58	64	45	63
沖縄	68	54	66	52	61	72	58	59	40	61
全国(国公私立)	71	55	64	52	60	76	62	67	48	67
全国(公立)	71	55	64	52	60	76	61	66	47	66
政令市										
札幌	71	53	63	51	59	78	63	67	48	68
仙台	71	54	64	52	61	79	65	70	52	71
さいたま	74	58	65	54	63	79	65	70	51	68
千葉	71	54	64	52	62	76	62	65	47	67
横浜	73	56	64	54	61	76	63	67	50	66
川崎	72	57	66	55	61	77	63	66	49	66
相模原	69	52	61	48	58	74	61	63	45	64
新潟	73	59	66	53	62	76	63	68	49	67
静岡	72	57	64	51	60	78	64	68	50	67
浜松	69	55	61	51	60	78	64	68	49	69
名古屋	67	52	61	51	60	76	62	69	51	68
京都	74	57	66	54	64	77	62	67	48	66
大阪	66	51	62	49	55	74	58	63	44	63
堺	71	54	65	52	59	74	59	65	44	63
神戸	70	53	64	53	58	77	61	69	49	68
岡山	71	55	62	51	61	76	59	65	45	66
広島	72	58	64	54	52	76	60	65	46	65
北九州	71	54	61	50	60	75	60	63	44	64
福岡	72	56	64	52	62	77	62	67	49	67
熊本	70	56	63	51	62	76	60	66	47	67

(引用文献)

1. 「大阪市天王寺区、子育て支援ヴァウチャー券」時事通信社編『全論点 人口急減と自治体消滅』時事通信社，2015年2月20日，330頁。
2. 『データでみる県勢2015年版』矢野恒太記念会，2014年12月1日。
3. 『都市データパック2014年版』東洋経済新報社，2014年7月16日。
4. 「学テ下位の底上げ進む」(1面，22-23面)『読売新聞』2018(平成30)年8月1日朝刊。
5. 「学力の地域差縮小」(31面)『日本経済新聞』2018(平成30)年8月1日朝刊。

第13講　東京都と町田市の農業バンク事業

1.　東京都の日本における位置づけ

(1) 歴史的位置づけ（東海道，武蔵）

　武蔵国（東海道に属し，現在の東京都と埼玉県の粗全域に神奈川県の東部を含めた地域）の一部を成し，往古は武蔵野西部の多摩川に臨む台地一帯が，この地方の中心的存在であった。平安時代（794-1184年）以降武蔵野東部の開拓も一部進められたが，室町時代（1392-1573年）中期太田道灌がその東端に江戸城を構築（1457年），後の大東京発展の基礎を作った。次いで徳川家康の江戸入府（1590年），幕府創設（1603年）により，江戸は飛躍的に発展，人口百万を数える世界一の大都市に成長，政治・文化の中心地として繁栄した。1868（明治元年）年江戸を東京と改称，翌年遷都が行われ，名実ともに日本の首都となり，71年の廃藩置県で江戸府内に東京府が置かれた。後に府の区域は拡大されたが，88年市制施行に当たり，15区から成る東京市が生まれた。なお78年に伊豆諸島が静岡県から，80年小笠原諸島が内務省から移管され，更に93年西多摩・南多摩・北多摩の3郡が神奈川県から移されて，現在の境域となった。この間中心部では官公庁・大企業・文化諸機関等の建設が進み，市街地も下町から山手や江東方面に拡大，15区から隣接の町村へと次第に延びていった。1923(大正12)年関東大震災によって東京は焦土と化したが，その復興とともに，郊外電車の発展と相まって，郊外開発が急速に推進された。この結果，32年隣接5郡82町村を併合，35区を持つ大東京の実現をみ，更に43年都制施行により，東京府・東京市を解消，府の全域が東京都となった。第二次世界大戦による戦災で，人口は一時減少したが，その後再び急激な集中をみせ，62年には人口一千万を突破するに至った。23区

（47 年に 35 区を統合）17 市 15 町 8 村（1967 年）。現在は特別区（23 区），26 市，5 町，8 村（2014.10.1）。東京都の政令指定都市は特別区（23 区）で，政令指定都市の「計」には含まれない。特別区は各々が地方自治体である。世田谷区と鎌倉市は同格の地方自治体である。世田谷区（79 万人）は堺市（82 万人）と浜松市（77 万人）の中間に位置している。

（2）経済的位置づけ

1 人当たり県民所得（2011 年度）は全国 1 位の 437.3 万円で全国平均を遥かに凌駕している。有効求人倍率(2013 年)は 1.33 で全国平均 0.93 を大幅に上回っている。

市区町村別「若年女性人口変化率（2010-2040）」で，東京都下で奥多摩町-78.1% で最大の減少率で，稲城市が -5.45 の最小値。全てがマイナス値。

流石首都東京である。乗用車の 100 世帯当たり保有台数（2013 年）は全国最下位の 47 位の 46.8 台である。これは，公共交通機関が整っており，稠密で頻度性が高く便利であることが大きいのは云うまでもない。日本の政治，経済，文化の中心である東京都は，県内総生産が全国一である。県内総生産の内訳を見ると，農林水産業が占める割合は 0.1% であるが，製造業は 6.9% を占めている。東京都の製造業の特色は，新聞社や出版社が多いこともあり，印刷業が盛んなことである。また，従業員の少ない町工場が沢山あることである。なお，東京都の県内総生産の 9 割以上を占めるのは，農林水産業でも製造業でもなく第 3 次産業である。特に，多くの人びとが集まることもあって消費が盛んで，百貨店や各種商店による小売業と，飲食や宿泊等に関するサーヴィス業が多くを占める。更に銀行，証券会社，保険会社等，各種金融機関が集まっているため，金融・保険業の割合も高くなっている。こうしたこともあり，東京都は，日本の経済だけでなく世界経済の中心的な役割もになっている。主な生産物（2014）は，補聴器（全国シェア 72.4%），椿油（同 53.4%），産業用 X 線装置（同 44.1%），鞣し革製ハンドバッグ（同 43.7%），電子顕微鏡（同 41.9%），ファンデーション（同 2012 年，30%），オフセット印刷物（同 22.2%）以上全国 1 位。都内の有力・伝統企業は，三井物産（名門総合商社, 千代田区大手町），三菱商事（総合商社の雄, 千代田区丸の内），

伊藤忠商事（大手総合商社，渋谷区宇田川町），ソフトバンクグループ（通信，港区東新橋），三井住友フィナンシャルグループ（銀行，千代田区丸の内），NTTドコモ（通信，千代田区永田町）多社済々。

2．町田市と農地バンク事業

（1）町田の由来

多摩の中核都市「まちだ」は一説では田圃（たんぼ）の一区画を「まち」と呼んだことから，「まち田」に。多摩地域の南部に位置し，大規模団地の建設や土地区画整理事業をはじめとする宅地開発により，住みよい環境を備えた住宅都市として発展。一方，町田駅を核とする中心市街地は，首都圏有数の商業拠点で，周辺地区からも多くの人が集まる。交通利便性に恵まれ，物流・交通の要衝を担う。また，里山や田園風景が残る緑豊かな丘陵地も抱える。

（2）町田市の農地バンク事業

2011年5月から始めた町田市独自の政策で，農家の高齢化で増加しつつある遊休地を農地バンクに登録し，農地を希望する者や法人やNPO等に市が斡旋して貸し出す仕組み。

①キュウピーあい（キュウピーマヨネーズの子会社）

キュウピーの障害者の雇用確保を目的の特例子会社。80人近い従業員のうち，肢体や視覚，知的障害者も44人働く職場。これまで創出した仕事はホームページの製作・更新や各種印刷，製本をはじめ，ユニフォームのレンタル，切手・印紙販売，清掃，食堂の運営等20種類以上に及ぶ。2009年5.5億円から13年7.5億円へ売上高も拡大。農地バンクへの事業拡大は13年4月から上小山田町の農地0.52haを借受でスタートした。農作業は5人のスタッフ（障害者2名）が担当。借り受けた農地は荒れ果てた耕作放棄地だったが，大型農機具を動員して開墾。13年11月には畑を蘇生させた。野菜を栽培出来る立派な耕作地に変身。障害者の「得意」な分野に配慮した独自の作業マニュアルを作成。収穫した野菜は当面は直販販売だが，将来はグループ企業の食堂にも販路拡大を視野。

② NPO 法人「たがやす」

2014 年春同市小野路町の遊休地 0.4ha を借り受けた。学童体験農園「小野路農園クラブ」で，未就学児，小学生，中学生とその保護者等で会員制の薩摩芋や果樹を育てる農業体験を通じた食育活動目的。

(引用文献)

1. 「放棄地活用し農業参入，効果をあげる農地バンク事業」竹本昌史『地方創生まちづくり大事典』国書刊行会，2016 年 1 月 25 日，474-477 頁。

第14講　京都府と福知山市の子育て事業

1. 京都府の日本における位置づけ

(1) 歴史的位置づけ（山陰道，丹波・丹後，畿内，山城）

　大化の改新（645年）後，山背（後の山城：五畿に属し，現在の京都府南東部）・丹波（：現在の京都府中部と兵庫県東部に跨る）・丹後（：現在の京都府北部）の三国が成立。794（延暦13）年の平安奠都後，山城は王城の地として日本の政治・経済文化の中心をなした。江戸時代（1600-1867年），山城に皇室領・幕領の他淀藩が，丹波には亀岡・綾部・園部・山家・福知山，丹後には宮津・峰山・舞鶴の諸藩が置かれた。1869（明治1）年，山城国の皇室領と幕領が京都府となり，71年の廃藩置県を経て76年現域が決定。京都府は政令指定都市1，特別区・行政区11，市14，町10，村1の26地方自治体からなる（2014年10月1日現在，京都市の行政区各々は地方自治体ではない）。京都市に限定して沿革を述べる。京都盆地内部の開発は，賀茂氏や帰化人の秦氏等により古より行われていたが，桓武天皇（737-806）の治世に，山城国葛野に新都が造営され，794（延暦13）年に遷都が行われた。これが平安京で，町割りは平城京同様，碁盤目状を成し，朱雀大路を境に東の左京，西の右京に分けられたが，右京の地は低湿地の為次第に寂れ，市街は高く排水のよい左京に集中，拡大していった。平安時代（794-1185年）400年は，まさに我が国政治の中心地として繁栄したが，武家政治の開始とともに，政治的機能を喪失，代わって商品経済の発達と共に経済都市として発展，商店や高利貸の土倉が軒を並べるようになった。室町時代（1392-1573年）には，京の室町に幕府が置かれ政治的に旧に復したかに見えたが，応仁の乱（1467-77年）の兵火（：戦争によって起こる火災）や土一揆（：室町時代中期，畿内を中心に頻発した

農民・地侍の武装蜂起）により市街の大半が破壊された。しかし自治組織を持つ町組のもとに結集した町衆や，織田信長・豊臣秀吉らの努力で復興がなった。江戸時代，政治の中心は江戸に移ったが，京都は形式上なお都であり，三都の一つとして経済的にも重きをなし，人口も50万を数えた。1868（明治1）年帝都は東京に移り，京都の地位は相対的に低下したが，今尚我が国6大都市の一つ，経済・文化の一中心として発展している。

（2）経済的位置づけ

1人当たり県民所得（2011年度）は全国12位の286.5万円で全国平均（291.5万円）を僅かに下回っている。有効求人倍率（2013年）は0.90で全国平均0.93を僅かに下回っている。

市区町村別「若年女性人口変化率（2010-2040）」で，京都府下で南山城村-83.0%で最大の減少率。木津川市がプラス3.7%の最小値。これ以外は全てがマイナス値。

京都では，古来から行われている伝統工芸がある。その為，17品目が国の伝統的工芸品に指定されている。伝統的工芸品は，正式には「経済産業大臣指定伝統的工芸品」（1974年制定）。京都府では西陣織（織物），京鹿の子絞（染色品），京友禅（同）等17品目に指定され，その数全国一である。「京〜」は京都ブランドの証でもある。これに対して，日本海に面した京都府北部の丹後地方では，「丹後縮緬」という絹織物づくりが盛んである。縮緬とは，生地の表面に「シボ（絞）」という凸凹がある織物。シボの御蔭で，皺が付き難く，手触りや外見が妙やかになると言われた。他に京ブランドは京野菜（山科茄子，賀茂茄子，堀川ごぼう，鹿ヶ谷南瓜，等）がある。以上を含め主な生産物（2014年）は，縮緬類（全国シェア73.3%），公害計測器（同54.2%），分析装置（同49.8%），既製和服・帯（同37.4%），乳飲料，乳酸菌飲料（同12.9%），和生菓子（同7.2%）以上全国シェア1位。団扇・扇子（同32%，2012年），清酒（同16%，2012年度）以上全国2位。府内の有力・有名企業は，京セラ（半導体・集積回路（電子部品大手），京都市伏見区竹田鳥羽），村田製作所（電子部品大手，長岡京市東神足），オムロン（電子部品・制御機器，京都市左京区塩小路通堀），佐川急便（貨物輸送，京都市南区上鳥羽角田町），任天堂（ゲー

ム機器，京都市南区上鳥羽錦立町）。

2. 福知山市と合計特殊出生率（1.96，（全国9位（全国全813市区中，2014年度）））

(1) 福知山の由来等

戦国時代（1467-1573年）の天正年間（1573.7.28-1592.12.8）に福知山地方を平定した明智光秀が城とともに城下町をひらき，その際に築いた「福知山城」に由来。当地は北近畿の中央に位置する田園商工業都市で兵庫県に接する。古くは城下町として栄え，明治以降も鉄道・道路の北近畿の要衝で商都として発展。2006年1月に隣接する三和町・夜久野町・大江町を吸収合併。日本一のものは，福知山城「豊磐の井」（深さ50米），みわダッシュ村の巨大ブランコ（世界一：高さ23米）。

(2) 福知山市の保育政策

①認可保育所

月額42700円，施設数：29，定員数：2445人（待機児童ゼロ）

②認可外保育施設利用者補助金制度→ゼロ，つまり認可保育所でこと足りる。

③小児医療費助成制度

対象：（外来）中学生卒業まで，（入院）中学校卒業まで。所得制限：なし，自己負担：（外来）3歳未満は1医療機関・月200円，3歳以上は1日500円で，未就学児のみ月3000円まで，（入院）1医療機関・月200円。

④合計特殊出生率（2012年）は1.96。京都府下（1.23）で1位。

「合計特殊出生率」は少子化の進行度合いを示す最も代表的指数。都道府県でトップは沖縄県の1.90で，最低は東京都の1.09。人口を維持するのに必要な当該値は2.08.。トップの沖縄県でさえ届かない。

（引用文献）

1. 『都市データパック2014年版』東洋経済新報社，2014年7月16日。

第 15 講　三重県と多気町の相可高校レストラン『まごの店』

1. 三重県の日本における位置づけ

(1) 歴史的位置づけ（南海道，紀伊，東海道，伊勢・伊賀・志摩）

　嘗ては伊勢一国であったが，7 世紀末頃伊勢・伊賀・志摩の三国に分立，平安時代（794-1185 年）に伊賀の半ばは東大寺（奈良市にある華厳宗の大本山）領，伊勢・志摩は殆ど伊勢神宮（皇大神宮{内宮}と豊受大神宮{外宮}から成る）領となっていた。平安後期，伊勢から出た伊勢平氏は次第に擡頭，平清盛に至りこの地の神宮領は平氏の支配下に置かれた。中世（鎌倉・室町時代）は守護の支配下に，南北朝時代（1336-1392 年）には北勢と伊賀を除いて南朝（後醍醐天皇が大和の吉野に移した大覚寺統の朝廷）の勢力下に入り，北畠氏が支配した。戦国時代（1467-1573 年）には豪族が割拠したが織田信長が統一，豊臣秀吉はこの地を諸大名に分割して与え，江戸時代（1603-1867 年）藤堂氏の伊勢・伊賀 32 万 3900 余石の諸領の他は北勢・志摩は松平氏らの譜代大名に細分され，南勢・紀州部は紀州藩の所領となった他神宮領等が交錯し，その所領関係は複雑を極めた。1871（明治 4）年の廃藩置県後，北勢・伊賀が安濃津県，南勢・志摩及び紀伊の一部が渡会県となったが翌年安濃津県は三重県と改称，76 年両県が合併して現在の県域となった。三重県は 14 市，15 町，0 村から成る（29 地方自治体）（2014.10.1）。

(2) 経済的位置づけ

　1 人当たり県民所得（2011 年度）は全国 21 位の 273.5 万円で全国平均（291.5 万円）を 20 万円弱下回っている。有効求人倍率（2013 年）は 1.03 で全国平均 0.93 を上回っている。

52

　市区町村別「若年女性人口変化率（2010-2040）」で，三重県下で大紀町 -72.8% で最大の減少率、玉城町 -13.7% の最小値。全てがマイナス値。

　三重県東部に突き出た志摩半島南部側の英虞湾（あごわん）では真珠の養殖が盛んである。主な生産物（2014 年）は蝋燭（ろうそく）（全国シェア 70%, 2012 年），陶磁器製台所・調理用品（同 65.2%），液晶パネル（同 56.3%），電気接続器（コンセント，プラグ，アダプター等）（同 52%, 2012 年），真珠装身具（同 52%, 2012 年），自動販売機（同 50%, 2012 年），錠，鍵（同 47.6%），なばな（葉茎）（同 30.3%）以上全国 1 位。鰯類（いわし）（同 9.8%, 全国シェア 2 位），真珠（養殖）（同 21.8%, 全国シェア 3 位，1 位愛媛県 38.5%，2 位長崎県 33.1%）。

　県内の有力・伝統企業は，住友電装（自動車用電装品等，四日市市西末広），鈴鹿富士ゼロックス(事務用機器,鈴鹿市仲船)，百五銀行(銀行,津市岩田)ボルグワーナー・モールスシステム・ジャパン（自動車部品),シャープ広重三重（精密電子機器回路）。

2.　多気町と相可高校の高校生レストラン「食」

(1)　多気町とは

　三重県の中央部に位置する津・伊勢エリアは「津都市圏」を中心に，「伊勢都市圏」「松坂都市圏」「鳥羽都市圏「志摩都市圏」で構成される。このエリアは伊勢湾に面し，中部と近畿の結節点となっている。多気町は「松坂都市圏」に属する。人口 1.5 万人，幼稚園ゼロ，小学校 5，中学校 2，高等学校 1（当該の相可高校），図書館 1，保育園ゼロ，公民館 1，病院ゼロ。極めて小さい町。しかしながら，2015 年 3 月立梅用水が世界灌漑遺産に登録。

(2)　「まごの店」（2002 年秋から）

　全てを高校生が切り盛りする。食材の購入・仕込みから配膳，会計まで担当。クラブ活動の校外研修として始めて 13 年。営業は土曜・日曜・祭日のみ。1 日 240 食限定売り切れ御免。店は伊勢自動車道の勢和・多気インターチェンジから車で 15 分，多気町五桂のレジャー施設「五桂池ふるさと村」に出店。手を抜かない本物の味が評判で県内外から客が押し寄せる。地元の食材を活かす。県立相可高校食物調理科の調理用品クラブのメンバー 58 人が運営。

(3) 国際料理コンクールで銀賞受賞，地域農業に自信と刺激

過去 3 年間の実績を見ていた町は総工費 9 千万で半ドーナツ型の鉄骨平屋建て 380 平米の独立した店舗を建設。

(4) 特徴

①地元の農産物・海産物に拘泥する。

②素材を活かし，安全な食材を追求する。

③魚料理では生徒一人魚 1 匹あてるという質の高い料理方法や客と接するということで言葉使いや接客態度を学ぶ。プロの技術を身に付けることが可能。

④儲けは二の次で，収益の大半は材料費やレシピの開発費，残りは食器や備品に当てた。

⑤学生の実習なので，労賃がゼロ。学校の中なので，店舗の維持費等のコストがかからない。

(5) 発展系

①調理クラブの開発した商品が道の駅や直売店で展示販売。

②調理クラブのレシピによる惣菜が地元のスーパーで紹介。

③「せんぱいの店」㈱相可フードネットで「まごの店」の OB・OG が勤務。惣菜と弁当を売る店だが，既に 3 店舗出店。年商 1 億円を超過。

(引用文献)

1. 『データでみる県勢 2015 年版』矢野恒太記念会，2014 年 12 月 1 日。
2. 『都市データパック 2014 年版』東洋経済新報社，2014 年 7 月 16 日。
3. 「元気溌剌，高校生レストラン「食」を通じた地域堀起こす」(三重県多気町，相可高校) 竹本昌史『地方創生まちづくり大事典』国書刊行会，2016 年 1 月 25 日。

第16講　山口県と空き家対策

1.　山口県の日本における位置づけ

(1)　歴史的位置づけ（山陽道，周防・長門）

　朝鮮半島に近く，国土防衛の要地として古来から重視されていた。大化改新（645年）により瀬戸内海側の周防と日本海に面した穴戸＜長門＞の2国を設置，現在の防府と長府（下関市東部）に国府が置かれた。因みに，人口に膾炙されている「長州」は「長門」の異称である。平安時代（794-1185年）には荘園が発達，軈て平氏の支配下に入ったが室町時代（1392-1573年）大内氏が支配し，山口盆地に京都を模した新都市を建設，明・朝鮮との貿易によって経済的基盤を固め，西国（近畿より西の中国・四国・九州を指す）一の大名といわれた。鎌倉時代（1185-1333年），蒙古襲来（文永・弘安の役1274・1281年）の際，長門に警固使が置かれ，後長門探題となった。江戸時代（1603-1867年），大内氏に代わって毛利氏が2国を領するようになって居城を萩に置き，長府・岩国・徳山・清末の4支藩を設置，米・塩・紙を中心とした殖産と教育の振興に努めた。幕末には藩庁を山口に移し，薩摩・土佐等の各藩とともに明治維新で活躍した。廃藩置県（1871年），山口・岩国・豊浦・清末の4県を統合して現在に至った。山口県は13市・6町・0村の19地方自治体から成る（2014.10.1）。

(2)　経済的位置づけ

　1人当たり県民所得（2011年度）は全国13位の286.4万円で全国平均（291.5万円）を5万円弱下回っている。有効求人倍率（2013年）は0.94で全国平均0.93を僅かに上回っている。

　市区町村別「若年女性人口変化率（2010-2040）」で，山口県下で周防大島町

第 16 講　山口県と空き家対策　55

-75.7% で最大の減少率で、下関市 -20.1% の最小値。全てがマイナス値。

　従業員 1 人当たり製造品出荷額等(2012 年)は 6,502 万円で全国 1 位である。人口十万人当たりの病院の病床数（2013, 10.1）は 1,921.4 で全国 6 位。護美のリサイクル率（2012 年度）は 28.1% で三重県 30.7% に次いで 2 位。山口県は，北側は日本海に面し，南側は瀬戸内海に面している。その為，日本海側は漁船による漁業が中心で，瀬戸内海側は養殖による漁業が主流である。また，漁業では，鰒類の漁獲量が全国的に見て上位にある。鰒は県の魚にもなっていて，下関の南風泊市場は，虎鰒等，高級鰒の多くを扱っていることで知られる。山口県の郷土料理百選には，ふく料理が選ばれている。「ふぐ」ではなく，「ふく」料理と呼ばれているのは，福を招くよう，縁起を担いでいるからである。ふく料理には，ふく刺し，ふくちり，ふくの唐揚げ，ひれ酒等，様々な料理がある。しかし，内蔵等に強い毒を持つ魚なので，料理をする人は，ふく調理師等，各都道府県が定めた資格を取らなければならない。主な生産物（2015 年）はスダイダイ（全国シェア 100%（2011 年）），甘鯛等（同 24.7%），医薬品原末，原液（同 13%（2012 年））以上全国シェア 1 位。蠑螺（同 11.1%）全国 2 位, 鯛類（同 10%（2012 年））全国 2 位。蒲鉾類（同 8.0%）全国 3 位。ふく類（同 6.5%）石川県 14.1%，島根県 9.9%，北海道 9.4% に次いで 4 位。

　県内の有力・伝統企業は，㈱ファーストリテイリング（服飾小売（ユニクロ），山口市大字佐山），西部石油（石油精製，山陽小野市西沖），山口日本電気（半導体・集積回路, 厚狭郡楠町万倉神元），山口銀行（銀行, 下関市竹崎町), 山口フィナンシャルグループ（金融，下関市竹崎町），西京銀行（銀行，周南市平和通）。

2．山口県ゆとりある住生活推進協議会の「空き家対策」で相談窓口を開設。

　全国的規模で，空き家や不在地主の問題がクロースアップされてきた。ここ山口県では，県や県建築士会等で構成する「ゆとりある住生活推進協議会」は，倒壊の危険のある空き家対策の一環として，所有者を対象とした相談窓口を開設。専門知識を持つ建築士も無料で相談に応じ，適切な維持管理や有効利用，撤去を促す。窓口は，住宅購入やリフォーム等の相談を受けている「きらめき

住まいづくりセンター」内に設置。窓口にはセンターの職員が常駐し、より専門的な相談には建築士が対応する。空き家の状態に関するチェックリストや具体的な管理方法等を記載した所有者向けパンフレットも作成。各自治体に配布し、県のホームページにも掲載。2014年7月に総務省が公表した住宅・土地統計調査結果（速報）では、県内の空き家率は16.2%で全国12番目に高い。県住宅課は「空き家はすぐに傷んでしまう。放火の恐れもあり、適切な管理が必要。専門的な相談にも応じたい」としている。

3. 日本の所有不明地

全国の所有者不明土地を合計すると、2016年の時点で九州の面積より広い約410万ヘクタールと推計。有効な対策を取らなければ、40年には北海道本島に迫る720万ヘクタールに増加するという予測もある。

（引用文献）
1. 『データでみる県勢2015年版』矢野恒太記念会，2014年12月1日。
2. 『都市データパック2014年版』東洋経済新報社，2014年7月16日。
3. 「空き家対策で相談窓口を開設」（山口県）時事通信社編『全論点人口急減と自治体消滅』時事通信社，2015年2月20日。
4. 吉原祥子『人口減少時代の土地問題―「所有者不明化」と相続，空き家，制度のゆくえ―』中公新書2446，中央公論新社，2017年7月25日。

第 17 講 福島県と会津若松市七日町通り

1. 福島県の日本における位置づけ

(1) 歴史的位置づけ（東山道, 磐城・岩代）

大化改新（645年）後陸奥国の一部となり，その後太平洋沿岸の石城，内陸の石背の二国が現県域に成立したが（718年），数年後陸奥国に併合，旧に復した。〈みちのく〉のうちでは早く開けた所で，平安時代（794-1185年），荘園の発達とともに，各地に豪族が割拠した。

1170年代，杉妻氏の杉妻城（砦）築城に現在の福島市の源泉がある。源頼朝の奥州征伐（1189年）後は，伊達・芦名・相馬ら関東からの移住武士が勢力を強め，室町時代（1333-1573年）には伊達・二階堂・結城・田村・相馬・岩城・芦名等の各大名が割拠した。戦国時代（1467-1573年）末期，伊達政宗が相馬氏を除く群雄を平定したが，16世紀末豊臣秀吉の勢力下に。1591（天正19）年現在の福島市は蒲生氏の所領となって福島城と杉妻城から改称され，以来その城下町として繁栄した。江戸時代（1600-1867年），この地は奥州雄藩に対抗する抑えの地として，会津の松平氏ら親藩・譜代の大名が多く配置され，また，天領もあって複雑を極めた。産業面では蚕糸布業が全国的に知られた。1868（明治1）年磐城・岩代の2国を設置，廃藩置県（1871年）後平（のち磐前）・二本松（のち福島）・若松の3県が置かれ，76年合併して福島県が誕生，86年一部を新潟県に移管し，現県域が決定した。現在福島県は13市・31町・15村の59地方自治体から成る（2014.10.1）。

(2) 経済的位置づけ

1人当たり県民所得（2011年度）は全国42位の232.4万円で全国平均（291.5

万円)を60万円弱下回っている。有効求人倍率(2013年)は1.24で全国平均0.93を僅かに上回っている。

　市区町村別「若年女性人口変化率（2010-2040）」では福島県の市区町村別の統計はない。福島県全域で-49.8%。

　求人が多いのは，東日本大震災（2011.3.11）の復興事業によるところが大きいと思われる。東側が太平洋に面する福島県であるが，東部には阿武隈高地が南北に広がり，中央部には奥羽山脈が北から伸びている。これらの間を阿武隈川が南から北に流れ，郡山盆地と福島盆地を形成している。また，県中央部には猪苗代湖があり，その西側には会津盆地が広がっている。その為，福島県は3つの地域に別れていて，東側の太平洋沿岸部は「浜通り」，2つの盆地がある中央部は「中通り」西部の山間部は「会津」と呼ばれている。3つの地域では，気候に大きな違いが見られる。太平洋に面した「浜通り」は，夏に雨の多い太平洋側の気候で，新潟県との境に近い「会津」は，冬に雪が多い日本海側の気候。中央部の「中通り」は，寒暖差が大きい内陸の気候となっている。こうした地形の違いや気候の違いは，文化の違いや暮らしの違いを生み，生産にも違いを齎している。福島県は，農業が盛んな県で，稲作の他，野菜，果実，花卉（観賞用植物），畜産等，凡ゆる分野で種々の農畜産物が生産されているが，稲作の中心は「会津」である。果実と野菜の生産は「中通り」が盛んで，桃・莢隠元・胡瓜等の収穫量が，全国的にトップクラス。畜産の中心は，中通りと浜通りの間に広がる阿武隈高地である。漁業が盛んなのは「浜通り」，内陸部では，鯉の養殖が行われている。主な生産物(2015年)は，印刷装置の部分品(全国シェア53%（2012年）)，ガラス長繊維，同製品（同42%（2012年）），桐材（同35.1%），金属製パッキング，ガスケット（同33%（2012年）），乾き海月（同19.8%）以上全国1位。桃（同21.8%，全国2位），莢隠元（同9.5%，全国2位），莢豌豆（同5.5%，全国3位）。県内の有力・伝統企業は，㈱ヨークベニマル（東北最大のスーパーマーケット，郡山市朝日），富士通アイソテック（パソコンプリンター，伊達郡保原町東野崎），佐藤（缶詰・瓶詰食品卸売，福島市泉字清水内），東邦銀行（銀行，福島市大町），タンガロイ（工作機械）。

2 会津若松市と大正レトロ調の七日町通り商店街

(1) 会津若松市とは（会津の中心都市）

由来は古事記，日本書紀に「相津」とあり，蒲生氏郷が旧名黒川を郷里の名に因み「若松」と改名。江戸時代は会津松平藩の城下町として栄え，筋違いの道路や蔵造りの街並み等に往時の面影を残す。白虎隊や戊辰戦争（1868-69年）に象徴される鶴ヶ城や飯盛山等名所・旧跡が有り，多くの観光客が訪れる。酒・漆器等の地場産業，IC関連先端産業が集積する工業都市でもある。会津大学は日本一の電算機専門大学がある。旧ソ連崩壊時，多くの優秀な研究者・大学教授を受け入れた。2004年11月に北会津村，05年11月に河東町を吸収合併した。人口は12万人で人口減少は続いている。合計特殊出生率（2012年）は1.59で待機児童ゼロである。

(2) 会津若松市と七日町通り（大正レトロ調の）

(1)「七日町まちなみ協議会」1994年春〜。寂れた商店街を活性化させたい。

(2)観光資源が豊富（多くは大正レトロ調の煉瓦作り，50軒以上）

　　○キリシタン大名・蒲生（がもう）氏郷の煉瓦作り「レオ氏郷南蛮館」

　　○味噌蔵が自慢の「満田屋」

　　○幕末創業の「末広酒造」6つの酒蔵見学可能，600台の珍しいカメラ展示。

　　○会津料理の「渋川問屋」

　　　その他郷土玩具，会津桐下駄，ローソク，古着，骨董，和菓子，アクセサリー，金物，種苗，生花や造花。

(3)年間20万人を越す観光客が訪れる繁華街になって活性化した。

(4)「まちなみ協」の20年間の不断の努力

　　○空き店舗をレトロ調へ変身させる。店の修繕費用は全て店主持ち。店主を説得。

　　○荒れ果てた無人駅を「駅カフェ」に再生

　　○会津の特産物や地酒の販売・試飲機能を持つ「会津ブランド館」を開設。

(5)2010年度国土・交通省が制定した都市景観大賞の「美しいまちなみ賞優秀賞」を受賞。

（引用文献）

1. 「大正レトロで街並みを再生，20万人の来街者で賑わう（福島県会津若松市七日町通り）」竹本昌志『地方創生まちづくり大事典』国書刊行会，2016年1月25日，224-227頁。

第18講　茨城県と鹿嶋市の子育て事業

1.　茨城県の日本における位置づけ

(1)　歴史的位置づけ（東海道，常陸・下総）

『常陸風土記』の中に，先住民族を攻めるのに茨を持ってしたという伝説がある。「茨」は「トゲ」のある小木の総称。茨城という地名は，ここから出たと言われる。霞ヶ浦はもとは大きな海の入江であった。その入口に当たる地点に，鹿島・香取の両神宮があり，ここから古代大和の文化が入って来たと言われる。奈良・平安時代（710-784，794-1184年）には石岡に国府が置かれた。中世（鎌倉・室町時代，1185-1333，1392-1573年）には南部に平氏の一族，西部には結城氏・小田氏が出て盛んに荘園を開いた。これに対して北部では源氏系の佐竹氏が勢力を持ち，常陸国一帯にその勢力をのばして近世（安土桃山・江戸時代，1568-1600，1600-1867年）に至った。江戸時代に入ると，佐竹氏が秋田へ移封され，その後は徳川氏の親藩水戸藩他14藩と，幕府・旗本等の領土に分かれた。1871（明治4）年の廃藩置県で十数県ができたが，同年のうちに茨城・新治・印旛の3県に統合され，その後一部を千葉県に移管し，今日のような茨城県に統合された。現在は32市・10町・2村の44の地方自治体で構成されている（2014.10.1）。

(2) 経済的位置づけ　全国2番目の農業県

一人当たり県民所得（2011年度）は意外にも全国6位の304.4万円で，全国平均（291.5万円）を14万円弱上回っている。しかし有効求人倍率（2013年）は0.82で，全国平均0.93を下回っている。

市区町村別「若年女性人口変化率（2010-2040）」で，茨城県下で大子町

-72.6％で最大の減少率で、東海村 -14.1％の最小値。全てがマイナス値。

　茨城県は，農業産出額では北海道に次いで第2位であり，農業（特に近郊農業）が盛んな県と言える。また，県の西部や南部は，東京の中心から40kmから80kmの距離にあり，利根川や鬼怒川等が流れる関東平野の中心部を占め，豊かな農地が広がっている。その為，耕地面積では北海道に次いで2位，総面積に占める耕地の割合を示した耕地率は27.8％と，全国一をほこる。こうした地理的な条件もあり，茨城県の農業の中心は，大都市（首都圏）向けの農畜産物をつくる近郊農業である。この為，野菜を中心に，収穫量等で，全国トップクラスの農畜産物が沢山ある。主な生産物（2015年）は，蓮根（全国シェア51.1％），水菜（同41.6％），通信ケーブル（同41％，2012年），生薬・漢方（同41％，2012年），ショベル系削減機（同33％，2012年），白菜（同26.4％），青梗菜（同25.6％），ピーマン（同24％，2013年），芽論（同23.5％），栗（同23％，2013年），ビール（同16％，2012年度）鶏卵（同8.0％）以上全国1位。県内の有力・伝統企業は，常陽銀行（銀行，水戸市南町），日立GEニュークリア・エナジー（原子炉プラント），インテル（半導体製品，つくば市東光台），㈱ケーズデンキ（家電量販店，水戸市桜川），㈱カスミ（中堅スーパーストア，つくば市西大橋）。

2. 鹿嶋市と子育て事業

(1) 鹿嶋市とは

　神代の昔より鹿島の大神・武甕鎚神が鎮座したことから鹿島となり，市制施行時，佐賀県鹿島市があった為，当地域の名称の起こりである「常陸国鹿嶋郡」から山偏の鳥の「鹿嶋市」になった。県東南部に位置し，西は北浦に接する。鹿島神宮の門前町で，農業に加え，鹿島灘・北浦での漁業が古くから盛ん。

(2) 合計特殊出生率

　茨城県の平均は1.43。鹿嶋市の合計特殊出生率は1.77で県下で最高値。茨城県内の他の自治体のは、神栖1.74，ひたちなか1.58，小美玉1.51，かすみがうら1.50，下妻・坂東・つくばみらい1.49，つくば・鉾田1.47，水戸・日立1.46，筑西1.44，土浦・結城・守谷1.43，北茨城1.42，牛久・行方1.41，

第 18 講　茨城県と鹿嶋市の子育て事業　*63*

常総 1.39，常陸大宮・古河 1.38，那珂 1.37，桜川・潮来 1.36，笠間 1.34，稲敷 1.28，龍ケ崎 1.26，取手 1.17，最下位の常陸太田 1.10。（2008 〜 2012 年，厚生労働省統計情報局）

(3) 鹿嶋市の子育て・母子健康政策（2012 年）

⑴　待機児童 1，認可保育園が充実しているので，認可外保育園利用者補助金はゼロ。

⑵　小児医療費助成制度

　　対象：（外来）中学校卒業まで，（入院）中学校卒業まで。所得制限：401 万円＋扶養家族 1 人に付き 30 万円，自己負担：（外来）1 回 600 円・月 2 回まで，（入院）1 日 300 円・月 3000 円まで。

（引用文献）

1. 「地方創生と地域経済」飯島大邦編『格差と経済政策』中央大学出版部，2018 年 10 月 20 日。
2. 木村武雄『地方創生と日本経済論』五絃舎，2016 年 9 月 25 日。
3. 木村武雄『地方創生と労働経済論』五絃舎，2017 年 10 月 15 日。
4. 木村武雄「地方創生と日本経済」『経済学論纂（中央大学）第 57 巻第 5・6 合併号（中野守教授古稀記念論文集）』2017 年 3 月 25 日。
5. 『データでみる県勢 2015 年版』矢野恒太記念会，2014 年 12 月 1 日。
6. 「鹿嶋市」『都市データパック 2014 年版』東洋経済新報社，356-357 頁，2014 年 7 月 16 日。

第19講 佐賀県と武雄市の「いのしし課」

1. 佐賀県の日本における位置づけ

(1) 歴史的位置づけ（西海道，肥前）

肥前国の東半を占め，大陸と交流があった先進地。開発も早く，佐賀平野には班田制（大化の改新以降唐の均田法に習い，各人が国家より決められた耕作すべき田）による典型的な条里制が実施された。鎌倉時代（1185-1333年）以降，有明海の干拓も進められた。南朝方（1336年後醍醐天皇由来の吉野朝~1392年）の勢力が比較的長く残存した為，南北朝・室町時代（1392-1573年）には大小の争いが絶えなかったが，戦国時代（1467-1573年）末期，竜造寺氏が覇権を把握，次いで鍋島氏がこれにとって代わり，江戸時代（1603-1867年）を通じて現佐賀県の大半を長く領有した。この間，藩の保護の下に行われた有田付近の陶業は，優れた技術により，有田焼の名で全国に名を轟かした。江戸時代（1603-1867年）後期には，長崎を通して西欧文明を取り入れ，諸分野に先進的役割を果たし，明治維新にも大きく貢献，薩摩・長州・土佐と並び，＜薩・長・土・肥＞と称された。1871（明治4）年廃藩置県で伊万里県を設置，翌年佐賀県と改称，その後，三潴（みずま）県・長崎県に併合されたが，83年分離して再び佐賀県となり今日に至っている。現在佐賀県は10市・10町・0村の20地方自治体からなる（2014.5.1）。

(2) 経済的位置づけ

1人当たり県民所得(2011年度)は全国35位の239.9万円で，全国平均(291.5万円)を50万円弱下回っている。有効求人倍率（2013年）は0.78で，全国平均0.93を下回っている。

第19講　佐賀県と武雄市の「いのしし課」　65

市区町村別「若年女性人口変化率（2010-2040）」で，佐賀県下で太良町-64.8%で最大の減少率で，鳥栖市-2.4%の最小値。全てがマイナス値。

陶磁器づくりが盛んな佐賀県では，唐津焼・伊万里焼・有田焼が，国の伝統的工芸品に指定されている。16世紀末，天下統一を果たした豊臣秀吉は，明（今の中国）の征服を考え，その足掛かりとする為に，朝鮮への出兵を行った。その時日本に連れてこられた朝鮮の陶工たちにより，陶磁器づくりが始められた。唐津焼と伊万里焼・有田焼は，どちらも陶磁器と呼ばれているが，唐津焼は陶器，伊万里焼・有田焼は磁器。陶器は，陶土と呼ばれる粘土が原料で，磁器は，陶石と呼ばれる石を粉々に砕いて作られた粘土が原料。その為，陶器と磁器とでは，叩いた時の音や，色等の見た目に違いが有る。陶器が，叩くと濁った音がして，茶色っぽいものが多いのに対し，磁器は，叩くと澄んだ音がして，色が白いという特徴がある。また，唐津焼が茶の湯の世界で好まれたのに対し，伊万里焼・有田焼は，江戸時代には長崎のオランダ館を通じて輸出され欧州で大変な人気となった。主な生産物（2016年）は，陶磁器製置物（全国シェア33.1%，2014年），養殖海苔（同24%，2012年）以上全国1位。二条大麦（同23.3%），陶磁器製和飲食器（同20%，2012年），大麦（同16%，2013年），玉葱（同15%，2013年），アスパラガス（同10.1%，2015年）以上全国2位。県内の久光製薬（消炎鎮痛剤大手，鳥栖市田代大宮），サンクスジャパン（ディスカウントストア，佐賀市高木瀬町字長瀬），松尾建設（建設，佐賀市八幡小路），ダイレックス（小売），トヨタ紡織九州（自動車部品）。

2.　武雄市と同市「いのしし課」

（1）武雄市とは

「武雄」の由来：朝廷から派遣された健緒組が住みついて「健緒」が地名になった説，当地に来た武内宿禰が父の武雄心命を祭った説等がある。武雄市は「いで湯と陶芸の町」。

（2）厄介物の猪（いのしし）に光→「いのしし課」を設け，特産物開発。

① 猪による農作物被害—九州共通の悩み

農水省によると，九州（7県）の 2007 年度農作物被害 15 億 1 千万円。全国被害の 3 割を占める。13 年度の猪被害は全国で 55 億円（農水省調査）であったので，九州の被害は 17 億円にのぼる筈（佐賀県農協中央会）。

②九州各県の取り組み

佐賀県は年間捕獲数の 6 倍を 2 ヵ月間で獲ってしまう「短期集中捕獲作戦」を実施。

大分県は鳥獣害対策専門の指導員を 2 名配置。等々。

③武雄市の猪被害

水稲と豆類に絞って調査→年 1,400 万円から 1,600 万円。筍や栗，野菜類の面積に拡大化。これらを含めると農産物被害は更に拡大。

④猪の防除策

武雄市は農水省の補助事業を使って行政区毎に電気牧柵やワイヤーメッシュ柵を設置。

捕獲量を増やす組織体制→「猪パトロール隊」，猟友会と作った「トッテクレンジャー隊」

パトロール隊は隊員 3 人と鳥獣被害対策犬が 4 地区を巡回パトロール。「トッテクレ」隊員は猪を 1 頭の捕獲に付き 5 千円の報奨金を市が出した。

⑤捕獲した猪をどう処理するか。

2013 年度の猪捕獲数は 2100 頭。捕った猪は，これまで，穴を掘って埋めるケースが多かった。しかしながら，高齢化の影響で重作業の穴埋め作業が住民の負担になってきた。そこで武雄市は 09 年 4 月，専門の「いのしし課」を設立。

⑥「いのしし課」（害獣駆除と産業振興）

猪の被害予防策や個体数削減を総合的に講じるとともに，食肉加工センターを作って新手の処理対策を講じることになった。

⑦武雄方式（2 千万円投じ食肉処理施設，年 1 千万円の売上目標）

「やまんくじら」：猪を解体処理する「武雄鳥獣食肉加工センター」地元の猟友会会員で組織した「武雄地域鳥獣加工処理組合」が国や県の資金援助を受

けて総工費2千万円で建設。2009年4月からの稼働で、1日の処理能力は4頭で、月間処理量20~30頭。解体前の猪を氷漬けにする設備、処理室、肉を保存する冷凍庫、事務室等が備わっているという、本格的なもの。

⑧猪の食肉加工→ジビエ料理

今朝捕った猪を現場で血抜きした後、センターに持ち込まれる。「肉の臭みを残さないのがコツ。30分でセンターに持ち込み、30分で解体処理」1頭大体40-50kg見当で、精肉に出来る歩留まりは1頭45%前後。ブロック肉やスライスにして東京、福岡の西洋レストラン、都会の旅館・料亭等へ1キログラム500円程で販売。内臓は大学の実験室、廃棄物は処理して飼料に。→（捨てるものがない）。

⑨猪肉の特産物開発

武雄のあたらしい食品ブランド。既に「武雄ぼたん」の他、スモークやソーセージ等の加工品、ししバーガーや駅弁等の新商品を開発、即売会でPRしたうえで物産館や道の駅で販売している。

(引用文献)

1. 木村武雄『地方創生と日本経済論』五絃舎、2016年9月25日。
2. 木村武雄『地方創生と労働経済論』五絃舎、2017年10月15日。
3. 木村武雄「地方創生と日本経済」『経済学論纂（中央大学）第57巻第5・6合併号（中野守教授古稀記念論文集）』2017年3月25日。
4. 『データでみる県勢2015年版』矢野恒太記念会、2014年12月1日。
5. 「やっかい物のイノシシに光、「いのしし課」設け、特産品開発」（佐賀県武雄市）、竹本昌史『地方創生まちづくり大事典』国書刊行会、2016年1月25日、788-791頁。
6. 「バイオマス産業都市」佐賀市の挑戦」、『日本経済新聞』2018年8月27日付け朝刊。

第20講　山梨県と甲斐市の子育て支援策

1.　山梨県の日本における位置づけ

(1)　歴史的位置づけ（東海道，甲斐）

　大化の改新（645年）後甲斐国となったが，その領域は現県域と大差ない。甲斐とは＜峡＞即ち「山あいの地」を意味する。戦国時代（1467-1573年），武田信虎・晴信（信玄）・勝頼の所謂武田三代によって統治され，中でも信玄は軍略・民政・外交等に優れ，甲斐の治山・治水・産業に尽くした功績は大きい。江戸時代（1603-1867年）徳川家康の支配下に入り，甲府には幕府の甲府勤番や金座が置かれ，甲斐国は江戸防備の要衝となった。1871（明治4）年，廃藩置県で山梨県となった。現在山梨県は，13市・8町・6村の27地方自治体からなる（2014.10.1）。

(2) 経済的位置づけ

　1人当たり県民所得(2011年度)は全国18位の277.9万円で，全国平均(291.5万円)を15万円弱下回っている。有効求人倍率（2013年）は0.76で，全国平均0.93を下回っている。

　市区町村別「若年女性人口変化率（2010-2040)」で，山梨県下で早川町-82.0%で最大の減少率で、昭和町-18.0%の最小値。全てがマイナス値。

　江戸時代から続く果実の栽培。葡萄・桃・李等，今の山梨県で盛んな果実栽培は，既に江戸時代（1603-1867年）から行われていた。18世紀初め，甲斐国（今の山梨県）を治めていた柳沢吉保は，桃・葡萄・林檎・梨・柿・栗・柘榴・胡桃（または銀杏）の8種類の果実の栽培を勧めた。当時の日本では，果実はとても珍しく貴重だった為，これらは「八珍果」と名付けられた。明治

時代（1868-1912 年）になると，日本初のワイナリー（葡萄酒製造所）が県内に作られ，ワインの原料となる葡萄の栽培が盛んになった。第二次世界大戦後は，経済成長によって食生活が変化し，果物の消費量が多くなった。また，蚕を育てて絹糸をとる養蚕業が衰退し，餌となる桑が必要なくなり，桑畑は果樹園に姿を変えた。その結果，大消費地の首都圏に出荷する為に果実の栽培が，盛んになっていった。主な生産物（2015 年）は，数値制御ロボット（全国シェア 67%、2012 年），ウィスキー（同 44%，2012 年度），クレソン（同 42%，2012 年），李（同 31.8%），桃（同 31.7%），ミネラルウォーター（同 29.3%），貴金属製装身具（同 28%，2012 年），葡萄（同 22.9%）以上全国 1 位。果実酒（同 17.8%，2016 年度）全国 3 位（1 位神奈川県 35.8%，2 位栃木県 22.1%）。県内の有力・伝統企業は，ファナック（工業用ロボット（世界シェア 50%），南都留郡忍野村草字古馬場），東京エレクトロン AT（半導体等製造装置，韮崎市藤井町北下条），NEC コンピューターテクノ（専用端末機器，甲府市大津町），山梨中央銀行（銀行，甲府市丸の内）。

2. 甲斐市の子育て支援事業

(1) 甲斐市とは

「甲斐」の由来は，山梨県の旧名称で，公募で決定。南部は市街地，北部は中山間地域。2004 年 9 月 1 日に，竜王町・敷島町・双葉町が合併し，市制施行。甲府盆地中央西側に位置し，東は甲府市，西は韮崎市・南アルプス市，南は昭和町，北は北杜市に接する。甲府都市圏としての地域的要因や交通網の整備により都市化が進行。人口は県内 2 位。地形は南北に細長く，南部は住宅地と農地が混在する平坦な市街化地域。北部は，昇仙峡等のある緑豊かなエリア。

(2) 合計特殊出生率

甲斐市の 1.69。山梨県のは 1.45。笛吹 1.55，富士吉田 1.50，中央 1.46，北杜 1.42，甲府・都留・山梨 1.41，南アルプス 1.40，甲州 1.35，韮崎 1.34，大月 1.21，最低は上野原の 1.19。

(3) 甲斐市の子育て支援策

①待機児童数ゼロ

②認可外保育園利用者補助金→ゼロ，全て認可。

③小児医療費助成制度

対象：（外来）小学校卒業まで，（入院）小学校卒業まで。所得制限なし，自
　　　己負担なし。

(引用文献)

1. 木村武雄『地方創生と日本経済論』五絃舎，2016 年 9 月 25 日。
2. 木村武雄『地方創生と労働経済論』五絃舎，2017 年 10 月 15 日。
3. 木村武雄「地方創生と日本経済」『経済学論纂（中央大学）第 57 巻第 5・6 合併号（中野守教授古稀記念論文集）』2017 年 3 月 25 日。
4. 『データでみる県勢 2015 年版』矢野恒太記念会，2014 年 12 月 1 日。
5. 「甲斐市」『都市データパック 2014 年版』東洋経済新報社，2014 年 7 月 16 日，866-867 頁。
6. 『地域経済総覧 2015』東洋経済新報社，2014 年 10 月 1 日，309-311 頁。

第 21 講　神奈川県と大和市の「寺子屋」

1.　神奈川県の日本における位置づけ

(1)　歴史的位置づけ（東海道，相模（さがみ），武蔵（むさし））

　神奈川県は，先史時代（旧石器時代（20～30 万年前）から弥生時代（2300～2400年前から 1700 年前））の住居跡や貝塚は台地の末端や丘陵の麓（ふもと）に多く，古墳や高塚も多摩丘陵をはじめ各地で発見されている。古代には相武（さがむ）・師長（しなが）の 2 国が置かれ，大化の改新（645 年）後，合併されて相模国となった。国府跡は大磯町に，国分寺跡が海老名市に残っている。神奈川県が史上にクロース・アップされるのは，源頼朝による鎌倉幕府の創立（1185 年）である。以来北条氏の滅亡（1333 年）までの約 150 年間，鎌倉は東日本の中心になったが。更に室町時代（1392-1573 年）後期北条早雲が小田原城に入って以来，5 代 90 余年間，小田原は関東の中心となった。江戸時代（1603-1867 年）になると関東の中心は江戸に移ったが，大久保氏の小田原藩として，東海道に沿う重要な地位を占めた。1853（寛永 6）年のペリーの浦賀来航に次ぐ横浜開港（59 年）により，＜文明開化＞の先駆けとなり，以後，横浜港の発展とともに，その地位を高めていった。71（明治 4）年の廃藩置県では，神奈川・足柄の両県が置かれたが，76 年，足柄県は伊豆地方を除いて神奈川県に編入，93 年，北部の多摩 3 郡が東京府に移管された。現在は 3 政令指定都市，28 築別区・行政区，16 市・13 町・1 村の 33 地方自治体（特別区・行政区は含まない）から成る（2014.10.1）。

(2)　経済的位置づけ

　1 人当たり県民所得（2011 年度）は全国 9 位の 292.6 万円で，全国平均（291.5万円）を 1 万円程度上回っている。有効求人倍率（2013 年）は 0.68 で，全国

平均 0.93 を下回っている。

市区町村別「若年女性人口変化率（2010-2040）」で神奈川県下で箱根町 -71.6% で最大の減少率。次に真鶴町 -70.4，6 つ置いて，湯河原町 -50.6% と温泉別荘観光町が減少率が大きい。横浜市都筑区 13.4% が唯一のプラス値。これ以外は 全てがマイナス値。

京浜工業地帯と産業観光。神奈川県の川崎市から横浜市に掛けての臨海部は，東京都の湾岸部から続く京浜工業地帯の中心部にある。ここでは，鉄鋼・造船・自動車等とともに，石油化学等の重化学が発達してきた。中でも化学工業では，シャンプー，ヘアリンスの生産で高いシェアを持つメーカーの工場がある。その為，それらの出荷額では神奈川県が全国一を誇る。なお，京浜工業地帯は，日本の近代化とともに，第二次世界大戦の復興と高度経済成長を支えてきた。そうしたことも，多くの産業遺産に加え，世界的に見ても最先端の技術を持つ工場等がある。神奈川県では，「見て」「体験して」「学ぶ」ことを目的に，これらの施設を訪問する産業観光が盛んである。JFE の製鉄所で処理が済んだ産業廃棄水で，鯉が泳いでいたのは，圧巻である。県内の有力・伝統企業は，日産自動車（自動車，横浜市西区高島），東芝映像ソリュウーション（映像機器），横浜銀行（銀行，横浜市西区みなとみらい），関東自動車工業（トヨタ直系車体組立，横須賀市田浦港町），日産車体（日産系車体組立，平塚市天沼），日本ビクター（AV 機器等，横浜市神奈川区守屋町）。

2. 大和市と大和市の「寺子屋」事業

（1）大和市とは

「大和」の起源は，前身の鶴見村の時に分村問題が発生し，1891（明治 24）年，村中が大きく和するという意味で「大和村」と改名，これを継承した。「県央の中堅都市」県の粗中央から，都心から 40km 圏内。市域は南北に長く平坦。市央を東西に相模鉄道本線，南北に小田急江ノ島線，北部に東急田園都市線が乗り入れ，市域の大部分は市内 8 駅から 15 分以内の徒歩圏内。国道 3 線の他県道 4 道が走る等交通利便性が高いことから，宅地化も進み，人口 23 万人を

擁する県央の中堅都市に成長。特例市。

(2) 合計特殊出生率

　大和市の合計特殊出生率は 1.40。県平均値は 1.30。綾瀬市 1.51 が最高値。以下，都筑区（横浜市）1.49，幸区（川崎市）1.46，鶴見区（横浜市）・南足柄市 1.42 が大和市のそれを上回っている。大和市より低いところでは，戸塚区（浜）・宮前区（川）1.39，瀬谷区（浜）1.38，緑区（浜）1.37，川崎区（川）・伊勢原市 1.35，厚木市・海老名市 1.34，横須賀市 1.33，磯子区・栄区・平塚市・藤沢市・小田原市・茅ヶ崎市・座間市 1.32，青葉区（浜）・川崎市平均値 1.30，神奈川県平均値 1.30，横浜市平均値 1.29，高津区（川）1.28，港南区（浜）・旭区・相模原市 1.27，秦野市 1.26，港北区（浜）・麻生区 1.25，中原区（川）1.24，金沢区（浜）1.23，多摩区（川）1.22，逗子市 1.21，神奈川区（浜）1.20，中区（浜）・鎌倉市 1.19，保土ケ谷区（浜）1.17，西区（浜）1.16，南区（浜）1.14，最低値は三浦市の 1.13。葉山町・箱根町・清川村等は合計にはふくまれるが，個別データーは厚生労働省にはない。

(3) 大和市の「寺子屋」方式

○所得格差が，教育格差からの貧困原因を少しでも除去する試み。自治体による放課後の補講授業。

○「放課後寺子屋やまと」→埼玉県草加市「草加寺子屋」，茨城県常総市「常総ほっとサタデー教室」等。

○「寺子屋やもと」→教職員 OB で構成するコーディネーターと教員免許を持つ学習支援員。希望する児童は各人の宿題や取り組みたい教材を持ち寄って学習。開催日は週 3 日。空き教室を利用。

○ 2014 年度大和市立林間小学校始め 6 校だったが 15 年度は市内 19 校全てに広げた。

○正規の授業ではなく，学習塾でもない。地域の助けを借りて放課後に補習授業を取り入れる自治体。

○基礎学力の向上を手助けし，学習習慣を定着させる（市教委の岡野克己指導課長）。

(引用文献)

1. 『地域経済総覧2015』東洋経済新報社，2014年10月1日，307頁。
2. 「各地に現代版「寺子屋」，学力向上へ補習授業」（神奈川県大和市，埼玉県草加市など），竹本昌史『地方創生まちづくり大事典』国書刊行会，2016年1月25日，514-517頁。

第2部　社会システム

第1講 システム論の分析手法

1. イングルハートの価値軸（含文化・宗教システム）

(1) 価値軸（図1参照）

　計量社会学・比較政治学の泰斗 R. イングルハートによる価値マップ（2000年）で世界各国を見てみる。図1は「イングルハートの価値マップ」と呼ばれるもので，縦軸には「伝統的価値」と「世俗―合理的価値」に関する数値，横軸には，「生存価値」と「自己表現価値」に関する数値を各自とり，各国の価値観の平均値を位置づけたものである。各国の位置は，「儒教圏」「欧州新教圏」「英語圏」「旧共産圏」等のカテゴリーによって，一つの纏まり（クラスター）を形成している。ロシアはウクライナ，ブルガリア，アルバニアのギリシャ正教圏のクラスター，ポーランド，クロアチア等は欧州旧教圏のクラスター，グルジア（現ジョージア），アルメニア等の南アジア圏，中国は儒教圏に各自属しているが，同時に旧共産圏のより大きなクラスターに属している。日本人の平均的価値観は「世俗―合理的価値」を他のどの国よりも重んじ，「自己表現価値」をやや重んじる傾向である。旧東独，スウェーデンが日本人に近い価値観を形成している。中国，韓国，台湾は，日本と同じ儒教圏に属している。

　ポーランドは地理上の欧州の中心にあるが，イングルハート価値図でも中心にある点も面白い。欧州旧教圏の南限にあるが，南アジアの旧教圏のフィリピンと南米圏のチリ，アルゼンチン，ペルーに近い所にある。しかも同じ欧州の旧教圏のフランス・イタリア・スペインとは明らかに相違する点も興味深い。

(2) 所得軸（図2参照）

　所得は世界銀行の統計（World Development Indicators, 2002）である。これ

第1講　システム論の分析手法　77

図1　イングルハートの価値マップ（2000年）

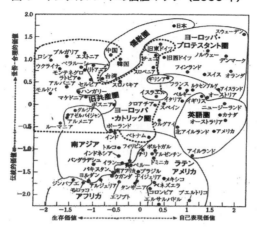

〔引用文献〕橋本努『経済倫理＝あなたは，なに主義？』講談社・選書・メチエ，2008年，246, 248 頁。Ingrehart, R.&Wezel, C.[2005] Modernization, Cultural Change, and Democracy : The human Development Sequence, New York:Cambridge University Press, 2005, p.63, p.57.

図2　経済水準ごとに分類したイングルハートの価値マップ（2000年）

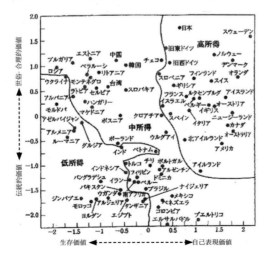

〔引用文献〕図1と同じ。

を価値軸とすり合わせると次の図になる（図2参照）。世界銀行定義の「高所得国」は右上に，「中所得国」は左上から右下までの位置，そして「低所得国」は左下に位置している。人々の価値観は，「世俗―合理的価値」の方へ，他方「自己表現価値」の方へシフトする。イングルハートの分析で，「言語文化」や「宗教文化」，或いは「地政学的位置」「共産主義イデオロギー」の重要性を読み取ることが可能である。すなわち，ポスト産業社会における人々の価値観は，マルクスの言う下部構造によって規定されるよりも，上部構造や歴史的経緯，地政学的位置によって規定されることを示唆している。

2. マッキンダーの地政軸

マッキンダーの言うハートランドの外輪（リム）で世界の歴史的出来事が起こっている。第1次世界大戦はオーストリア・ハンガリー二重帝国のサライエヴォで勃発した。大恐慌の欧州側発火点はウィーンの銀行の東欧諸国への貸付金の返済の焦げ付きからである。第2次世界大戦はポーランドのナチス・ドイツとソ連の分割から起こった。冷戦はドイツの東西分割を契機とする。冷戦終結はハンガリー政府のオーストリアの国境線の開放，更に東独政府のベルリーンの勘違いした国境開放で決定的となった。マッキンダーの地政軸の重要性の価値は薄れてない。

3. グローバリズムと時間軸

歴史は繰り返す（History repeats itself.）は，「歴史は韻を踏む」と言い換えられる。図3を参照せよ。

（引用文献）

1. 橋本努『経済倫理＝あなたは，なに主業？』講談社・選書・メチェ，2008年8月，246，248頁。
2. Ingrehart, R.& Wezel, C., *Modernization, Cultural Change, and Democracy:The Human Development Seqence,* New York:Cambridge University Press, 2005, p.63, p.57.
3. Ingrehart, R., *The sikent revolution:Changing values and political style*

第1講 システム論の分析手法 79

図3 経「韻」を踏む現代史

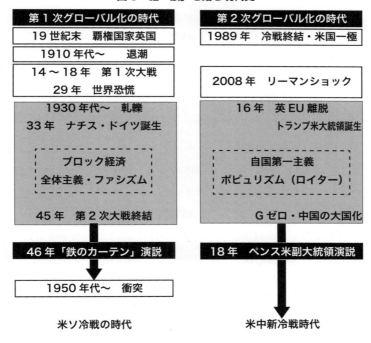

〔引用文献〕芹川洋一『日本経済新聞』2019.1.7 朝刊より筆者修正。

among Western publics, Princeton University University Press, 1977.（三宅一郎他訳『静かなる革命』東洋経済新報社, 1978）
4. Ingrehart, R., *Culture shift in advanced industrial society*, Princeton University Press, 1990（村山浩他訳『カルチャーシフトと政治変動』東洋経済新報社, 1993）
5. Halford J. Mackinder, *Democratic Ideals and Reality*, 1942（曽根保信訳『マッキンダーの地政学 デモクラシーの理想と現実』原書房 2008 年 9 月）
6. Halford J. Mackinder, *Historical pivot from the viewpoint of geography*, Forign Affaires, 1943, July.
7. Colin McEvedy, *The Penguin Atlas of Modern History (to 1815)* Penguin Books, 1972, p.32.
8. 芹川洋一『日本経済新聞』2019.1.7. 朝刊。

第2講　国際システム

　ここでは国際システムに関して，ノーベル経済学賞の受賞者の業績を中心に展開することにする。まずミードの国際収支論と日本や世界の直接投資，その延長上にあるタックスヘイブンを採り上げた。次にオリーンの貿易理論と為替理論を解説した。マンデルのオープン経済論とユーロ・システム。ユーロ・システムの導入条件を日本経済に当てはめた場合はどうか。ヒックスの IS・LM 分析理論。これを日本の財政・金融政策を当てはめた場合はどうか。クズネッツの近代経済成長論と日本経済。ルイスの労働移動論と日本の高度成長期を採り上げた。トービンの q 理論とそれを使用した日本経済の効率性を検討する。ベッカーの人的資本論とそれを用いて日本企業の制度を分析する。世界企業と日本では，その競争力を多面的に採り上げる。国際協定と日本で，関税自主権の確立の歴史や TTP・日欧 EPA 等を採り上げ，通商条約での日本の国益確保の歴史を検証することにする。

第1節　ミードの国際収支理論と日本の直接投資

1. ミードの国際収支理論

　ジェームズ・エドワード・ミードはケインズ・グループの俊英で，ケインズの遺志を受け継ぎ第 2 次世界大戦後の英国経済や世界経済についての指針提示に尽力した。彼は 1907 年イングランド生まれ，オックスフォード大学に学び，「サーカス」と呼ばれる『貨幣論』研究グループをロビンソン夫妻等と共に結成した。30 年卒業後同大学講師，37 年まで勤務。38 年国際連盟経済部

部員としてジュネーブに赴いた。第2次世界大戦が勃発するとロンドンに戻り，40年内閣経済部経済補佐官。46年同部部長，翌47年ロンドン大学教授。57年ケンブリッジ大学教授。77年国際貿易・国際資本移動の理論的研究によりB.G.オリーンと共にノーベル経済学賞を受賞。95年12月22日逝去。ケインジアンらしく，ミードも市場原理に基づく経済主体の行動を分析するというよりはマクロ経済学的なテーマ，福祉や品行，厚生に対する関心が高かった。第2次世界大戦後,英国経済建て直しの政策立案過程で経済成長に注目し，戦後の彼の研究テーマとなった。51年の『国際収支』(『国際経済政策論』第1巻)では国際資本移動の側面から国際収支理論を展開。55年の『貿易と厚生』(同書第2巻) では厚生経済学に社会的厚生の増加という新しい概念を与えた。61年の『経済成長の理論』により，新古典派経済成長論への先駆的貢献に対して77年ノーベル経済学賞受賞。

　ミードは国際貿易の国内生活水準に対する影響を研究した。「経済学者として初めて，自らが名付けた「国際均衡 (external balance：対外均衡)」と「国内均衡 (internal balance：対内均衡)」のどちらを達成するかによって経済政策の目的を分類した」(マリル・ハートマッカーティー著，田中浩子訳『現代経済思想』日経BP社，2002年，424頁)。国際均衡は国際支払いの均衡に関するもので，輸入への支払額および海外からの長期投資の買入額が，輸出の受取額および海外投資家への長期投資の売却額に等しい状態を指す。国内均衡は国内経済の状況，具体的には完全雇用と物価の安定が達成された状態を指す」(前掲書，424頁)。ミードは国際均衡については金融政策によって解決することに反対し，金融政策は国内の必要性に基づき，単独で決定されるべき，とした (前掲書，425頁)。1978年に『直接税の構造と改正』として出版されたミード報告は，ミードの下に英国の指導的立場にある税制の専門家を総動員して作成されたもので，英国の税制を検討し，現行税制の不備を指摘して，経済効率を高め，しかも公平な税制を提案したものであったが，税務行政的には非現実的な提案であった。(図1参照)

図1 国際収支統計の新旧発表形式

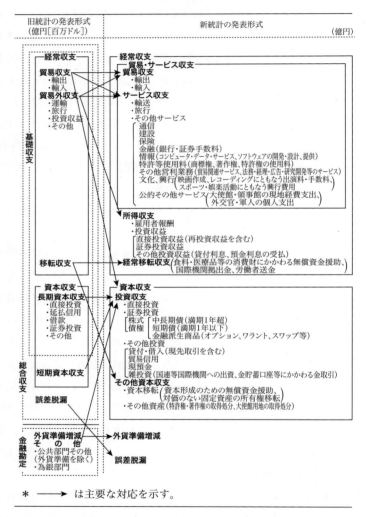

* ──→ は主要な対応を示す。

(出所) 日本銀行国際収支統計研究会『国際収支のみかた』日本信用調査, 1966年 27頁。

2. 直接投資

　IMFは直接投資を,「居住者による, 非居住者である直接投資企業（子会社, 関連企業, 支店）に対する, 永続的権限の取得を目的とする国際投資」と定義づけ, 株式等の取得を通じた出資については, 出資比率10%以上を直接投資の対象としている（日本もこれに準ずる）。従って, 他国企業の資産, 株式の取得において, 出資比率が10%未満の場合, 国際収支統計上, 直接投資には区別されない。こうした出資比率10%未満のM&Aは, 対外ポートフォリオ投資（Foreign Portfolio Investment：FPI）の中の対外ポートフォリオ株式投資（Foreign Portfolio Equity Investment：FPEI）に分類される。FPIは資産運用を目的に, 外国企業の株式, 債券, 金融派生商品（デリバティブ）に投資することであり, その中で, 外国企業の株式購入・売却を通じた資産運用がFPEIである（図2参照）。

3. グリーンフィールド投資 -green field investment-

　海外に進出する際, 現地の既存企業の買収, 合併等に因らず, まったく新規に拠点を設立して行う方法をいう（有斐閣『経済辞典（第3版）』）。

4. 対外直接投資

　出資者に専属する企業, 子会社, 支店の設置・拡張および既存企業の完全取

図2　FDI・FPEI・FPIの概念図

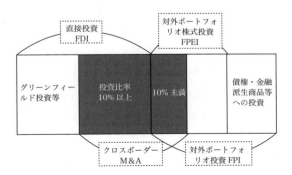

得，新設または既存企業への参加，5 年以上の長期貸付を対外直接投資として
いる（OECD の資本自由化規約）。

5. 世界の直接投資

2014 年の世界の対内直接投資（国際収支ベース，ネット，フロー）は，前年比
16.3% 減の 1 兆 2, 283 億ドルに減少した（UNCTAD）。米国からの大規模な投資
の引き揚げが主因。1 位は中国 1, 285 億ドル（シェア 10.5%），2 位香港 1, 032 億
ドル（同 8.4%），3 位米国 923 億ドル（同 7.5%），4 位英国 722 億ドル（同 5.9%），
5 位シンガポール 675 億ドル（同 5.5%），6 位ブラジル 624 億ドル（同 5.1%），7
位カナダ 538 億ドル（同 4.4%），8 位オーストラリア 518 億ドル（同 4.2%），9 位
インド 344 億ドル（同 2.8%），10 位オランダ 302 億ドル（同 2.5%）。そして日本は，
台湾 28 億ドル（同 0.2%）に次いで 27 位 20 億ドル（同 0.2%）である。この数字
は UNCTAD（国連貿易開発会議）の区分に基づく先進国 39 ヵ国・地域の下位である。

また世界の対外直接投資は，前年比 3.7% 増の 1 兆 3, 540 億ドルであった。
1 位米国 3, 369 億ドル（シェア 24.9%），2 位香港 1,427 億ドル（同 10.5%），3 位
中国 1,160 億ドル（同 8.6%），4 位日本 1,136 億ドル（同 8.4%），5 位ドイツ 1,122
億ドル（同 8.2%），6 位ロシア 564 億ドル（同 4.2%），7 位カナダ 526 億ドル（同
3.9%），8 位フランス 428 億ドル（同 3.2%），9 位オランダ 408 億ドル（同 3.0%），
10 位シンガポール 406 億ドル（同 3.0%）。

6. タックス・ヘイブン（図 3 参照）

タックス・ヘイブンについて米国の内国歳入庁（IRS）は「秘密主義を促進し，
アームス・レングスでない取引に保護を与える国」と定義している。

1977 年 IRS は，典型的なタックス・ヘイブンを 5 つに分類した。1）実質
的には無税または完全な免税を認める国・地域。バハマ，バミューダ，ケイマ
ン諸島およびニューヘブリデスが該当。2）税公課はあるが極めて低率な国・
地域。スイス，英領バージン諸島，ジブラルタル等。3）国内源泉所得には税
公課があるが外国源泉所得には免税が認められている場合。香港，リベリア，

第2講 国際システム 85

図3 世界の主要タックスヘイブン

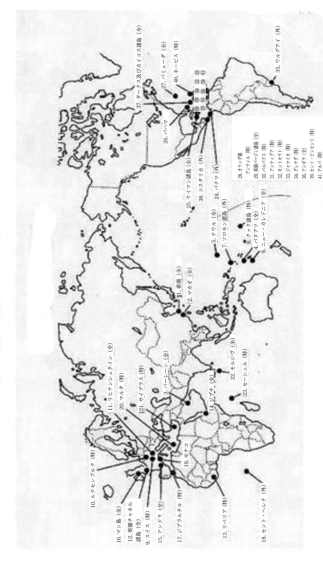

(注) 大蔵省指定による (全) 全所得軽課税国等に該当。
(外) 国外所得課税国等に該当。
(特) 特定事業所得課税国等に該当。

(出所) 大飼貴博『タックスヘイブン活用の実際』日本実業出版社, 1987年。
[引用文献] 中村雅秀『多国籍企業と国際税制』東洋経済新報社, 1995年, 136頁。

パナマ等。4) 持株会社等特定の企業に税誘因あるいはその他の特典を認める
もの。ルクセンブルク，オランダ領アンチルス等。5) 特定の活動にのみ免税
或いは他の特典を認めるもの。シャノン自由港，アイルランド等。

　タックス・ヘイブン・カンパニーは (1) 投資会社，(2) 持株会社，(3) 自家
保険会社，(4) 無体財産権保有会社，(5) 海運会社設立と船籍移転に分けられる。
(1) は多国籍企業傘下各社の余剰資金を集中し，証券投資を行うためのもの。(2)
は持株会社を当地に設立し，各子会社から受け取る配当を留保して本国におけ
る課税を回避するもの。スイス，ルクセンブルク等がある。(3) は低税率国に自
家保険会社を設立し，親会社が当該自家保険会社に保険料を支払う形を採って
課税所得を高税率国で減額し，低税率国への移転を図る。バミューダが該当する。
(4) は低税率国に設立した会社に特許その他の無体財産権を集中保有させて，ロ
イヤルティを留保させる。(5) は低税率国に海運会社を設立し，同時に船籍を
当該会社設立国に移転するもの。

　日本では，内国法人がタックス・ヘイブンに名目だけの子会社等を置いてこ
れに利益を留保させている場合，一定の要件の下にその外国子会社等の留保所
得をその親会社である内国法人の所得に合算して課税する。その外国子会社等
に課された外国法人税がある時は，その内国法人でみなし外国税額控除の適
用が認められている。この合算課税5年以内にその外国子会社が利益配当等
をした場合には，課税済みのみ未処分所得のうちその配当等に対応する部分の
金額を損金算入で調整できる。

(引用文献)

1. 小林威「ミード報告」『財政学を築いた人々──資本主義の歩みと財政・租税思想』
   ぎょうせい，1983 年。
2. 櫻井雅夫『新国際投資法』有信堂，2000 年。
3. 高橋元監修『タックス・ヘイブン対策税制の解説』清文社，1979 年。
4. 中村雅秀『多国籍企業と国際税制』東洋経済新報社，1995 年。
5. ノーベル賞人名事典編集委員会編『ノーベル賞受賞者業績事典 (新訂版)』日外ア
   ソシエート，2003 年。

第 2 講　国際システム　*87*

6.　M. ハートマッカーテイ，田中浩子訳『現代経済思想』日経 BP 社，2002 年。

7.　ミード，北野熊喜男他訳『経済学入門　分析と政策』東洋経済新報社，1952 年。

8.　ミード，山田勇監訳『経済成長の理論』ダイヤモンド社，1964 年。

9.　ミード，大和瀬達二他訳『経済学原理 1，2 ~ 1966 年。

10.　ミード，渡部経彦他訳『理性的急進主義者の経済政策』岩波書店，1977 年。

11.　ミード『直接税の構造と改正 ~ (通称ミード報告)，1978 年。

12.　ミード，柴田裕他訳『公正な経済』ダイヤモンド社，1980 年。

13.　J. E. Meade, "Exchange-Rate Policy, " in *Readings in Money, National Income and Stabilization Policy*, Warren L. Smith et al., eds., Homewood (Ⅲ) : Richard D. Irwin,　1970.

14.　J. E. Meade, "The International Money Mechanism, " *Reading in Macroeconomics*, M. G. Mueller, ed., NY: Holt Rinechart & Winston, 1966.

15.『ジェトロ 貿易投資白書 2015 年版』2015 年 9 月。

16.『ジェトロ貿易投資白書 2004 年版』2004 年 9 月。

17.『ジェトロ貿易投資白書 2002 年版』 2002 年 9 月。

第2節　オリーンの貿易理論と日本の貿易

　ベルティル・オリーン（1899.4.23-1979.8.3）は1899年4月23日，スウェーデン，クリパンに生まれ，16歳でルンド大学に入学，数学，統計学，経済学を学び，1919年ストックホルム商科大学を卒業，ハーバード大学留学後1924年，ストックホルム商科大学で博士号取得。同年コペンハーゲン大学教授，29年，ストックホルム商科大学教授に就任。また，38年から70年までは国会議員も勤め，44-45年商務大臣，44-67年，野党自由党総裁，55-70年まで，北欧理事会スウェーデン代表，56-65年同主席代表を務める。77年国際貿易，国際資本移動の理論的研究により，E. ミードと共にノーベル経済学賞受賞。79年8月3日，ストックホルムで逝去。享年80歳。

　オリーンは29年『賠償問題一論考』で第一次世界大戦の賠償問題について分析，ドイツに課せられた賠償について，ドイツの負担が重すぎるとするケインズと対立，一大論争を起こした。この論争は近代の一国主義的な国際収支に関する理論を考える上で重要なものとして評価されている。1933年，オリーンは "Interregional and International Trade"（『地域貿易と国際貿易』）を発表。この作品の中でオリーンは，オリーンと師であり，リカードの比較優位説を徹底的に検証したヘクシャーの博士論文を継承し，国際取引に関する経済理論を構築した。この理論は貿易理論に関する標準的モデルとして使用される国際分業のパターンの決定に関する定理であり，ヘクシャー＝オリーンの定理として知られている。オリーンは多数市場の存在を仮定し，各国国内での生産要素の移動を考慮した，相互依存価格理論を一般均衡分析の手法を用いて展開した。

1.　ヘクシャー・オリーン・サミュエルソンの定理

　自由貿易が行われると，生産要素の自由な移動が行われるときと同様な，賃金，地代，利潤など生産要素の価格の均等化が生じるという命題。ヘクシャーの1919年の論文をもとに，オリーンが1933年に発表した見解が，のちにラー

ナー，サミュエルソンらによって定式化され，証明された（長谷田彰彦『完全体系　経済学辞典』富士書店 1994 年，240 頁）。相対的に豊富な生産要素を用いる商品を輸出し，逆に希少な生産要素のそれを輸入する（ヘクシャー・オリーンの定理）。

このヘクシャー・オリーン・モデルのその後の主要な展開は以下のとおりである。

リプチンスキーの定理：生産要素価格を一定として，生産要素量が変化した時の生産の変化を表したものである。労働力が増加すると資本集約財の生産は増加するが労働集約財の生産は減少する。

ストルパー・サミュエルソンの定理：逆に，財の価格が変化した時の生産の変化を表したものである。労働集約財の価格が上昇すると労働力の相対的価格は上昇し，資本集約財の価格が上昇すると資本の相対的価格は上昇する。

このようにして，市場価格と財の生産を取り扱うミクロ経済学は，一国の問題だけでなく，二国間の問題にも有効であることをオリーンたちは示したのである（依田高典『改訂現代経済学』）。

2.　為替理論

(1)　価格弾力性と貿易収支

貿易収支が為替レート切下げにより改善される可能性は，輸出入需要曲線の傾きが緩やかであるほど大きくなる。つまり輸出入財への需要の価格弾力性（価格が 1% 変化した時に需要量が何 % 変化するかを示す無名数）が比較的高いとき，輸出入量の切下げに対する反応は大きくなり，貿易収支の赤字は縮小（黒字は増大）する傾向にある。逆に，輸出入財への需要の価格弾力性が比較的低ければ，輸出入量の切下げに対する反応は小さくなり，貿易収支の赤字が増大（黒字は縮小）する可能性が強まる。

1）弾力性アプローチ（輸出入の関係に着目した弾力性アプローチ）：為替レートの変化が貿易収支に与える影響についてのもっとも伝統的アプローチであり，輸出入需要の価格弾力性に基づく。ひとつの貿易財の生産に特化する日本（自

国）と米国（外国）からなる世界を想定し，自国財の価格（P_X）は円建て，外国財の価格（$P_m{}^*$）はドル建てで固定する。この仮定は両国の供給の価格弾力性が無限大であり，供給量は需要のみにより決定されるとする。自国の貿易収支（J）は自国財の輸出量を X，外国財の輸入量を M とし，

$J = P_X{}^*X - P_m{}^*M \cdots$（1-1），但し上付添字 * は価格がドル建てを示し，自国財のドル建て価格は先の仮定から，

$P_X{}^* = (P_X/E) \cdots$（1-2），ここで E は名目為替レート（ドルの円価格）であり，E の上昇は円の切下げ（減価）を意味する。（1-1）は，日本の貿易収支をドル建ての輸出額からドル建ての輸入額を控除したもの。自国財の輸出は，外国での自国財への需要で決まるとする。

$X = X〔(P_X/E)，\cdots\cdots〕 \cdots$（1-3），ここで〔　〕内の……は，所得水準等自国財価格以外の要因を指すが，それらはみな一定とする。（1-3）式は，自国財の輸出需要がそのドル建て価格の負の関数である。したがって自国財の円建て価格が一定であるとき，円切下げ（E の上昇）は，そのドル建て価格の下落により，日本からの輸出が増大する。ドル建て価格を縦幅，輸出量を横幅にしたグラフでは，この輸出需要曲線は右下がり，次に価格弾力性が無限大であるという仮定により，輸出供給曲線は水平に描かれる。したがって，円切下げは自国財をより低いドル価格で無制限に購入できるので，供給曲線は下方移動する。

一方，自国の輸入は外国財への需要により決定する。

$M = M〔(E \cdot P_m{}^*)，\cdots\cdots〕 \cdots$（1-4），ここで（1-3）式と同様に価格以外の要因は一定と置く。（1-4）式は，外国財の輸入需要がその円建て価格の負の関数。したがって，外国財のドル建て価格が一定であるとき，円切下げは，その円建て価格を上げて，外国財の輸入を減少させる。ドル建て価格を縦軸，輸入量を横軸にしたグラフではこの輸入需要曲線は右下がりで，円切下げはその下方に移動させる。なおドル建て価格を縦軸とした場合，輸入の供給曲線は水平となり，ドル価格が固定されている限り為替レートの変化にしても移動はしない。

2) マーシャル＝ラーナー条件：先の例では，貿易財価格は生産国通貨で固定される（供給の価格弾力性は無限大）という仮定での，切下げで貿易収支が改善する必要な弾力性の条件を「マーシャル＝ラーナー条件」とする。仮定が限定的なため，マ条件がそのまま現実に適用するとは考えられないが，為替レートと貿易収支との関係を考慮する際，基本的枠組みとして有益な概念である。

(1-1) 式に (1-2) 式を代入し，その全微分を取ると，次の式が導出される。

$$dJ = (P_X/E) \, dX - P_m{}^* dM - (P_X X/E^2) \, dE \cdots\cdots (1\text{-}5)$$

ここで輸出需要の価格弾力性を ε_x〔$\equiv - (dlnX/dlnPX^*) > 0$〕，輸入需要の価格弾力性を ε_m〔$\equiv - (dlnM/dlnP_m) > 0$〕と置くと，(1-5) 式は次のようになる。

$$dJ = 〔P_X{}^* X \, (\varepsilon_x - 1) + P_m{}^* M \varepsilon_m〕 \, dlnE \cdots\cdots (1\text{-}6)$$

ここで当初の貿易収支をゼロ ($P_X{}^* X = P_m{}^* M$) と置くと，為替レート切下げにより，貿易収支が正の変化をする条件は，

$$(dJ/dlnE) = (\varepsilon_x + \varepsilon_m - 1) > 0 \quad 或いは \quad \varepsilon_x + \varepsilon_m > 1 \cdots\cdots (1\text{-}7)$$

即ち，輸出と輸入の価格弾力性の和が1より大きい場合は，為替レートの切下げが貿易収支を改善へ導く。弾力性アプローチの応用としてJカーヴ効果がある。

3) アソープション・アプローチ：貯蓄・投資の関係に着目した分析手法で，1950年代にシドニー・アレクサンダーを中心とするIMFのエコノミスト達により提唱された。貿易収支（あるいは経常収支）は国内生産と国内消費の差に等しいという事実に着目したことによる。アソープション (A) とは，民間消費，民間投資そして政府支出という国民所得 (Y) の3要素を集合した概念。$Y = A + B \cdots\cdots (1\text{-}8)$，但し，$B = (\equiv E - M)$。E, Mは輸出量と輸入量の名目値。Bはサーヴィス貿易や要素受取・支払を考慮すれば，貿易収支とも経常収支とも解釈できる。

(1-8) を転換すると，$B = Y - A \cdots\cdots (1\text{-}9)$，(1-9) 式は，貿易収支が国内生産と国内消費の差額を示している。 したがって，貿易収支の赤字はAがYを凌駕しているから生じるので，Aを減じるかYを増加させればよい。伝統的ケインズ経済学では，前者を「支出削減政策」，後者を「支出切り替え政策（需要を

92

外国財から自国財へ転換する）」と呼ぶ。しかし完全雇用の世界ではYを政策により増加できないので，貿易収支の調整は主としてAの動向如何による。

　では切下げの効果はどうか。(1) 切下げは一般的に交易条件を悪化させ，国民の実質所得を減らし，消費を抑制する。(2) 切下げは物価水準を上げ，通貨や債券といった名目資産の実質価値を下げる資産効果を通じて，消費を抑制する。一部の実証研究では資産効果が微々たるものなので，切下げによる消費抑制現象の貿易収支改善効果は，限定的かつ一時的である。

3.　為替レートの決定要因

　1) 購買力平価説：長期的な均衡為替レートは内外通貨の一般的購買力の比率によるとする説。20世紀初頭，スウェーデンの経済学者グスタフ・カッセルによって提唱された。長期的な均衡為替レートは内外通貨の一般的購買力の比率によって決定される。通貨の一般的購買力は一般物価水準の逆数であるから，日本と米国の一般物価水準を各自p，p*，為替レートをe（1ドル＝e円）とすれば，均衡レートはe＝p/p*となる。相対的に物価上昇率の低い（高い）国の通貨の相対価値は上昇（下落）することになる。

　2) アセット・アプローチ：中・短期均衡為替レートは内外の金融資産の選択（金利差・為替レート）とする。近年の国際的資本取引の活発化を反映して，内外金融資産の選択が為替レートを決定するというのがこの理論である。

4.　クローサーの国際収支の発展段階説

　体制転換において重要なのが為替の信用である。為替は国家の経済力を示し，他国からの信用を反映する。国家の発展段階にそった分析をクローサーが行っている。彼によれば発展段階は，第1段階：未成熟の債務国，第2段階：成熟債務国，第3段階：債務返済国，第4段階：未成熟の債権国，第5段階：成熟した債権国，第6段階：債権取崩し国に分けられる。

　第1段階「未成熟の債務国」は，経済発展の初期段階で，開発に必要な投資財は輸入により調達され，国内貯蓄は充分とはいえないので，必要な資本は海

国際収支の発展段階－イギリス、アメリカ、西ドイツ、日本

段階	財・サービス収支	投資収益収支	経常収支	長期資本収支	戦前(上段)戦後(下段)	イギリス 期間(年)	イギリス 経常収支/名目GNP	アメリカ 期間(年)	アメリカ 経常収支/名目GNP	西ドイツ 期間(年)	西ドイツ 経常収支/名目GNP	日本 期間(年)	日本 経常収支/名目GNP
I．未成熟の債務国	−	−	−	+	前							(1868-1880)	−
					後								
II．成熟した債務国	+	−−	−	+	前			(1871-1890)	(▲0.6)			(1881-1914)	−
					後							1955-1964	▲0.2
III．債務返済国	++	−	+	−	前			(1891-1910)	(0.7)			(1914-1920)	(7.2)
					後								
IV．未成熟の債権国	+	+	++	−−	前	(1851-1890)		(1910-1940)	(2.4)				
					後		(3.8)	1946-1970	0.6	1951-1970	1.3	1965-1969	0.8
V．成熟した債権国	−	++	+	−	前	(1891-1925)	(3.4)					1970-1983	0.7
					後	1948-1982	0.3	1971-1981	0.4	1971-1982	0.5		
VI．債権取崩し国	−−	+	−	+	前	(1926-1944)	(-2.6)						
					後								

（出所）経済企画庁『昭和59年度 経済白書』。
〔引用文献〕小峰隆夫『最新日本経済入門（第2版）』日本評論社、2003年、193頁。

外に仰ぐことになる。したがって経常収支は赤字，長期資本は流入超過となる。第2段階「成熟した債務国」は，輸出産業の発達に連れて財貨サーヴィス収支は黒字化するが，過去の債務の利子返済が続く為，経常収支は赤字が続く。第3段階「債務返済国」は，輸出がさらに拡大し経常収支は黒字化するが，それまで累積していた対外債務を返済し始めるため，長期資本は流出超過となる。第5段階「成熟した債権国」は，依然として投資収益は黒字であるが，貿易収支は輸出産業が発達してくるに連れて財貨・サーヴィス収支は黒字化する一方，過去の債務の利子支払いが継続する為経常収支は赤字が続く。第6段階「債権取崩し国」は，財貨・サーヴィス収支は遂に赤字化するが，過去に累積した債権の存在により投資収益は黒字であり，経常収支も黒字である。

5. 相互需要の原理

　二国間の貿易の交易条件は，相互に相手の輸出品に対する輸入需要が均等する点で定まるという，ミル，マーシャルの理論。

　ミルは，リカードの比較生産費説を批判し，「国際交易の条件は国際需要の方程式に依存するとし，交易条件そのものの決定は二国間の相互需要に依存するという現代貿易論の原型を提出した。相互需要の原理は交易条件の決定論であり，国際価値論と呼ばれている。

(引用文献)
1. 小峰隆夫『日本の経済発展（第3版）』東洋経済新報社，2002年。
2. 髙木信二『世界経済の政治学』同文舘，1991年。
3. 西川俊作『日本経済読本（第16版）』東洋経済新報社，2004年。
4. 長谷田彰彦『経済統計で見る世界経済2000年史』柏書房，2004年。
5. トーマス・カリアー，小坂恵理訳『ノーベル経済学賞の40年（上・下）』筑摩書房，2012年。

第3節　マンデルのオープン経済論とユーロシステム

　今日，国際貿易を積極的に行ってる経済のことをオープン経済というが，このオープン経済に深く関わる学者がロバート・A・マンデルである。彼は1932年カナダのオンタリオ州生れ。1956年MIT（マサチューセッツ工科大学）で博士号をとり，シカゴ大学などで教鞭をとった。1999年ノーベル経済学賞を受賞。彼の功績は，(1)ヒックスのIS=LM分析をオープン経済体系に適用し，為替制度の相違ならびに資本取引規制の有無によって金融政策と財政政策の効果が異なることを示したことと，(2)ある特定の各国が独自の通貨や金融政策を放棄して共通通貨を保有するのが適している経済条件を明示したことである。(2)の理論は欧州通貨制度における通貨統合の妥当性を判断する基準として適用され，「最適通貨圏理論」と呼ばれている。

1.　マンデル＝フレミング・モデル

　マンデル＝フレミング・モデルは，輸出や輸入が盛んなオープン経済における IS=LM分析の適用であることはすでに述べたとおりである。基本的なマンデル＝フレミング・モデルは，自国の経済規模がマクロ経済全体に影響を与えないという理由により，価格が硬直的な短期，資本移動が完全に自由な状態，外国金利や外国の財価格を所与とする小国の開放経済を仮定する。資本移動は自国と外国の金利格差の変化に反応して変動し，貿易収支の動向は自国と外国の相対価格の変化に依存すると想定する。

　国際取引は，為替の変動相場制・固定相場制により状況が大幅に変化する。各国間の通貨交換比率を固定する固定相場制では自国通貨と外国通貨のバランスは中央銀行の通貨交換によって行われるが，変動相場制では外国為替市場における交換比率の変化によって行われる。つまり，中央銀行は，固定相場制では自国通貨のバランスを維持するための外貨を必要に応じて売り買いするが，変動相場制では，売り買いはない。

固定相場での金融政策をみてみよう。中央銀行が公開市場操作を通じて貨幣供給を増やすと国内金利が低下して資本が海外へ流出する。外国通貨への需要が高まると自国通貨の金利切り下げ圧力が生じ，中央銀行は自国通貨と交換に外貨準備を取り崩して市場へ放出する。こうして外貨準備が減少する結果，国内で流通する自国通貨残高が減少し，貨幣供給はもとの水準まで減少する。結局，国内所得は元の状態に戻り，金融政策は経済調整手段として無効であることがわかる。

次に固定相場での財政政策をみる。中央政府が財政支出を増加させると，財・サーヴィスに対する総需要が高まり，貨幣需要が増加し国内金利が上昇する。国内金利の上昇は外国との金利格差を生み，国外資本が国内に流入する。外国通貨に比べて自国通貨への需要が高まり，金利切り上げ圧力が生じる。こうした圧力を抑制して固定平価を維持する為に，中央銀行は外国通貨と交換に自国通貨を市場に放出する。これにより市場に出回る自国通貨の流通残高が増加し，貨幣供給が増えることで国内所得は上昇し国内金利は元の水準に戻る。財政政策は有効であることがわかる。

今度は変動相場での金融政策をみてみよう。資本が海外に流出すると自国通貨の為替レートは減価する。この結果，純輸出が拡大するので，純需要が増えて国民所得は増加することになる。変動相場制の場合には中銀は外国為替市場に介入しないので，外貨準備を取り崩す必要がないことから，貨幣供給は減少しない。したがって金融政策は有効となる。

次に変動相場での財政政策をみる。国際資本が流入することで自国通貨の為替レートは増価する。この結果，純輸出が低下して財・サーヴィスに対する総需要が低下するので国民所得は元の水準に戻ってしまい，財政政策は有効に機能しない。

このようにマンデル＝フレミング理論は固定相場制と変動相場制では，正反対の結果となる。

2. 最適通貨圏理論

　ある特定の各国が独自の通貨や金融政策を放棄して共通通貨を保有するのが適している経済条件を明示し，欧州通貨制度における通貨統合の妥当性を判断する基準として適用された「最適通貨圏理論」が成立する条件として，マンデルは，貿易の取引費用が低いこと，相対価格に関する不確実性が低いことを挙げている（白井早由里「時代を先取りした天才的資質」『経済セミナー』1999年12月号（No.539），40-41頁）。

　また，EUの単一通貨ユーロは，最適通貨圏理論の実践の場でもある。最適通貨理論は，ロバート・マンデルの有名な理論であるが，賃金の伸縮性と労働の自由な移動が前提となっている。しかしながら，EU域内では，この2つの条件は，国家の主権がからむ問題でもあり，必ずしも満たされていないのが現状である（木村武雄『EUと社会システム』創成社，2008年，126頁）。

表1　国内不均衡と国際収支不均衡の組合せと財政・金融政策の政策混合

	需要不足 （デフレ） $D < Z$	供給不足 （インフレ） $D > Z$
国際収支黒字	(1) 内需拡大 {財政支出拡大 （減税） 金融緩和政策	(2) 財政支出抑制（増税黒字） 金融緩和政策 （貨幣供給増加， 利子率引下げ）
国際収支赤字	(3) 財政支出拡大 （減税赤字） 金融引締め政策 （貨幣供給抑制，利子率引上げ）	(4) 内需抑制 {財政支出抑制 （増税） 金融引締め政策

　　D：総需要

　　Z：総供給能力

（出所）丸尾直美『入門経済政策（改訂版）』，498頁。

3. ポリシー・ミックス・モデル（図1，表1参照）

　変動相場制における金融政策では，国際収支を均衡させる政策は国内均衡と経済の均衡成長にとって好ましい場合もあるが，そうでない場合もあり，そのときは金融政策と財政政策を合わせた政策をとることがある。これをポリシー・ミックスという。マンデルはこのジレンマを解決する策としてマンデルのポリシー・ミックス・モデル（図1）を提案した。横軸に金融政策を代表するものとして利子率をとり，縦軸に財政政策を代表するものとして財政支出抑制と増税による財政黒字の程度をとっている（丸尾直美『入門経済政策』(改訂版) 中央経済社，1993年）。

図1　国内均衡と国際収支不均衡の同時達成の為の財政政策と金融政策の政策混合

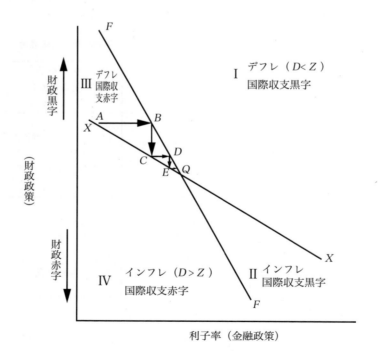

（出所）丸尾直美、前掲書、499頁。

図1で,たとえば,ある国の状態がA点(デフレで国際収支赤字)にあるとする。その時は,国際収支の赤字に対して,利子率の引き上げを行い,デフレ対策に財政黒字減少を行う為,減税と財政支出を拡大させ,矢印の方向に進み,国内・国際均衡点のQ点へ向かうことが提示される。

4. 貿易の利益と各種貿易政策

ミクロ的分析にはいり,小国の貿易の利益をみてみよう。ここで言う小国は輸入量が少なく,世界価格に影響を与えないケースである。図2において,S,Dは各自国内の供給曲線,国内の需要曲線。P^*,P_w は各自国内の均衡価格と世界価格。Aは国内の均衡点,Bは世界価格と国内の供給曲線の均衡点,Cは世界価格と国内の需要曲線の均衡点。P_1,P_2 は各自国内の需要曲線と国内の供給曲線の切片を示す。その際,貿易が無い場合の消費者余剰と生産者余剰の合計は,三角形 P_1AP_2。貿易が行われ,各種の貿易政策がないなら,販売価格は世界価格で,消費者余剰と生産者余剰の合計は三角形ABCだけ増加する。次に各種の貿易政策の事例研究を示す。

(1) 関　税 (図2参照)

図2において,世界価格 P_w に P^*-P_w だけの関税を賦課すると,市場価格は P^* となり,輸入を完全に排除できる。また,Tだけ関税をかけると,この財の

図2　貿易の利益

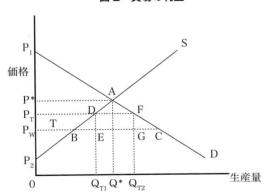

価格は P_T になり，国内生産量は Q_{T1} となる。無関税の場合と比べて，生産者余剰は四角形 P_TP_WBD だけ増加。関税収入は四角形 DEFG。消費者余剰は四角形 P_TP_WCF だけ減少し，総余剰は三角形 BDE 及び三角形 CFG を合わせた分だけ減少する。

(2) 輸入割当

$Q_{T2}-Q_{T1}$ だけ輸入割当する場合を想定する。この際，国内価格は関税 T を賦課した場合と同じ価格 P_T となる。結局，関税と輸入割当は同じ効果。但し，関税の場合による収入は政府収入となるが，輸入割当の場合，業者に入る。

(3) 輸出税（図3参照）

図3は図2と同じ国内の需給バランスを設定する。貿易がない場合の国内

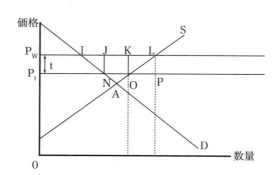

図3　輸出税

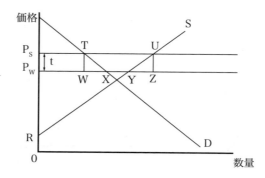

図4　輸出補助金

均衡点は A である。国際価格 P_W が企業の販売価格。この時輸出量は IL。国内の人は高い価格で購入せざるを得ない。今，t だけの輸出税を課すと，企業の販売価格は国際価格 P_W より t だけ低い価格 P_T で販売。この時輸出量は OP だけ減少。四角形 JKNO は輸出税収。消費者余剰は四角形 P_t P_WNI だけ増加で，生産者余剰は四角形 $P_T P_W$LO だけ減少。結局，三角形 IJN＋三角形 KLO の分だけ総余剰の減少がある。OP に相当するだけの輸出数量制限した時の効果は輸出税の場合と同じ。輸出量は NO に減少するが，四角形 JKNO の分が業者の収入となる。

(4) 輸出補助金（図 4 参照）

図 4 は図 2 と同じ国内の需給バランスを設定する。今，輸出補助金付与後の世界価格を P_S とし，t だけの輸出補助金を与えるとする。国際価格は P_W となる。輸出補助金がない場合の国内価格は世界価格と同水準。国内需要量は P_WX，輸出量は XY。輸出補助金後の国内需要量は P_ST に減少するが，輸出量は TU に増加。補助金総額は四角形 TUWZ になる。消費者余剰は四角形 $P_S P_W$TX だけ減少。生産者余剰は四角形 $P_S P_W$UY だけ増加する。しかし，TUWZ の補助金の分を考慮すると，三角形 TXW＋三角形 UYZ の分だけ総余剰は減少する。結局，この政策は消費者の犠牲で生産者に利益を付与する政策である。

5. ユーロ・システム

(1) 単一通貨統合条件

欧州連合のユーロ・システムは 1999 年 1 月に 11 ヵ国で導入された。マーストリヒト条約が定める単一通貨への参加条件は次の 5 つである。

①インフレ率の安定＝過去 12 ヵ月間の消費者物価上昇率（前年同月比）の平均で，最もよい実績を残した 3 ヵ国の水準を 1.5% 以上上回らない。

②政府財政借入の持続性＝一時的，例外的な環境を除き，一般政府財政赤字（GDP 比）を 3 ％以下にするか，或いは 3 ％に近づける。

③公的債務の規模＝一般政府債務(GDP 比)が 60% を上回らないようにする。比率が充分に減少しているか，満足すべきペースで基準に近づいている場

合は 60% 以上であっても容認する。

④為替レートの安定＝最低 2 年間，通貨が ERM（為替相場メカニズム）の為替変動帯の中を正常に機能し，他の加盟国通貨に対して切下げをしていない。

⑤金利の安定＝政府長期債（10 年物）利回りがインフレ率で最も実績をあげた 3 ヵ国の水準を 2％ 以上上回らない。

(マーストリヒト条約第 109J 条及び付属文書)

(2) ＥＵ通貨統合の主要基準の達成度（ＥＵ加盟国と欧州協定締結国）

次に 1999 年導入の通貨統合の主要基準の達成度合いの各国別一覧表を掲げる。

表 2　EU 通貨統合の主要基準の達成度（EU 加盟国と欧州協定締結国）

(1)EU 諸国	①インフレ率 (%) CPI	②財政支出 (GDP の-3% 以内)			③長期債務 (GDP の60% 以内)			④為替レート, ERM 参加の是非	⑤長期金利, 98 年1月,政府長期債券利回り (%)
	1998 年1月	1995 年	1996 年	1997 年	1995 年	1996 年	1997 年		
ドイツ	1.4	-3.5	-3.8	-2.7	58.1	60.3	61.3	YES	5.6
フランス	1.2	-5.0	-4.1	-3.0	52.9	56.3	58.8	YES	5.5
イタリア	1.8	-7.1	-6.8	-2.7	124.9	123.0	121.6	YES	6.7
イギリス	1.8	-5.6	-4.4	-1.9	47.3	49.3	53.4	NO	7.0
スペイン	1.8	-6.6	-4.4	-2.6	65.3	69.5	68.8	YES	6.3
オランダ	1.8	-4.0	-2.3	-1.4	79.7	78.8	72.1	YES	5.5
ベルギー	1.4	-4.1	-3.4	-2.1	133.5	130.0	122.2	YES	5.7
スウェーデン	1.9	-7.9	-2.5	-0.8	78.2	78.6	76.6	NO	6.5
オーストリア	1.1	-5.3	-3.9	-2.5	69.3	69.8	66.1	YES	5.6
デンマーク	1.9	-1.9	-1.6	0.7	72.2	69.9	65.1	YES	6.2
フィンランド	1.3	-5.2	-2.6	-0.9	58.5	58.0	55.8	YES	5.9
ギリシャ	5.2	-9.2	-7.6	-4.0	111.8	110.7	108.7	YES	9.8
ポルトガル	1.8	-4.9	-4.0	-2.5	71.7	70.8	62.0	YES	6.2
アイルランド	1.2	-2.4	-1.0	0.9	84.8	76.4	66.3	YES	6.2
ルクセンブルク	1.4	0.1	-0.1	1.7	5.4	5.9	6.7	YES	5.6
EU 平均	1.6	-5.2	-4.4	-2.4	72.1	73.2	72.1		6.1
目標値	2.7	-3.0	-3.0	-3.0	60.0	60.0	60.0		7.8

備考：下線部は基準値達成。
(出所)IMF, World Economic Outlook May 1997, p.27 及び欧州委員会。
(引用文献)木村武雄「EU の東方拡大」『富士論叢』43 巻2 号19 頁。

第 2 講　国際システム　*103*

（引用文献）

1.　木村武雄『経済体制と経済政策』創成社，1998 年。

2.　酒井邦雄他著『経済政策入門第 2 版』成文堂，2011 年。

3.　白井早由里「時代を先取りした天才資質」『経済セミナー』1999 年 12 号（No.539），40-41 頁。

4.　丸尾直美『入門経済政策改訂版』中央経済社，1993 年。

5.　ロバート・A・マンデル，渡辺太郎，箱木侃澄，井川一宏訳『新版国際経済学』ダイヤモンド社，2000 年（Robert Mandell, *International Economics*, New York : Maemillian Company, 1968）。

6.　ロバート・A・マンデル，竹村健一訳『マンデルの経済学入門』ダイヤモンド社，2000 年（Robert A. Mandell, *Man and Economics*, New York : McGraw-Hill, 1968）。

7.　ロバート・A・マンデル，柴田裕訳『新版マンデル貨幣理論』ダイヤモンド社，2000 年（Robert A. Mandell, *Money Theory*, Pacific Palisades（CA）: Goodyear Publishing 1971）。

第4節　ヒックスと IS・LM 分析

J. R. ヒックスは，1904年4月8日，イングランド・ウォーリックシャーに生まれ，ブリストルのクリフトン・カレッジを経て1922年オックスフォード大学ベイリオール・カレッジに入学。1926年同大学卒業後ロンドン大学講師となる。ここで経済理論を学び，L. ロビンスの指導のもと，1929年から一般均衡理論の講義をするようになった。1930年から，L. ロビンス，N. カルドア，A. ラーナー，F.A. ハイエク，らと共同研究を行い，このなかからのちの『価値と資本』につながるアイデアが芽生える。1935年ケンブリッジ大学講師，38年マンチェスター大学教授，46年オックスフォード大学ナフィールド・カレッジ・フェローを経て，52年同大学教授。64年ナイト（爵位）授与。65年同大学名誉教授。72年経済の一般均衡論と福祉理論の発展への寄与によりノーベル賞受賞。89年5月20日逝去。亨年85歳。

1.　IS・LM 理論

ヒックスは労働経済学者として出発したが，32年に『賃金の理論』を出版し，ここで限界生産力理論の適用，代替の弾力性など新しい概念を導入，1936年オックスフォード大学で開催された計量経済学会でケインズ『雇用・利子および貨幣の一般理論』を IS・LM 理論を用いて説明し，ケインズ経済学の標準的解説を与えた。IS・LM 理論は投資 I（利子率の関数）と貯蓄 S（国民所得の関数）の均衡によって描かれる IS 曲線と，L（貨幣の需要量）と M（貨幣の供給量）の均衡によって描かれる LM 曲線から，その交点として利子率と国民所得の値を導出できることを示した理論。IS・LM 理論は，ケインズの考えと乖離しているという指摘もあり，このため厳密にケインズの理論を解釈しようとするポストケインジアンからは「ヒックスの理論」（IS-LM 理論）はケインズ経済学ではなくてヒックス経済学である」と指摘されている。なおヒックスは著書『価値と資本』("Value and Capital", 1939) の中で，無差別曲線の理論やこれを用い

第 2 講　国際システム　*105*

た効用最大化の理論，一般均衡の静学的安定性の条件，予想の弾力性概念による一般均衡理論の現代化と，補償変分，等価変分などの消費者余剰の概念の明確化による新厚生経済学の確立に尽力した。

IS-LM 理論の概要は以下のとおり。

（財市場の均衡）（図 1）
1）利子率と投資の関係（第 2 象限）　　　　　$I=I (r)$, $I' (r) < 0$
2）貯蓄と国民所得の関係（第 4 象限）　　　　$S=S (Y)$, $S' (Y) > 0$
3）貯蓄と投資の関係（第 3 象限）　　　　　　$I=S$
4）IS 曲線の導出（第 1 象限）
（金融市場の均衡）（図 2）
1）投機的動機の貨幣需要と利子率の関係（第 2 象限）
　　　　　　　　　　　　　　　　　　$L_2=L_2 (r)$, $L_2' (r) < 0$
2）取引的動機の貨幣需要と国民所得の関係（第 4 象限）
　　　　　　　　　　　　　　　　　　$L_1=L_1 (Y)$, $L_1' (Y) > 0$
3）貨幣量と取引的動機の貨幣需要及び投機的動機の貨幣需要の関係　（第 3 象限）
　　　　　　　　　　　　　　　　　　$M=L_1 + L_2$
4）LM 曲線の導出（第 1 象限）

（金融市場と財市場の結合）
1）投資家の心理変化による投資増加　　→　　IS 曲線の右方シフト
2）貯蓄意欲の増大　　→　　IS 曲線の左方シフト
3）貨幣供給量の減少　　→　　LM 曲線の左方シフト
4）貨幣の流通速度の増加　　→　　LM 曲線の右方シフト

（引用文献）

1.　Hicks, John Richard, *The Theory of Wages*, 1932, London : Macmillan.2nd edn, London : Macmillan, 1963（内田忠義訳『新版・賃金の理論』東洋経済新報社，1965 年）
2.　Hicks, John Richard, *Value and Capital : An Inquiry into Some Fundamental Principles of Economic Theory*, 1939, Oxford:Clarendon Press, 2nd ed., 1946（安井琢磨・熊谷尚夫訳『価値と資本 I・II』岩波書店，1951 年，改訂版，1965 年）
3.　Hicks, John Richard, *The Social Framework*, 1942, Oxford:Clarendon Press, 4.$^{ed.}$, 1971（酒井正三郎訳『経済の社会的構造』同文舘，1951 年）
4.　Hicks, John Richard, *A Contribution to the Theory of the Trade Cycle*,

1950, Oxford:Clarendon Press（古谷弘訳『景気循環論』岩波書店，1951年）
5. Hicks, John Richard, *A Revision of Demand Theory*, 1956, Oxford : Clarendon Press（早坂忠・村上泰亮訳『需要理論』岩波書店，1958年）
6. Hicks, John Richard, *Essays in World Economics*, 1959, Oxford : Clarendon Press（大石泰彦訳『世界経済論』岩波書店，1964年）
7. Hicks, John Richard, *Capital and Growth*, 1965, Oxford:Clarendon Press（安井琢磨・福岡正夫訳『資本と成長 1．II』岩波書店，1970年）
8. Hicks, John Richard, *Critical Essays in Monetary Theory*, 1967, Oxford : Clarendon Press（江沢太一・鬼木甫訳『貨幣理論』オックスフォード大学出版局，1969;東洋経済新報社，1972年）
9. Hicks, John Richard, *A Theory of Economic History*, 1969, Oxford : Clarendon Press（新保博訳『経済史の理論』日本経済新聞社，1970）
10. Hicks John Richard, *Capital and Time:a neo・Austrian theory*, 1973, Oxford : ClarendonPress（根岸隆訳『資本と時間』東洋経済新報社，1974年）
11. Hicks John Richard, *The Crisis in Keynesian Economics*, 1974, Oxford : Basil Blackwell（早坂忠訳『ケインズ経済学の危機』ダイヤモンド社，1977年）
12. Hicks John Richard, *Economic Perspectives : Further Essays on Money and Growth*, 1977, Oxford : Clarendon Press（貝塚啓明訳『経済学の思考法』岩波書店，1985）

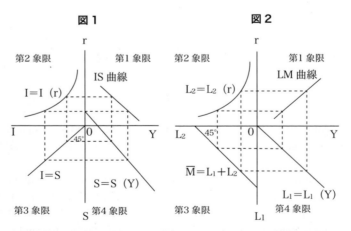

r：利子率，Y：国民所得，S：貯蓄，I：投資，L_1：取引動機の貨幣需要
L_2：投機的動機の貨幣需要，M：貨幣供給

第2講　国際システム　*107*

第5節　クズネッツの近代経済成長論と日本

1.　クズネッツと経済成長理論

　ケインズ経済学が開拓したマクロ経済学分野において一国経済の分析や，経済成長，景気循環などの研究が発展した。この分野ではケインズやマルクスを批判的に検討し，独自の景気循環論を提唱したシュムベーターが著名であるが，本講で取り上げるクズネッツやレオンチェフら，ロシア・ソ連から亡命した経済学者の統計分野における貢献も大きい。S.S. クズネッツは1901年ロシアに生まれ，22年米国へ移住。26年コロンビア大学で博士号を取得（テーマは「景気循環」）。全米経済研究所研究員を経てペンシルヴァニア大学教授，ジョンズ・ホプキンズ大，ハーヴァード大教授を歴任し，71年ハーヴァード大名誉教授。49年米国統計学会会長，54年米国経済学会会長。1971年経済，社会構造と発展過程の研究に関する貢献に対してノーベル経済学賞が授与された。85年7月9日，マサチューセッツ州ケンブリッジの自宅で逝去。

　クズネッツの主要な業績や理論は次のとおりである。

　1）クズネッツの経済学における功績は国民総生産（GNP）の概念を確立したことにある。彼は経済成長や国民生産についての研究に専心し，1930年，25年周期でおこる景気循環「クズネッツ循環」を発見した。また「近代経済成長過程のなかでは，所得分布は初め不平等化し後に平等化に転ずる」（南亮進『日本の経済発展』東洋経済新報社，2002年，278頁）という「クズネッツの逆U字型仮説」を提唱した。それによれば「初期の不平等化は，近代工業の成長によって農工間格差が拡大するためであり，後期の平等化は，農業労働の都市移住によって農工間格差が縮小し，しかも農業の比重が減少するため」（南，前掲書，278頁）としている。また近代経済の特徴については（1）人口と1人当たり生産が共に急成長すること，（2）産業構造が急速に変化し，人口の都市化が生ずること，（3）以上の変化が一時的ではなく，長期に渡って持続すること，としている（南，前掲書，4頁）。

2) 主要著書として『国民所得と資本形成 1919–1935』(1937年),『所得と貯蓄における所得上位層の割合』(1953年),『近代経済成長の分析』(1966年) などがある。

3) 論争：ケインズの「1人当たり所得の増加によって貯蓄率が上昇する」という考え（絶対所得仮説）に対しクズネッツは米国の貯蓄率は長期的にみて一定であるとして，批判した。

2. クズネッツの経済成長分析と日本

古いデータになるが，クズネッツが1971年に著した "Economic Growth of Nations : Total Output and Production Structure"（中山伊知郎他編『日本経済事典』講談社，110-113頁）によって，近代化の開始時から1967年ころまでの先進国の経済成長率を見てみよう（表1, 2）。

表1から，10年当たり人口1人当たり生産物に着目すると（表の右端），経済成長率の低い国は豪,和蘭,英(10-12%)で,高い国はスウェーデン,日本(29-32%),その他(14-23%)となる。10年当たりの経済成長率10%,20%, 30%は,1年当たり換算で1 %, 1.8%, 2.7%となり,その差は1.7%で,先進国間において大きな差はないといえる。

人口の成長率（増加率，表1の右から2番目）に着目すると，米国，豪州，加州など，新たに「発見」された大陸の国々が著しく増加し，旧大陸（欧州）は停滞を示している。

総生産10年当たりの経済成長率（表1の右から3番目）に着目すると，日本(48.3%),米国 (42.4 %),加州 (41.3%),豪州 (36.4%) からベルギー (20.3%),英国 (23.7%),仏 (21.8%) と開きが明瞭になる。

これら3部門の間に相関関係は見受けられないが，日本の成長率48%（年当たり4 %）に注目すると，明治期から戦前まで1年当たり成長率は約4% であり，第2次世界大戦期に経済成長が止まり，それを挽回するために戦後高度成長10% が実現されたので，総合的に明治期から1967年ころまでの経済成長をみると，この戦後の成長率10% は戦前の4% という経済成長へ回帰する

表1　先進国の長期的成長率

	期間	年数	10年当り成長率 (%) 総生産物	人口	人口一人当り生産物
イギリス	1765-85 〜 1963-67	180.5	23.7	10.1	12.4
フランス	1831-40 〜 1963-66	128.5	21.8	3.2	18.1
ベルギー	1900-04 〜 1963-67	63	0.3	5.3	14.3
オランダ	1860-70 〜 1963-67	100.5	27.7	13.4	12.6
ドイツ	1850-59 〜 1963-67	110.5	31.0	10.8	18.3
スイス	1910 〜 1963-67	55	26.3	8.8	16.1
デンマーク	1865-69 〜 1963-67	98	32.5	10.2	20.2
ノルウェー	1865-69 〜 1963-67	98	31.4	8.3	21.3
スウェーデン	1861-69 〜 1963-67	100	37.4	6.6	28.9
イタリア	1895-99 〜 1963-67	68	31.4	6.9	22.9
日本	1874-79 〜 1963-67	88.5	48.3	12.1	32.3
アメリカ	1834-43 〜 1963-67	125.5	42.4	21.2	17.5
カナダ	1870-74 〜 1963-67	93	41.3	19.0	18.7
オーストラリア	1861-69 〜 1963-67	100.5	36.4	23.7	10.2

（出所）Kuznets, S., *Economic Growth of Nations : Total Output and Production Structure*, 1971.

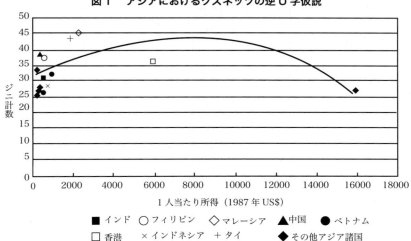

図1　アジアにおけるクズネッツの逆U字仮説

■ インド　〇 フィリピン　◇ マレーシア　▲ 中国　● ベトナム
□ 香港　× インドネシア　+ タイ　◆ その他アジア諸国

（出所）ジニ係数は世界銀行『世界開発報告』各年版より算出，1人当たり所得は，World Bank, *World Tables, 1995*.
〔引用文献〕原洋之介『アジア経済論』31頁。

110

（クズネッツの逆 U 字仮説）。

　なお，経済成長を近代以後と近代以前でみてみると，生産力が相対的に低い近代以前のデータは近代以後との比較には適用できないことはいうまでもない。

3. クズネッツの経済分析からみた経済成長格差

　近代経済成長の開始時期のデータについては表 2 を参照されたい。各国とも 200 ドルから 500 ドルと高水準から近代化が開始されたのに対し，日本の 70 ドルは，今日の発展途上国の 100 ドルよりも低い水準だったといえる。

　次に表 3 から，近代経済成長の開始時に着目すると，1967 年当時，先進国と発展途上国（後進国）の所得格差は大きかった。当時発展途上国の平均所得を 100 ドルとすると先進国のそれは 1900 ドルで，19 倍になった。　その理由は，次のとおりである。

　戦後の経済成長率に限ってみると，先進国も発展途上国も 100 年にわたる長期的成長率に比べると著しく高く，また国民総成長率も先進国と発展途上国

表 2　先進国の初期条件

	1965 年の人口一人当り生産物（ドル）	近代経済成長の開始時期（年）	近代経済成長の開始時期における人口一人当り生産物（1965 年のドル）
イギリス	1,870	1765-85	227
フランス	2,047	1831-40	242
ベルギー	1,835	1865	483
オランダ	1,609	1865	492
ドイツ	1,939	1850-59	302
スイス	2,354	1865	529
デンマーク	2,238	1865-69	370
ノルウェー	1,912	1865-69	287
スウェーデン	2,713	1861-69	215
イタリア	1,100	1895-99	271
日本	876	1874-79	74
アメリカ	3,580	1834-43	474
カナダ	2,507	1870-74	508
オーストラリア	2,023	1861-69	760

（出所）表 1 に同じ。

表3　先進国と後進国の成長率

		絶対水準			年成長率（%）		
		1954-58	1959-63	1964-68	1954-58〜59-63	1959-63〜64-68	1954-58〜64-68
国内総生産	先進国	785	953	1229	3.9	5.2	4.6
（1963年10億ドル）	後進国	151	190	238	4.7	4.6	4.7
人口（100万人）	先進国	603	639	678	1.2	1.2	1.2
	後進国	1237	1391	1569	2.3	2.5	2.4
人口一人当り国内総生産	先進国	1301	1491	1812	2.8	4.1	3.4
（1963年ドル）	後進国	121	136	152	2.3	2.1	2.2

注
1) 先進国に含まれる国：ヨーロッパの非共産国（キプロス，トルコを除く），カナダ，アメリカ，日本，オーストラリア，ニュージーランド，フィジー，イスラエル，南アフリカ．
2) 後進国に含まれる国：東アジア・東南アジアの非共産国（日本を除く），中東（イスラエルを除く），アフリカ（南アフリカを除く），ラテン・アメリカ（キューバを除く），その他のオセアニア．

（出所）Kuznets, S., "Problems in Comparing Recent Growth Rates for Developed and Less Developed Countries", *Economic Development and Cultural*, January 1972.

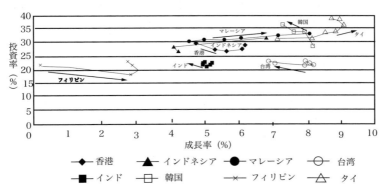

図2　アジア諸国における投資率と経済成長率

（出所）Asian Development Bank, *Key Indicators* より算出．1980年より利用できる最新のものまで，基本的に10年間の平均値をプロットしている．
〔引用文献〕原洋之介編『アジア経済論』33頁．

のあいだでそれほど差はない。

　人口成長率をみると，発展途上国のそれは極めて高く，これが人日1人当たり生産物の成長率を低くさせている原因となる。結果的に先進国と発展途上国の所得格差を拡大させたのである。ここから，1人っ子政策が正当化される。しかしながら，将来的には，大きな社会問題を引き起こした。1人っ子同士が結婚したなら，合計4人の親の老後を見なければならなくなるからである。

(引用文献)
1.　ノーベル賞人名事典編集委員会編『ノーベル賞受賞者業績事典（新訂版)』日外アソシエート，2003年。
2.　原洋之介編『アジア経済論』NTT出版，1999年。
3.　南亮進『日本の経済発展（第3版)』東洋経済新報社，2002年。
4.　クズネッツ，塩野谷祐一訳『近代経済成長の分析(上・下)』東洋経済新報社，1968年。[Simon Smith Kuznets, *Modern Economic Growth:Rate, Structure and Spead*, New Haven, Connecticut and London :Yale University Press, 1966.]
5.　クズネッツ，西川俊作他訳『諸国民の経済成長総生産高及び生産構造』ダイヤモンド社，1977年。[S. S. Kuznetz, *Economic Growth of Nations : Total Out Put and Production Structure*, Cambridge, Massachusetts:Harvard University Press, 1971.]

第2講　国際システム　*113*

第6節　ルイスの二重経済論と日本

　発展途上国経済について二重構造的発展モデルを提唱したウィリアム・アーサー・ルイスは，1915 年，当時英国領であった西インド諸島セントルシア島で生まれ，29 年セント・メリー・カレッジ卒業後，下級官吏となった。33 年ロンドン大学入学後，同大学講師，博士号取得（40 年，ロンドン大学）を経て，48 年マンチェスター大学教授。59 年西インド大学副総長，63 年プリンストン大学ジェームズ・マディソン記念政治経済学講座教授。同時に，英国政府植民省の臨時長官，ガーナ等，アフリカ各国の経済顧問なども兼任した。79 年経済開発論研究の先駆的業績により，黒人として初のノーベル経済学賞を受賞。91 年 6 月 15 日バルバドス島の自宅で逝去。

　1937 年ロンドン大学を卒業したルイスは，産業組織を研究，間接費に対するより現実的なアプローチを示し，それに基づいて産業内の価格体系を詳細に調査した。49 年これら一連の産業構造分析に関する論文を集めた『間接費経済分析に関する論文集』を出版。以後，研究テーマの関心は次第に経済発展へ移り，54 年論文「労働の無制限供給下の経済発展」を発表。開発途上国における経済の二重構造的発展をルイス・モデルと呼ばれるモデルにより理論化し，一躍脚光を浴びた。79 年開発途上国の経済発展論に関する一連の研究に対してノーベル経済学賞が贈られた。

　ルイス・モデルを簡潔に説明すると「規模に関して収穫一定の生産関数の下では，賃金率が一定である限り，利潤極大技術に対応した資本生産高比率は一定にとどまる。すべての利潤は貯蓄され投資にまわされるので，利潤率は資本ストックの増加率と等しくなる。もし労働力の増加が資本ストックを下回るならば，やがてすべての労働が完全雇用される「転換点」が訪れる。この点から経済は異なったシステムに移行する」（絵所秀記『開発経済学とインド』日本評論社，2002 年，213 頁）というものである。

　たとえば東アジア諸国の発展の過程では，生産と雇用の比重が農業から工業へ

推移している。この過程をルイス・モデルが模写している。多くの途上国経済は，昔ながらの伝統部門（零細な家族農業）と新たに持ち込まれた近代部門（都市の工業）からなる「二重経済」である。当初その国の労働者全員が農業に従事していると仮定する。農業労働は限界生産性にあり，労働投入が増加すると生産は減少する。この時賃金は慣習により生存水準により決められており，村の作物を農業全員で分け合っている。これ以下の収入では生きていかれず農村が崩壊する。限界的な労働者の生産性がゼロにもかかわらず，すべての人が雇用されているのは，この村が利潤原理でなく共生原則に則って運営されているからである。近代工業が導入されると，そこでの労働は利潤極大条件，即ち「労働限界生産性＝賃金」を満たすように雇用される。工業労働の限界生産性はこの部門の労働需要曲線に等しい。一方，労働供給は，農村に余剰労働が残っている限り，最低賃金で幾らでも雇うことが可能である。この時，特定の労働者だけが農業から工業へ移動する。工業の発展に伴って，労働移動の増加が起こると国全体の農業生産は減少しはじめる。人口を不変とすれば，食料が不足気味になり，食料価格が上昇し，賃金もそれに合わせて上昇しはじめる可能性がある。この問題を克服してさらに工業が拡大すると，やがて労働移動がさらに増加し限界点を越える。この時，農業の限界生産性は賃金に等しくなる。工業が農業からこれ以上の労働者を雇用するためには，賃金水準が農業の限界生産性曲線に沿って上昇しなくてはならない。かくして余剰労働は完全に消滅する。この点を「転換点」と呼ぶ（以上大野健一『東アジアの開発経済学』有斐閣アルマ，1997 年 22 頁を要約）。

　ルイスの転換点については様々な議論がある。ルイスは，経済発展の初期は過剰労働で特徴づけられる段階があると考えた。この段階で賃金は，古典派と同様生存水準で決定されるので，彼の理論は「古典派的接近」と呼ばれる。一方経済発展のどの段階でも過剰労働は存在せず，賃金は新古典派の限界生産力説によって説明されるというのが「新古典派的接近」と呼ぶ。経済発展論にはこの 2 つの理論が対立している。ルイスは 1958 年の論文で，日本経済はここ 10 年ぐらいの聞に転換点に達するであろうと予想した。この説に対して反論

もあるが，南亮進は 1960 年転換点説を採用している（南亮進『日本の経済発展（第3版）』東洋経済新報社，2002 年，213 頁）。

　農業部門の限界生産性が制度的賃金を上回るか否か。即ち転換点以前において，賃金は限界生産性より高いが，転換点以降は賃金は限界生産性によって決定される。(1) 賃金・限界生産性比率，(2) 労働供給の賃金弾力性（近代部門への労働供給増加率 / 近代部門賃金上昇率），(2) は戦前は 1.69 〜 4.91 の範囲，戦後は 0.78 〜 0.86 の範囲，従って戦前では限界生産性を上回る賃金が支払われたが戦後はそれが逆転した。(2) は戦後 59 年までは 1.3 で，1959 〜 1964 年は 0.1 である。日本の場合，1960 年前後が「転換点」と実証され，社会的観察とも一致する（渡辺利夫『開発経済学（第 2 版）』日本評論社，1996 年（初版 1986 年），72 頁）。

（引用文献）

1. 大野健一『東アジアの開発経済学』有斐閣アルマ，1997 年。
2. ノーベル賞人名事典編集委員会編『ノーベル賞受賞者業績事典（新訂版）』日外アソシエート，2003 年。
3. 南亮進『日本の経済発展（第 3 版）』東洋経済新報社，2002 年。
4. W. プレイト他編，佐藤隆三他訳『経済学を変えた 7 人』勤草書房，1988 年。
5. 渡辺利夫『開発経済学（第 2 版）』日本評論社，1996 年（初版 1986 年）。
6. ルイス，石崎昭彦他訳『世界経済論』新評論，1969 年。
7. ルイス，原田三喜雄訳『国際経済秩序』東洋経済新報社，1981 年。
8. ルイス，益戸欽也他訳『人種問題のなかの経済』産業能率大学出版部，1988 年。
9. W. Arthur Lewis, "Economic Development with Unlimited Supplies of Labor, " Paradigmas in Economic Development, Rajani Kanth, ed., Armonk (NY) :M. E. Sharpe, 1994.
10. W. Arthur Lewis, *Theory of Economic Growth*, NY・Harper and Row, 1965.

図 1　ルイスの二重経済モデル

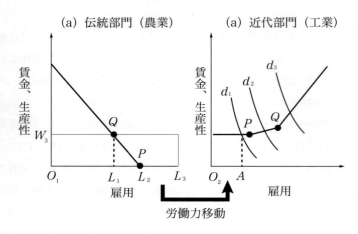

〔引用文献〕大野健一『東アジアの開発経済学』23 頁。

第7節　トービンの q 理論と日本

　ジェイムズ・トービンは 1918 年，米国イリノイ州に生まれた。ハーヴァード大学に入学後 J.M. ケインズの『雇用・利子及び貨幣の一般理論』を読み経済学に専心する。39 年同大学を卒業後，同大学院に進学。40 年修士。42 年米国海軍将校として 46 年まで勤務。同年ハーヴァード大学ジュニア・フェローになり，47 年博士号（同大学）取得。50 年エール大学准教授を経て，55 年同大学教授，および同大学コウルズ経済研究所所長に就任。同年 1. B. クラーク賞受賞。58 年米国計量経済学会会長，71 年米国経済学会会長を歴任。その間，61 年から 62 年に掛けて米国第 35 代，故ケネディ大統領の経済諮問委員会委員も務める。81 年金融市場と歳出，雇用，生産，価格との関係の分析によりノーベル経済学賞受賞。2002 年 3 月 11 日逝去。

1.　トービンの q

　投資家がリスク回避的であって，安定資産が存在する時，危険資産の最適組合せは，投資家の効用関数とは独立に決定される。この「分離定理」は，1950 年代にトービンによって示された。この定理は資産価格決定理論を考慮する際，重要な意味を持っている。彼は投資家のある特定の効率的な資産選択と，その投資家の総資産における証券と現金の配分を関連付けた。つまり，リスク回避型の投資家，リスク許容型のそれぞれに向けた複数の効率的資産選択を，どちらのタイプにとっても効率的なひとつの資産選択に置き換えた。日本の場合を例にとって説明すると，「市場には 3 種類の資産しかないと仮定。それらは (1) マイクロソフト (MS) 株，(2) NTT 株，そして (3) 国債とし，それらの時価総額が，300 兆円，200 兆円，500 兆円とする。ある投資家はリスク回避度が市場全体の平均と同じと考えれば，各資産の保有比率は，市場の時価総額と同じ比率となる。その人が 1，000 万円の資産を (1) 300 万円，(2) 200 万円，(3) 500 万円を投資をする。一方別の投資家は市場全体の平均値より高く，1，

000万円の総資産のうち（3）に600万円投資するなら，（1）240万円，（2）160万円を投資するだろう。いずれの投資家についても，（1）と（2）の保有比率は3対2になっている」（野口悠紀雄他『金融工学』ダイヤモンド社，2000年，50，51頁）となる。

ケインズ理論によりその発展が促進された経済成長論は，R.ハロッドとE.ドーマーによりハロッド＝ドーマー・モデルとして定式化された。このモデルでは資本と労働の間の代替性は仮定されていなかったが，これに対してJ.トービン，R. M.ソローらは，資本と労働の代替性が存在する成長モデルを構築した。また初期の経済成長モデルでは貨幣的要因は軽視されたが，55年論文「動学的集計モデル」を発表，新古典派の経済成長モデルに貨幣的要因を導入した。その後，貨幣が均衡成長経路にどのように効果を与える等を研究した。58年論文「危険に対する行動としての流動性選好」において，不確実性下における資産保有者の資産選択の際の危険回避行動を分析した。これによりケインズが『雇用・利子及び貨幣の一般理論』の中で展開した流動性選好理論を資産選択理論へ発展させた。またこの論文は，不確実性下での経済モデルの構築に甚大な影響を与えた。61年ケネディ大統領の経済諮問委員になると，ケインズ経済学と新古典派経済学を総合したニューエコノミックスによる経済政策を主張した。69年に発表した論文「貨幣理論に対する一般均衡アプローチ」ではq理論と呼ばれる投資理論を展開，新古典派的投資理論の欠陥を補った。81年これら一連の業績に対してノーベル経済学賞が贈られた。

投資理論には，限界効率，加速度原理，ストック調整モデル，調整費用モデルに加え，トービンのq理論がある。実物的な投資の世界における調整は，通常の金融資産取引のように瞬時に金利裁定が行われる世界とは基本的に異なることに着目し，実物資産が取引される資本財市場（調整費用が大きい）と金融資産が取引される金融市場（調整費用は殆ど存在しない）を明白に峻別したところに基本的な立脚点を持っている。ここでいう「調整費用」とは，ある一定の設備投資をして生産能力を拡大する時に，成長率を高くしようとすれば余分に掛かる追加的諸経費のことで，たとえば，短期間に設備を2倍に拡大しようと

すると，専門知識を持つ技術者を大量に育成したり，販売網の拡充，組織の大幅な改造等をする場合に余計に掛かる費用を指す。トービンの q とは「企業の市場価値」と「現存する企業資本ストックを現在の市場価格でそっくり購入する費用」の比率である。q＝（企業の市場価値）／（現存資本を買い換える費用総額）。「企業の市場価値」は，株式市場での企業の株価の総額（即ち，一株当たりの株価に発行株式を乗じたもの）と債務の総額を合計したもの。企業の投資の視点からは q が 1 より大きい時，現存の資本設備は過小設備で，投資が必要。q が 1 より小さい時は現在の資本ストックは過大となる。投資家の立場からは，前者の場合つまり，企業の市場価値が資本ストックの価値よりも大きい時，市場がこの会社の成長力を現在の資本ストックの市場価値以上に評価している。今この会社に投資を行えば，1 単位余分に行う時，それに要する費用よりも，そこから得られる予想利益の方が大きいので，投資家にとり有利と判断される。あくまで現行の時点での資料なので，将来のことは誰も予想できない。q 理論は「平均概念」に基づいているが，投資により直接的に関与するのは「限界概念」に基づく q でなければならない。企業は「追加的な」投資をすべきか否かについて決定を迫られているのであって，会社を解散して新たにすべての資産を買い換えるべきかについての決心を迫られた訳ではないからである。林文夫により，ある条件の下での「平均の q（トービンの q）」と「限界の q」が一致することが証明された（中谷巌『マクロ経済学（第 4 版）』日本評論社，2000 年，386 頁より要約）。

2.　日本経済とトービンの q

　日本経済におけるトービンの限界 q と平均 q の時系列を観察してみる。高度成長期が終わりを告げる 1971 年から 73 年の間には，限界 q は 2 を越えており，企業家は設備投資から高い収益を得られると予想していたことが分かる。第一次石油危機の到来とともに，収益性は大幅に低下する。75 年には限界 q は 1.07 と僅かに 1 を越える水準まで低下。75 年を除く 74 〜 91 年までの期間，限界 q は 1.26（83 年，91 年）から 1.51（80 年）の間を推移する。ところ

が 92 年以降，限界 q は急速に低下しており，98 年には 0.55 と 1 を大きく割り込んでいる。一方平均 q は，80 年代中頃迄は 1 前後で推移しており，その範囲は，0.81（83 年）か 1.33（73 年）である。しかし，87 年から 90 年に掛けて平均 q は急上昇しており，90 年には 1.81 にまで至っている。その後は，再び 1 前後を推移。90 年代に入り，限界 q が急降下したのとは対照的に，平均 q はそれほどの落ち込みを示していない。限界 q と平均 q の相関係数は 0.24 とそれほど高くない。これは，バブル以降，株式市場における企業の評価が，利潤率に基づく設備投資の収益性から乖離したことを反映しているかもしれない。因みにバブル期以降を除いて 71 年から 86 年までの期間に限定して，両者の相関係数を計算すると 0.82 まで上昇する（小川一夫『日本経済：実証分析のすすめ』有斐閣，2002 年，139 頁）。

(引用文献)

1. 小川一夫他『日本経済：実証分析のすすめ』有斐閣ブックス，2002 年。
2. 中谷巌『マクロ経済学（第 4 版）』日本評論社，2000 年（初版 1981 年）。
3. 中村洋一「需要・所得面からみた日本経済の姿」，貝塚啓明他監修『日本経済事典』日本経済新聞社，1996 年。
4. ノーベル賞人名事典編集委員会編『ノーベル賞受賞者業績事典（新訂版）』日外アソシエート，2003 年。
5. 野口悠紀雄他『金融工学』ダイヤモンド社，2000 年。
6. M. ハートマッカーティ，田中浩子訳『現代経済思想』日経 BP 社，2002 年。
7. Fumio Hayashi , " Tobin's Marginal Q and Average Q A Neoclassical Interpretation, " *Econometrica*, 1982.
8. W. ブレイト，佐藤隆三他訳『経済学を変えた 7 人』動草書房，1988 年。
9. トービン，間野英雄他訳『国民の為の経済政策』東洋経済新報社，1967 年。
10. トービン，矢島欽次他訳『インフレと失業の選択』ダイヤモンド社，1976 年。
11. トービン，浜田宏一他訳『マクロ経済学の再検討』日本経済新聞社，1981 年。

第8節　ベッカーの人的資本論と日本

　1930 年，米国ペンシルヴァニア州ポッツビルに生まれ，51 年プリンストン大学卒業，シカゴ大学大学院に進み，53 年修士号。55 年博士号（シカゴ大学）取得。54 年シカゴ大学助教授に就任。57 年コロンビア大学に移り，助教授，准教授を経て，60 年同大学教授。66 年 J.B. クラーク賞受賞。69 年シカゴ大学に戻り，70 年同大学教授。92 年ミクロ経済分析の領域を人間の行動様式や相互作用といった非市場分野に迄敷衍したことによりノーベル経済学賞受賞。恩師は T.W. シュルツ。ベッカーは人的資本の分析を行い，64 年『人的資本』を出版。教育が経済発展に与える影響を考察した。71 年『経済理論』を上梓。経済学的アプローチをあらゆる人間行動に応用し，経済分析の領域を拡大したことに対して，92 年ノーベル経済学賞受賞。2014 年 5 月逝去。

　ベッカーによる社会的要因の経済分析は，犯罪や結婚などにその特徴が表れている。彼は，結婚を政府の干渉を最小限に止めながら，社会厚生を増進するもう一つの自由な意思決定として捉える。また犯罪については他の社会的行動と同様に，期待便益や費用に対するある特定な個人の合理的な反応だと捉える。

1.　ベッカーの人的資本分析

　ベッカーの代表的な研究は，人的資本（human capital）の分析と，その意義の解明にある。その経済効果は以下のとおりである。

　①企業独自の人的投資は，当該従業員の資格や熟練度を高め，企業の生産向上に寄与する。しかし，他社の生産には役立たないので，ヘッド・ハンティングされることはない。

　②企業自身にも役に立つ人的投資なので，その従業員を継続的に雇用する。職業訓練した分，賃金も上がり，企業に継続雇用させる誘因を持っている。

　③職業訓練投資は当該企業が負担するので，その分だけ賃金が低くなる。定年まで雇用する形態の為訓練後はもとの賃金体系に戻る。

④年金体系も職業訓練期間中も勤務期間としたものと見なしている。

2. 日本の終身雇用，年功序列の労働慣行に類似性

ベッカーの人的資本分析は，かつて日本の大企業において主流であった終身雇用，年功序列の賃金体系と類似するものであった。すなわち，①長年勤務することにより，それにみあった高い賃金が支払われる，②生計費は年齢に応じて多く必要になるので，それに応じた賃金が支払われる，③長期間勤務により熟練度が増すので，それに応じて賃金も高くなる，というものである。

3. 犯罪の経済学

ベッカーは経済合理性による社会問題の解明を試みた，その代表が犯罪の経済学である。犯罪を企む者の心理は，犯罪によって期待される収益と，逮捕されるリスクとの比較によって決定されると捉え，経済効果から考慮すれば刑罰の重さよりも逮捕・有罪の可能性に重点をおいた方が合理的である，とした。長い間この犯罪における経済合理性に意義が認められていたが，1980年ころ，犯罪におけるインフォーマルな部門にスポットが当てられるに及び，その意義は薄れていった。

4. ヴァウチャー・システムの教育・福祉サーヴィス

ベッカーは公共サーヴィスについて，ヴァウチャー・システムを推奨している。その利点は，①サーヴィスの負担能力に関係なく配布される，したがって低所得者でもニーズに応じて公平にサーヴィスを購入できる，②需要者に選択の自由がある，③供給者の競争による効率化を促す事ができるというものである。しかし供給者が倒産した場合など，サーヴィスの継続性に問題が出てくる。日本では要介護に応じた介護受給権を得て，自己選択で介護サーヴィス業者を選択（購入）する形になっており，ヴァウチャー・システムの利点①から③が該当する。

5. 教育と賃金（図1）

①教育投資（もし大学教育を高い賃金を得る為の投資と考えると）

教育投資と賃金の関係をモデル化したものである。縦軸は賃金と教育投資の費用，横軸は年齢を示している。曲線Aは大学教育を受け22歳で就職する者の賃金ファイル，曲線Bは高校卒業と同時に就職し60歳で退職する者の賃金ファイルを表している。図の（1）に当たる部分は授業料や教科書代等教育の為の直接的費用。図の（2）は大学に進学しないで働けば得られたであろう賃金。これは大学進学によって放棄した放棄所得（機会費用）と呼ばれる。大学教育の為の費用はこの2つの部分の合計である。AとBの2つの曲線で囲まれた（3）の部分は大学教育への投資から生ずる収益を表している。この収益は就業年数が長いほど大きくなる。大学進学を決める為に，収益と教育投資を比較する。投資費用は最初の4年間に支出され，収益は後の長い期間に渡って発生するから，費用と収益を同じ現在時点で比較しなければならない。

②教育と賃金の関係の諸説

(a) 人的資本理論説→教育は労働の生産性の向上に寄与すると考える。この生産性上昇は，企業が高学歴者に高い賃金を払う論拠。

(b) スクリーニング理論（選抜機能）説→高等教育，特に銘柄大学の卒業生

図1 教育投資の費用と収益

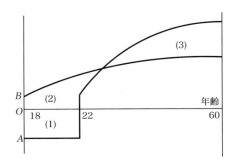

A＝大学卒業後就職する者の賃金プロファイル
B＝高校卒業後就職する者の賃金プロファイル

であることは，企業にとっては応募者の能力や質を選別する（スクリーニング）手段であり，応募者にとっては賃金の高い仕事に就く為の切符であるかもしれない。

(引用文献)
1. 清家篤『労働経済』東洋経済新報社，2002 年 4 月（2015 年 8 月，8 刷）。
2. 古郡鞆子『働くことの経済学』有斐閣，1998 年 5 月（2004 年 1 月，6 刷）。
3. 三谷直紀編著『労働供給の経済学』ミネルヴァ書房，2011 年 7 月。
4. 樋口美雄『労働経済学』東洋経済新報社，1996 年 2 月（2011 年 3 月，13 刷）。
5. ベッカー，佐野陽子訳『人的資本』東洋経済新報社，1976 年。
6. ベッカー，鞍谷雅敏他訳『ベッカー教授の経済学ではこう考える　教育・結婚から税金・通貨問題まで』
7. Gary Becker, "Altruiam, Egoism, and Genetic Fitness, "*Journal of Economic Literature* 14, No.3(Sep. 1976).
8. Gary Becker, *The Economic Approach to Human Behavior*, Chicago: University of Chicago, 1976. [宮沢健一訳『経済理論人間行動へのシカゴ・アプローチ』東洋経済新報社，1976 年]

第2講　国際システム　*125*

第9節　世界企業と日本

　低成長時代からバブル期にかけて，　日本の企業は不況時代に対応するための企業努力と競争力をつけるための技術革新を怠らずに努力を続け，その結果ソニーやトヨタなどの世界企業を輩出した。第9節ではこれらの世界企業の変遷を検討する。

1.　経済成長率

　1980年代後半から90年代に掛けて日本の経済成長率を展望すると次のとおりである。1）バブル崩壊後日本の経済成長率は年平均4％台から1％台へ急速に低下した。特に電気機械産業など製造業の落ち込みが大きかった。2）その対策として利益に直結した技術開発の必要が望まれた。収益性を見誤ると莫大な損害を蒙る可能性がある。外部との適切な連携による基礎的研究推進の必要性が高まった。3）日本企業は閉鎖的で外部の企業や研究機関との連携に欠けていた。技術革新について特許出願数等は問題ないが技術開発プロジェクトが大企業に偏り，企業内で技術資源や情報を独占する傾向にある。4）日本企業の総資本営業利益率（ROA）と総資本回転率を分析すると1980年以降ほぼ一貫して日本企業の収益力が低下している。日本企業の病的な収益率体質はバブル以前から存在していた。5）日本的経営の特質がかえって企業成長の足枷となった。長期雇用は経営の不効率性を助長した。品質管理の適応的導入は利益率の上昇にはそれほど貢献していなかった。品質第一主義は時として，コスト，開発期間，環境配慮，製品機能への配慮を欠くことになった。6）その欠点を補うべく，管理会計による分析が重要になった。

2.　日本企業の競争力

　日本企業の競争力を確認してみよう。1）ダボス会議を主催している「世界経済フォーラム（WEF）」が毎年発表している『世界競争力報告』2003年版

では，日本は世界 102 ヶ国・地域の順位付けで 11 位となっている。2）IT の分野では，日本の競争力は徐々に上昇している。WEF による IT の分野に限った競争力の順位づけも 11 位となっている。3）経済財政白書によれば， 日本の競争力は 90 年から 2002 年に掛けて 43% 下落したが，その 8 割は円高要因，2 割は労働生産性の伸び率の低下と分析している。4）日本企業の国際競争力は，製造業，金融，サーヴィス等の業態によって競争力要因が異なる。製造業でも，素材（鉄鋼， 石油化学等）， 機械（産業機械，自動車等）， 電子（家電，情報，電子部品等）といった各産業での国際競争力のあり様は異なる。(1) 鉄鋼業は需要産業の自動車や家電の海外生産の影響を受け， 粗鋼生産減少を余儀なくされ， トップの座も韓国のポスコに奪われた。しかし先端製品での先行性は依然維持している。(2) 石油化学産業はグローバル化が遅れ従来から規模の面で欧米企業に劣っている。液晶等の電子産業向けの特殊な分野も韓国の追撃を受けている。(3) 機械分野において日本企業は，総じて強い国際競争力を維持している。工作機械や金型の普及品では韓国や台湾等のアジア企業の追い上げが著しいが， 自動車や電子部品で必要とされる高精度加工用工作機械では依然として優位性を維持している。(4) 自動車産業の場合，最強のトヨタにあっても部品のモジュール化，日本型経営の海外移植，中国で現地生産化等の課題は多いが強い国際競争力は一貫して維持されている。(5) 電子産業の場合は 90 年代に入って先ずパソコンが， そして後半携帯電話が急速に世界市場を形成するのに呼応して， 所謂情報通信機器市場の勃興期に世界標準に乗り切れず日本企業の競争力は大幅に低下した。PC， 携帯電話，半導体のような先端分野では， 新たなデファクトスタンダードやビジネスモデルが誕生したが，スピード経営が求められ， 効率的な水平統合型生産システム（設計や組立生産の外部発注）が支持され， 垂直統合型生産システムの物作りを得意とする日本企業は意思決定タイミングを誤るという致命的な経営判断ミスを犯した。

〔引用文献〕

1. 『一橋ビジネスレビュー』特集「競争力の検証　日本企業は本当に復活したのか？」2004年冬（52巻3号）．
2. 加登豊「日本的品質管理を鍛える」『一橋ビジネスレビュー』2004年冬号，52～61頁．
3. 軽部大「データで振り返る日本企業のパフォーマンスと経営課題」『一橋ビジネスレビュー』2004年冬号，24～35頁．
4. 日本経済新聞社『日本経済100の常識（2005年版）』2004年9月．
5. 御手洗久巳「日本の国際競争力は落ちたか」『経済セミナー』2005年1月，18～21頁．
6. 元橋一之「「失われた10年」に日本の産業競争力は低下したか？」『一橋ビジネスレビュー』2004年冬号，7～23頁．

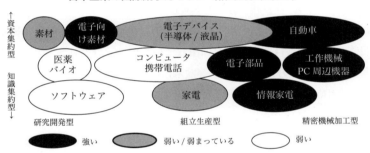

(出所)「我が国製造業の生産改革と国際事業展開」（国際協力銀行審査部産業調査リポート）を参考に作成．

〔引用文献〕御手洗久巳「日本の国際競争力は落ちたか」『経済セミナー』2005年1月，19頁．

第10節　国際協定と日本

1.　通商協定と日本

　1）日米修好通商条約と自主権放棄：江戸時代後期，西欧は市場開放と植民地政策を実現すべくアジア諸国に対し通商を追った。日本も例外ではなく1853年米国のペリーが浦賀に来港し開国を迫った。安政の五ヶ国条約に始まる一連の通商条約に基づき，日本は1859年長崎，神奈川（横浜），箱館（函館），1868年兵庫（神戸），大坂（大阪）等を開港した。関税自主権がなく，貿易港が限定され海港場での取引は自由であったという「不平等」条約で外国貿易を営むことになった。この間の貿易収支は，1860〜65年出超，1866〜81年入超，1882〜86年出超，1887年以降は91，92年を除いて再び入超であった。日本は対外的には銀本位制を採用していたので，1870〜90年代にかけて銀貨が下落し，そのため生糸・茶等欧米市場向けの輸出にとって有利だった。1897年金本位の採用により，日本の通貨は国際通貨体制にリンクすることになる。

　2）関税自主権の部分的回復：1899（明治32）年の関税自主権の部分的回復によって関税率が上昇し1911年全面回復が達成された。関税率上昇は第1次世界大戦中・戦後を除いて1930年代初頭まで続いた。関税構造は原料の輸入は0〜5％の低税率で，完成品の輸入は比較的高い税率を課し，国内の加工製造業を保護するシステムになっていた。戦前の貿易の特徴は，欧米貿易で原料・半製品輸出と工業品輸入という後進国型の構造と，アジア貿易では工業品輸出・一次産品輸入という先進国型のそれとの併存タイプであった。

　3）1902-1921年の日英同盟：条約改正と金本位制の確立によって，日本は貿易において欧米列強と対等の位置に立ったが，日清戦争以降の東アジア情勢は日本の対外政策を大きく転換させた。日清戦後経営，日露戦争の戦費調達，日露戦後経営のために国債・地方債等の外債の募集や技術提携による外資の導入が図られ，外資輸入現在高は1905年には14億円，13年には約20

第 2 講　国際システム　*129*

億円に増加し，国際収支は危機的状況になった。第 1 次世界大戦により欧州への物資や東南アジア植民地への代替品供給によって日本の輸出は激増し，特需を迎え国内的には重化学工業が発展し輸入代替化が進展し，債務国から債権国へ転化した。それと同時に大戦は，外国債の購入等日本からの資本輸出を促進し（第 1 次資本輸出期），資本輸出額は 1914 年 5.3 億円から 19 年 19.1 億円に増加し，資本収支も 1915 ～ 18 年には計 14.3 億円のマイナスを記録した。

　4）戦間期の貿易：第 1 次世界大戦期が終了し西欧経済が復興すると輸出が停滞し貿易収支は赤字になり，関東大震災復興のため資材輸入増が加わり，入超構造が定着した。1920 年代は第 2 次資本輸入期ともいわれ，財源の確保や正貨流出阻止のために積極的に外資導入が図られた。しかし 1929 年の株価暴落に始まる世界的な不況の拡大で，国際貿易の基調は自由貿易から保護貿易に転換し，日本の輸出は米国向け生糸輸出額の急減により大きな打撃を受けた。しかし，綿織物業を中心とする輸出が「企業努力」により国際競争力を強め，さらに金輸出再禁止以降は高橋財政の低為替政策に支えられて輸出を拡大した。この急拡大は欧米各国との貿易摩擦に発展し，世界の保護貿易化を促進させ，世界貿易を縮小均衡へ導いた。しかし日本の綿織物の輸出は原料である綿花に依存するため，入超構造を転換させるには至らなかった。1930 年代は，満州・朝鮮等の植民地への資本輸出が増加したが，外資導入は為替管理の強化によって難しくなった。1937 年国際収支の危機が表面化したため輸入為替管理令による直接的な経済統制が成された。38 年には指定商品の輸出と原材料輸入権を関連させる輸出入リンク制が導入され，鉱油，鉄鉱石，機械等の軍需資材の輸入が増加し，繊維品輸出は減少。円ブロックの形成により貿易決済は円貨決済圏と外貨決済圏に二分され，対円ブロック貿易における出超，対第三国貿易における入超という構造は外貨不足を誘発し国際収支の危機を招いた。円ブロック経済圏も日満支から次第に南方諸地域を含む「大東亜共栄圏」構想に拡大し，1941 年に米国の対日資産凍結，石油禁輸措置により，その傾向は一層顕著になった。

　5）ガリオア・エロア協定：ガリオア資金（Fund for Government and Relief in

Occupied Areas, 占領地域救済資金) は，第 2 次世界大戦後，米国が占領地域の疾病・飢餓による社会不安を防止し，占領行政を円滑にする目的で支出した救済資金。日本向けは 1945 年 9 月〜51 年 6 月に計上され，食糧・医薬品等の購入に充てられた。エロア資金 (Fund for Economic Rehabilitation in Occupied Areas, 占領地経済復興援助資金) は，第 2 次世界大戦後，米国が占領地の経済復興を援助する目的でガリオア予算から支出した資金。対日エロアは 1948 年 7 月〜50 年 6 月に計上され，主に綿花，羊毛等の工業原料の輸入代金に充てられた。ガリオア資金 (1949 年以降はエロア資金) 援助下で，米国の余剰小麦，余剰綿花が日本へ供給された。当初政府も国民も，これらは「贈与」だと思い込んでいたが，後年になって米国はこれらの援助は「貸与」であると通告し， 日本の対米債務として 22 億ドル (7，920 億円) を通告してきた。返済額は交渉の結果，最終的には 1962 年，当時のカネで 4 億 9，000 万ドル (1，964 億円)，年利 2 分 5 厘，15 年賦払いと決まった。

6) 自由貿易協定〔FTA〕と日本：日本との FTA 締結は，シンガポールとは 2002 年 11 月に既に発効している。日本の国内の農業が障害となっていたが，シンガポールは農業国ではないので，懸案事項は少なかった。今後締結に当たって農業問題が焦点となる。日本の農業は 3 つのカテゴリーに区別できる。(1) 国内政策や制度が構造的に絡み合った問題。米が当たる。(2) 日本全体からみれば規模の小さい問題だが，産地や関連団体の政治力が極めて大きいもの。群馬県の蒟蒻イモ等。(3) 既にガットによって貿易障害がかなり低い場合。多くの野菜，果物，水産物。通常 (1) は WTO 交渉になっている場合が多いので，(2)，(3) の自由化の程度問題に終始する場合が多い (つまり交渉力如何にかかって，政治問題である)。人の移動の問題がある。3 種類の外国人労働者がある。(1) ハイテク技術者，(2) 看護師，介護師等の免許を持った人，(3) 非熟練労働者。(1) は障害はない。(2) はケースバイケース。(3) はごく僅かしか門戸が開かれていない。中国は積極的に東南アジア諸国を中心に FTA 戦略を行っている。

7) TTP (環太平洋経済連携協定)：2015 年 10 月 5 日，日米豪等 12 ヵ国が

第2講　国際システム　*131*

'ITP 大筋合意した。米国が離脱し，2018 年 12 月 30 日 TTP11 が発効した。次のことが誕生する。

①世界最大の自由貿易圏が出現する。

ア）TTP11 は，人口 5 億人で，世界経済のシェアは 13%（2014）。EU（28 ヵ国）は，同 5 億人，23.9 %。ASEAN（10）は，同 6.2 億人，3.2%。NAFTA（3 ヵ国）は，同 4.7 億人，26.5%。

イ）医薬品のデータ保護期間は，8 年で合意した。

　　製薬企業を抱える米国は，12 年を主張したのに対して，豪州は 5 年を求めていた。日本の国内法は，元々 8 年であった。

ウ）乳製品の市場開放について，ニュージーランド（NY）が求めていたが，日米等が受け入れた。

　　NY 経済の屋台骨を支えるのは，生産性の高い乳製品産業。NY 乳業大手フォンテラ社の圧力がある。TTP により，日本のバターは，年間 3,188 トン（6 年目 3,719 トン）の輸入枠が設定された。年間国内需要 7 万〜8 万トンの 5% 程度。最近では年間 1 万トン強が国産だけで不足しており，この 3〜4 割を補うことになる。

　　現在は外国産バターが国産より高いが，「TTP 枠」だと安くなりそうだ。国内対策として，2016 年度より，試験的に（牛乳用途を除く）生乳の入札制度を導入。

エ）自動車の関税撤廃条件で，部品の 55% を域内調達すれば，輸出にかかる関税ゼロに。（原産地規則）

オ）著作権の保護期間を 50 年から原則 70 年に延長。

カ）国有企業に対する優遇を規制する。国内市場を外国企業に開放。

キ）ISDS 条項（Investor - State Dispute Settlement）企業の投資先国が投資協定に違反した場合，企業が国を相手どって投資仲裁を申したてられる条項。日揮が 2015 年 6 月スペイン政府を「現地企業と組んだ太陽熱による発電事業に対して，買い取り価格の当初約束を破り，投資家に不利な条件に追い込んだ」として，世界銀行の傘下の投資紛争解決国際センターに仲

裁を訴えた。TTP では，この仲裁裁定の公開による透明性確保が担保された（日経 2015.8.24 朝刊）。

ク）①輸出工業製品は関税撤廃率 99.9%，②輸入工業製品は関税撤廃率 100%。③輸入農産品は関税撤廃率 81.0%，④輸出農産物は関税撤廃率 98.5%（日本の場合）（日経 2015.10.21 朝刊）。

ケ）③で発効時即時撤廃品目は，ぶどう，キウイ，えび，かに，まぐろ缶詰め等。

コ）①で発効時即時撤廃品目は，NZ，メキシコ，ペルー向け乗用車，②で同，自動車用揮発油を除く石油つまり軽油，重油，灯油，プラスチック原料・製品，化合繊製オーバーコート等を除く繊維・繊維製品は全て。④で，米国・カナダ向け即席麺，イチゴ，日本酒。カナダ，メキシコ向け醤油。

8）OECD および G 20（2015.10.9）多国籍企業の租税回避地対策の国際課税新規則採択。

ア）タックスヘイブン（租税回避地）で稼得した利益にも適切な課税。

イ）特許を子会社に格安で譲渡した親会社に追徴課税。

ウ）子会社への利払いに対する税優遇を制限。

エ）国内に倉庫があるネット通販会社に課税。

オ）税理士に節税策の報告義務。

カ）2 年を目安に二重課税の課税を目途。

（日経 2015.10.9 夕刊）

9）日欧 EPA（2019 年 2 月 1 日発効）

権利保護や関税撤廃で域内貿易を活発にする

電子商取引や知的財産などのルール整備

■ソースコードの開示要求を禁止

■著作権物の保護期間を死後 70 年などに延長

■データ送信への関税賦課の禁止

■「シャンパン」「神戸ビーフ」などの名称を保護（GI 兼備）

■政府調達の対象を相互に拡大

EU の関税＝日本の輸出　　　　　　　　日本の関税＝日本の輸入

品目	現在の関税	発効後	品目	現在の関税	発効後
しょうゆ	7.7%	即時ゼロ	ワイン	15% または 1 リットルあたり 125 円	即時ゼロ
緑茶	無税〜3.2%		ナチュラルチーズ	29.8%	輸入枠内で 16 年目にゼロ
牛肉	12.8%+100 キログラム当たり 141.4〜304.1 ユーロ		アイスクリーム	21〜29.8%	6 年目までに 63〜67% 削減
水産物	無税〜26%		チョコレート菓子	10%	11 年目にゼロ
アルコール飲料	無税〜100 リットル当たり 32 ユーロ		衣類	4.4〜134.%	即時ゼロ
乗用車	10%	8 年目にゼロ	かばん, ハンドバッグ等	2.7〜18%	11 年目にゼロ

〔引用文献〕日本経済新聞「2019 年 2 月 1 日朝刊より筆者修正。

（引用文献）

1. 木村福成「自由貿易協定と日本の戦略」『経済セミナー』600 号，2005 年 1 月。
2. 杉山伸也「貿易と資本移動」 西川俊作他編『日本経済の 200 年』日本評論社，1996 年。
3. 西川俊作他編『日本経済の 200 年』日本評論社，1996 年。
4. 林直道『現代の日本経済（第 5 版）』青木書店，1996 年。
5. 南亮進『日本の経済発展（第 3 版）』東洋経済新報社，2002 年。
6. 渡辺健一『日本経済とその長期波動 21 世紀の新体制』多賀出版，2003 年。
7. 『日本経済新聞』2015 年 8 月 24 日付朝刊，10 月 9 日付夕刊，10 月 21 日付朝刊。

第3講　労働システム

第1節　労働システムと労働経済学

1. 労働経済学（「仕事と暮らし」の経済学）

「労働」と「経済学」　　labor ＋ economics

労働→生活の糧（かて）を得るための経済的活動。無償の役務の提供→ボランティア。家事労働を主婦がやる場合と家政婦がやる場合がある。後者は経済活動。

労働経済学→労働市場，賃金，労働時間等の労働条件，労使関係等を研究対象とする経済学の一分野（簗田（やなだ）長世編『研究社ビジネス英和辞典』）。

2. 経済学（ミクロ経済学の応用経済学）（図1　労働市場の均衡，参照）

英語の経済学は古典ギリシャ語のオイコス（家政）

ミクロ経済学は市場均衡（需要と供給），価格（縦軸）と数量（横軸）

労働市場の均衡。縦軸に労働市場の価格（賃金），横軸は労働量。

右下がりの需要曲線。右上がりの供給曲線。

3. 労働経済学の起源（米国の制度派経済学）（教材「経済学の流れと古典」参照）

元々は米国では制度派経済学と言われた。1940年代にミクロ経済学は現実の労働市場を反映されていないとされ，労働組合の交渉力が賃金を決定するという考え方の労働経済学が誕生した。FRB（連邦準備委員会，米国における日本

図1　労働市場の均衡

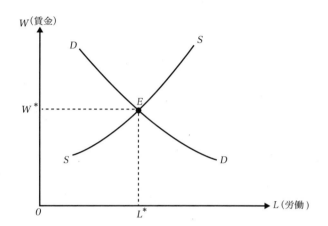

銀行に相当）は，物価安定化（CPI）ばかりでなく，雇用最大化（失業率）に重要な関心を持っている。（1978年から法制化されている）

4. 労働に対する英語（work, labor）（梅田修『英語の語源事典』大修館書店）

① Work →古英語（1066年のノルマン人の征服以前，700-1100年）の英語固有語。
② Labor →中世英語（1066年のノルマン人の征服以降）で，1300年頃ラテン語由来の古フランス語から英語に入った。

Labor：労働。苦痛を伴うニュアンス→ laboring pains 陣痛，easy labor 安産。
Work: 仕事。やや中立的。

　『10ヵ国語経済・ビジネス用語辞典』の4-5頁の日本語「労働」は分業，強制労働，労働争議，労働市場では②，熟練労働者，労働者階級では①。因みに労働組合は①も②も使わない。

労働と余暇：対立概念→労働供給の基本原理。

5. 労働力とその内容（図2参照）

　男子・女子労働力比較。女子の労働力がM字形状なのは結婚・出産・育児

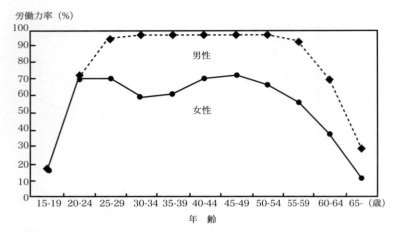

図2　男女年齢階層別労働力率（2002年）

（出所）総務省統計局（2002）『労働力調査年報』。

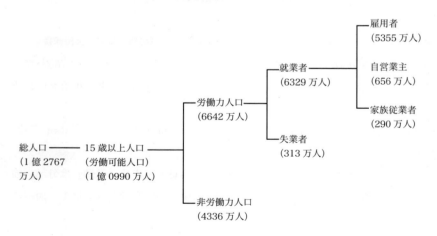

図3　日本における労働構造（2004年）

（注）労働力状態等について不詳と答えているケースもあるので，各項目の人数を足し合わせたものと計は必ずしも一致しない。
（出所）総務省統計局（2004）『労働力調査年報』。

等の理由で退職し，育児が一段落すると再び職場復帰することを示している。

6. 日本の労働力構造（図3）

　総人口→労働力人口と非労働力。労働力人口→労働可能人口（15歳以上）。労働力人口→就業人口と失業者。就業者→雇用者，自営業主，家族従業者。失業者の定義→①仕事がない，②仕事を探している，③すぐに仕事に就ける。全てを満たす。

7. 所得構造（図4参照）

　所得→勤労所得と非勤労所得。勤労所得→賃金収入と付加給付。

図4　個人の所得構造

　勤労所得＝賃金率×労働時間

8. 労働統計（表1参照）

　測定できるものだけ対象。
　①労働力調査
　②毎月勤労統計
　③就業構造基本調査

表1　労働に関する主な統計

属性	統計（調査機関）	調査周期／公表時期	利用のポイント
世帯を通じた調査	労働力調査（総務省統計局）	月次／翌月末	・対象：無作為に選定した約4万世帯に居住する15歳以上の者。 ・失業者の属性（業種、年齢層）がわかる。 ・非労働力の動きに要注意。
	労働力特別調査（総務省統計局）	四半期	・2002年より年4回（2、5、8、11月）調査、通常調査へ統合。 ・失業では求職の理由など就職できない理由などの項目を用いることにより、失業者の範囲をアメリカの基準などに近づけられる。
	就業構造基本調査（総務省統計局）	5年ごと／調査年の9カ月後	・ふだんの就業・不就業の状態を調査し、就業構造・採用の実態を明らかにする。 ・就業・不就業の定義が「労働力調査」とは異なる。
事業所を通じた調査	毎月勤労統計調査（厚生労働省） ・全国調査 ・地方調査 ・特別調査	月次／翌月末 月次／3カ月後 年次／5カ月後	・9大産業別に所定内・所定外の賃金、労働時間、雇用異動がわかる。 ・90年に統計作成上の大幅改訂（5人以上調査の整備拡充）から、89年以前の計数を利用した時系列比較では従業員規模30人以上の計数を利用していること。 ・標本事業所の入れ替えによる遡及改訂は指数、増減率、比率に限定されているため、実数での時系列比較には注意を要する。 ・特別調査は毎月調査でカバーされない常用労働者1-4人規模の調査。
	労働経済動向調査（厚生労働省）	四半期（5、8、11、2）の1カ月後	・目的：生産、販売活動およびそれに伴う雇用、労働時間などの現状と今後の短期的見通しなどを把握。
	雇用動向調査（厚生労働省）	半期／6カ月後	・目的：事業所における常用労働者の1年間の移動状況などを把握。
	賃金構造基本統計調査（厚生労働省）	年次／翌年3月末	・目的：常用労働者について、その賃金の実態を労働者の種類、職種、性、年齢、学歴、勤続年数、経験年数別に把握。
その他	職業安定業務統計（厚生労働省）	毎月／翌月末	・職業安定所での労働需給の統計。 ・有効求人倍率は景気動向指数・一致系列を採用。
	大学等卒業予定者就職内定状況等調査（厚生労働省）	年4回（10、12、3、4）の1カ月後	・目的：大学、短大、高専、専修学校新卒者の就職内定状況の把握。
	賃金引上げ等の実態に関する調査結果（厚生労働省）	年次／毎年12月頃	・目的：民間企業の賃金引上げ構造を明らかにする。 ・春季賃上げ率も厚生労働省が集計し、公表される。

（出所）（引用文献）小巻泰之『入門経済統計』日本評論社、2002年4月、132頁。

(引用文献)

1. 清家篤『労働経済』東洋経済新報社，2002年4月（2015年8月，8刷）。

2. 古郡鞆子『働くことの経済学』有斐閣，1998年5月（2004年1月，6刷）。

3. 三谷直紀編著『労働供給の経済学』ミネルヴァ書房，2011年7月。

4. 小巻泰之『入門経済統計』日本評論社，2002年4月。

5. 井出多加子『グローバル時代の日本の働き方』銀河書籍，2015年9月。

第2節　労働供給

1．労働供給の３つの次元（図１）

　労働可能な個人→（意思）①働く，②働かない→①→（労働時間）③長時間，④標準時間，⑤短時間→（労働密度）［③，④，⑤それぞれ］⑥密度濃く，⑦ほどほど，⑧のんびりと。

図１　労働供給の３つの次元

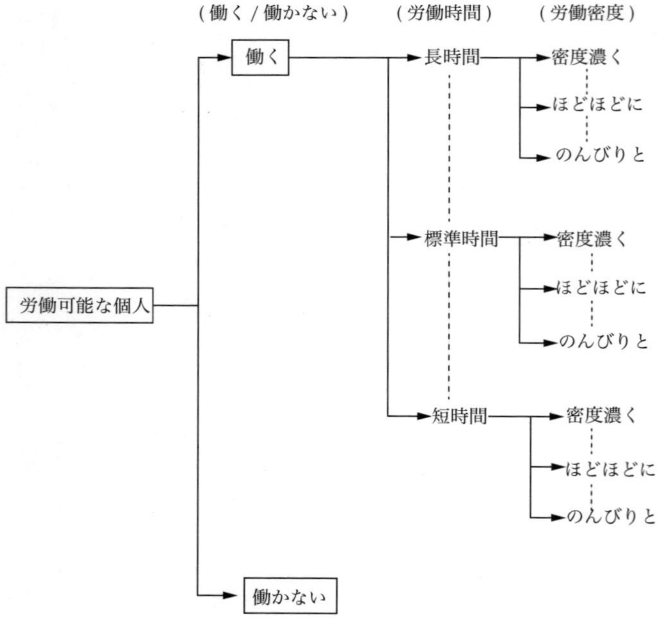

（出所）清家，30頁。

2. マクロの労働供給

（労働可能な）労働力率 = 労働力人口 / 労働可能人口。

2014年総人口1億2,708万人で，15歳以上（労働可能人口）1億2,708万人のうち，労働力人口6,587万人で，労働力率59.4％。労働人口のピークは1998年の6,793万人。なお，男女別年齢階層別労働力率では，女性のM字カーブが特徴（第1講図2参照）。

3. ミクロの労働供給（図2）

労働と余暇の関係で分析。縦軸に実質所得，横軸に余暇時間。同じ効用の水準を生む所得と余暇の組み合わせ。無差別曲線の導出。

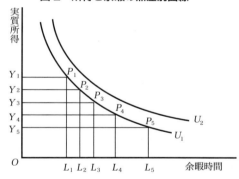

図2　所得と余暇の無差別曲線

（出所）古郡，22頁。

4. 無差別の特徴

①原点に向かって凸，②右上方にある無差別曲線ほど効用が高い，③無差別曲線同士は交わらない，④余暇と所得の限界代替率（余暇の増加分に対する所得の減少分）は次第に低下。

5. 最適な労働時間（図3）

1日は24時間。労働時間8時間→余暇時間16時間。縦軸に実質所得（W／P），横軸に余暇時間。実質賃金率 = 実質所得／労働時間。予算線と無差別

曲線の接線の傾きが実質賃金率を示す。

図3　無差別曲線の性質

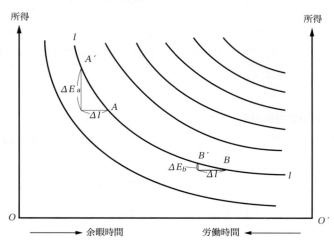

(出所) 古郡, 23頁。

6. 労働供給曲線

(1) 個人の労働供給曲線

実質賃金率の上昇で労働時間が減少する場合と増加する場合がある。これは個人の所得と余暇の選好構造，すなわち無差別曲線の位置や形状，資産の有無等で生ずる。

(2) 所得効果と代替効果（図4）

賃金の変化に対する労働者の対応は所得効果と代替効果の2つに分けられる。

賃金上昇すると所得が増加。所得が増加すれば，より多くの余暇を持とうとする。すると労働時間が減少する。→所得効果（所得増による賃金線の右へ平行移動）。

賃金の上昇は余暇の価格を高める。その上余暇は働けば得られる所得を犠牲にするので，賃金上昇により余暇は相対的高価になり労働の選択が強まる。→代替効果（同一効用曲線上のシフト）。

第3講 労働システム 143

図4 代替効果と所得効果

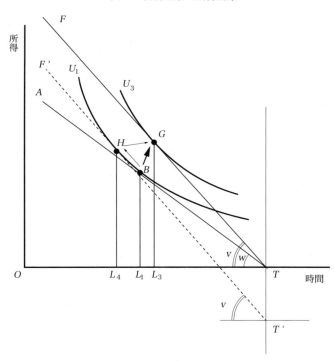

(出所) 古郡, 23頁。

7. ヒックスのバック・ベンド（後屈）曲線（図5）

　実質賃金率が低い水準の時は賃金上昇ならば労働時間上昇，しかしながら実質賃金率がある程度水準になると労働より余暇を選択（つまり労働時間下降）。

図5　後屈型の労働供給曲線

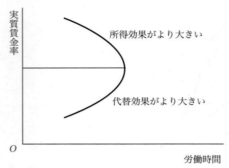

（出所）古郡，24頁。

(引用文献)
1. 清家篤『労働経済』東洋経済新報社，2002年4月（2015年8月，8刷）。
2. 古郡鞆子『働くことの経済学』有斐閣，1998年5月（2004年1月，6刷）。
3. 三谷直紀編著『労働供給の経済学』ミネルヴァ書房，2011年7月。
4. 永野仁『労働と雇用の経済学』中央経済社，2017年3月。

第3節　労働需要

1.　派生需要

　企業の第一目的である財の生産で，その過程で人間の雇用が必要になる。ロボットを使用すれば，労働者はいらないことになる。その意味で，派生需要となる。

2.　労働需要の3要素

①生産量

　資本設備の規模，労働者数等の資本と労働の投入量に依存。

②生産技術

　省力化された生産方式で，飛躍的生産増大に繋がる。

③生産要素の相対価格

　労働者を雇うより機械化によりコスト低減。国内生産より海外生産の方がコストパフォーマンスが良い。

3.　生産関数（図1 生産力曲線）

　生産量　＝　f（資本，　労働）

　縦軸に生産量，横軸に労働投入量。資本一定で，労働投入量を増加されると，生産量がどう変化するか。

　ケース1　逓増，　ケース2　逓減，　ケース3　一定。

4.　限界生産力逓減の法則（図2）

　労働を1単位投入すると，追加生産量は低下する。

5.　短期の労働需要

　企業の労働需要は労働の限界生産力（技術的情報）に財市場と労働市場の競争条件（価格情報）に加わって決まる。

図1　生産力曲線

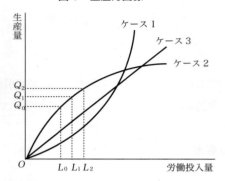

(出所) 古郡，38頁。

図2　企業の労働需要

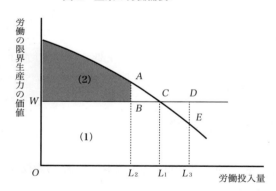

(出所) 古郡，38頁。

6. 市場形態（完全競争市場）

完全競争市場は4つないし5つの条件を満たしている。①需要者，供給者とも多数，②財は同質である，③情報の完全性，④市場の参入・退出が自由，及び，⑤売り手・買い手が独立に行動する。詳細は教材参照。

7. 独占的市場での労働需要（図3）

　財市場が独占的なら完全競争に比べ，労働需要が常に小さいので，労働の限界生産力の価値以下の賃金が支払われるが，企業の社会的イメージをよくするため，競争的な賃金率より高い賃金を支払うこともある。

図3　独占的な企業の労働需要

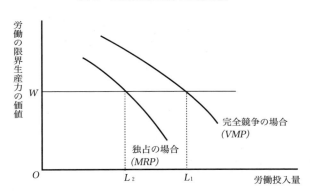

（出所）古郡，38頁。

(引用文献)

1. 清家篤『労働経済』東洋経済新報社，2002年4月（2015年8月，8刷）。
2. 古郡鞆子『働くことの経済学』有斐閣，1998年5月（2004年1月，6刷）。
3. 三谷直紀編著『労働供給の経済学』ミネルヴァ書房，2011年7月。
4. 高橋泰蔵・増田四郎編『体系経済学辞典（第6版）』東洋経済新報社，1984年11月。

第４節　外国人労働と人手不足

　我が国では，近い将来，生産年齢人口が経済成長の足枷となる「人口オウナス（onus, 重荷）」の時代が到来する。そうしたなか人手不足を解消するため，外国人労働者の受け入れを拡大する為，改正入管難民法が導入された。それまで，発展途上国への技術移転を目的とした技術実習生や，１日４時間，週28時間以内のアルバイトが許可される留学生が，実質的な労働力になってきた。実習生が不法滞在者になるなど，外国人の受け入れ制度としては歪んでおり，是正が必要だった。

1.　改正入管難民法（2019年４月１日施行）と他国の先例

　日本で働く外国人労働者は，「活動に基づく在留資格」と「身分・地位に基づく在留資格」の２つに分けられる。当該改正法は，外国人労働者の在留資格「特定技能１号」と「特定技能２号」を創設。比較的簡単な仕事に就く１号の在留期間は最長５年で，家族は帯同出来ない。２号は「熟練した技能」を使って働くことを想定しており，配偶者と子を帯同できるほか，事実上の永住を可能とする。EUの右翼政権の擡頭からくる不協和も，英国の離脱問題も原因は外国人労働者の流入から派生したことを忘れてはならない。独は1960年代にトルコを中心に大量の労働者を受け入れた。「独は労働力を呼び寄せたが，来たのは人間だった」という言葉がある。数年後，労働者を送り返すつもりだった。勿論この政策は機能しなく，400万人のトルコ人が独に残った。トルコ人は独社会に溶け込まなかった。韓国は少子高齢化が進む前から外国人労働者を受け入れた。2004年に雇用許可制を導入した。人手不足は解消されたが，外国人労働者の需要は増加している。企業は外国人労働者への依存度を強め，供給不足が不法滞在者の拡大に繋がっている。期間限定で在留を認める制度でも長期的には移民の問題に直面する。特定２号では実質的に永住を是認したからなおさらである。外国人労働者の受け入れはどれだけ慎重を期しても当局の思惑どおりいかない。外国人

労働者の受け入れにより，日本社会が期待する人材不足は緩和される。一度受け入れば増え続ける。ニーズは多様化し，やがては労働力市場全体に影響を与え続ける。

2. 新入管法の残された課題

　当該法は，スケルトン法で骨格しか示されておらず，不十分である。実際の施行細目は，厚生労働省の施行法令で詰めることになっている。大きく5つの課題からなる。①受け入れ体制，②技能や日本語の検定，③雇用条件，④社会保障，⑤自治体負担への国のバックアップ体制。①は受け入れ業種と人数の正式決定，受け入れ停止の判断基準の明確化，特定2号での受け入れを，どの業種で始めるか。②は求める技能や日本語のレベルをどう設定するか。試験はどこの国で，いつ実施するか。語学力の向上をどう支援するか。1990年の入管法改正により，3世までの日系人（多くはブラジル人）とその家族は事実上，就労の自由が制度化されたが，彼らにも日本語検定するのか。③は，日本人と同等以上の給与をどう担保するか。多くの技能実習生が失踪。不在滞在の防止策は。悪質ブローカーを排除する仕組みの具体策。都市部に人材が集中する可能性。地方への誘導策は。④は，なりすまし受診への対応。外国人労働者の扶養家族に対する公的医療

図1　外国人労働者の受入れの経済効果

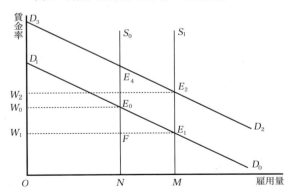

（出所）小崎敏男他編著『キャリアと労働の経済学』より223頁。

保険の適用は。⑤は，不納欠損の問題。住所変更をせず引越する外国人が多く，未納の住民税等の徴収を放棄せざる得ない。住民税は前年の収入に基づくため，帰国すると，徴収不可になる。小中学校のバイリンガル教員や日本語指導助手等の給与は自治体負担。

3. 外国人労働者の経済効果（図1参照）小崎敏男他編著『キャリアと労働の経済学』

図で，縦軸に賃金率を横軸に雇用量をとる右下がりの労働需要曲線(D_0D_1)と垂直な労働供給曲線 (S_0)が描かれると仮定。そこでの国内総生産は，台形 D_1ONE_0 で示される。生産者側は$D_1W_0E_0$ であり，労働者側はW_0ONE_0 である。ここで，労働力不足で，外国人労働者を受け入れると，労働供給曲線はS_0 からS_1 へと右側にシフト。その結果，賃金はW_0 からW_1 に低下する。雇用量はNM の増加。受け入れ後の国内総生産はD_1OME_1 となり，E_0NME_1 の国内総生産の増加を見る。この増加分は，外国人労働者の賃金総額$FNME_1$ を控除したE_0FE_1 が純粋な国内総生産の増分（外国人労働者受入れによる余剰＝移民余剰）である。

外国人労働者受入れによる余剰の純増加部分E_0FE_1 は，国内の生産者余剰の増加分。一方国内の労働者の受取りは，OW_0E_0N からW_1ONF となり，$W_0W_1FE_0$ だけ減少。受入れ後，企業側が国内労働者の賃金低下相当分と外国人労働者受入れによる生産者余剰分だけ，生産者余剰が増加する一方，国内労働者の賃金低下が生じることになる。これが外国人労働者受入れの短期的な効果である。他方，長期的には外国人労働者の受入れで利益が増えた企業が，その余剰分を国内で再投資すれば，労働者需要曲線はD_0D_1 からD_2D_3 へ上方シフトし，国内雇用者の賃金増加や雇用増加を生み出す。

（引用文献）

1．小崎敏男他編著『キャリアと労働の経済学』日本評論社，2011年3月20日。

第5節 失業と日本経済

1. 失業の定義（表1）
日本の総務省統計局の「失業者」は①仕事がなく，②すぐ仕事に就け，③仕事を探している人。マクロ的には，労働市場の需給不均衡の1形態が失業。

2. 労働市場における「失業」
失業とは何か。労働市場の図で確認することにする（図1）。

図1　失業の定義

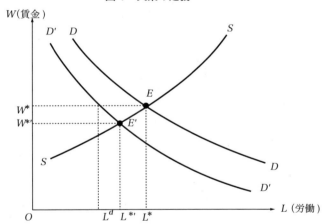

縦軸に賃金率，横軸に労働を採った労働市場の図。右下がりの労働需要曲線 DD と右上がりの労働供給曲線 SS が描かれている。2つの曲線 DD と SS の交点（均衡点）E で労働の需給は均衡し，市場均衡賃金 W^* と市場均衡雇用量 L^* が決まる。ここで，不況のため労働需要曲線 DD から $D'D'$ へシフトしたと仮定。不況の生産調整で，企業は同じ賃金でも少ない労働しか需要しなくなったわけである。新しい市場均衡点は労働供給曲線 SS と新しい労働需要曲線 $D'D'$

表 1　主要国の失業率及

	ILO(1982 年決議) の定義・概念	日本	韓国	アメリカ
1. 失業者の データ 収集方法	・経済活動人口データの収集のための設計においては，可能な限り，国際基準を取り入れる努力をしなければならない	実地調査による収集		
		・労働力調査 （標本調査）	・経済活動人口調査 （標本調査）	・Current Population Survey （標本調査）
2. 調査時期 及び期間	・1 週間又は 1 日のような特定の短期間（調査期間）に関して測る	・毎月 1 回	・毎月 1 回	・毎月 1 回
		・1 週間（月末）	・1 週間 (15 日を含む)	・1 週間 (12 日を含む)
3. 調査対象 年齢	・一定年齢以上の全ての人	・15 歳以上	・15 歳以上	・16 歳以上
4. 失業者の 定義	・仕事を持たず (就業者でない)	・就業者でなく	・就業者でなく	・就業者でなく
	・現に就業が可能で （調査期間中に就業が可能） ・仕事を探していた （最近の特定期間に仕事を探す特別な手だてをした） ☆　失業者の求職の定義にかかわらず調査期間後のある時点から就業の手はずを整えた者で，現在は仕事がなく，現に就業が可能な者は失業者とみなされなければならない ☆　一時レイオフの場合は，国情によっては，求職の規定を緩和して適用してもよい。その場合には，非求職で失業に区分される一時レイオフ者を別掲しなければならない。	・調査期間中に就業可能で ・調査期間中 (過去 1 週間) に求職活動を行った者 ☆　仕事があればすぐ就ける状態で過去に行った求職活動の結果を待っている者も失業者とする	・調査期間中に就業可能で ・過去 4 週間以内に求職活動を行った者 ☆　30 日以内に新たな仕事を始める予定の者も失業者とする ☆　過去に求職活動を行ったが，不可避の理由で調査期間中に求職活動を行えなかった者も失業者とする	・調査期間中に就業可能で ・過去 4 週間以内に求職活動を行った者
5. 失業率の 算出方法	$\dfrac{失業者}{労働力人口} \times 100$	同左	同左	同左
分母人口	・就業者＋失業者 ☆　無給の家族従業者は，調査期間における就業時間にかかわらず，就業者に含まれるとみなさなければならない ☆　軍隊の構成員は，就業者に含めなければならない。	・就業者＋失業者	・就業者＋失業 （軍人を除く）	・就業者＋失業者 （軍人を除く） ☆　就業時間が 15 時間未満の無給の家族従業者は就業者から除外
分母人口 のデータ 収集方法	————	・労働力調査	・経済活動人口調査	・Current Population Survey
6. 公表機関	————	・総務省統計局	・統計庁	・労働省労働統計局

［引用文献］『労働力調査年報　平成 27 年 (2015)』総務省統計局，58-59 頁。

び失業者の調査について

カナダ	イギリス	ドイツ	フランス	イタリア
実地調査による収集				
・労働力調査 （標本調査）	・労働力調査 （標本調査）	・労働力調査 （標本調査）	・労働力調査 （標本調査）	・労働力調査 （標本調査）
・毎月1回 ・1週間 （15日を含む）	・3か月を1単位とし，13分割した調査区を毎週調査 ・各1週間	・3か月を1単位とし，13分割した調査区を毎週調査 ・各1週間	・3か月を1単位とし，13分割した調査区を毎週調査 ・各1週間	・3か月を1単位とし，13分割した調査区を毎週調査 ・各1週間
・15歳以上	・16歳以上	・15歳以上	・15歳以上	・15歳以上
・就業者でなく ・調査期間中に就業可能で ・過去4週間以内に求載活動を行った者 ☆ レイオフ中の者は求職活動要件に関係なく失業者とする ☆ 4週間以内の就業が内定している待機者も求職活動要件に関係なく失業者とする	・就業者でなく ・2週間以内に就業可能で ・過去4週間以内に求謙活動を行った者 ☆ 2週間以内の就業が内定している待機者も求職活動要件に関係なく失業者とする	・就業者でなく ・2週間以内に就業可能で ・過去4週間以内に求職活動を行った者 ☆ 2週間以内の就業が内定している待機者も求職活動要件に関係なく失業者とする	・就業者でなく ・2週間以内に就業可能で ・過去4週間以内に求職活動を行った者 ☆ 2週間以内の就業が内定している待機者も求職活動要件に関係なく失業者とする	・就業者でなく ・2週間以内に就業可能で ・過去30日以内に求謙活動を行った者 ☆ 3か月以内の就業が内定しており2週間以内に就業可能な待機者も失業者とする
同左	同左	同左	同左	同左
・就業者＋失業者 （軍人を除く）	・就業者＋失業者	・就業者＋失業者	・就業者＋失業者	・就業者＋失業者
・労働力調査	・労働力調査	・労働力調査	・労働力鯛査	・労働力調査
・統計局	・国家統計局	・統計局	・国立統計経済研究所	・国家統計局

との交点 E' に移動し，新しい市場均衡賃金 $W^{*'}$，市場均衡雇用量 $L^{*'}$ となる。賃金が W^* のまま変わらなければ，労働供給も L^* のままである。一方，労働需要の方は，シフト後の労働需要曲線 $D'D'$ の下での賃金 W^* の時の労働需要量であるから，L^d に留まる。労働供給量 L^* で労働需要量は L^d であるから，L^* と L^d の差に当たる人数が，働く意思を持っていても雇ってもらえない人数ということになる。すなわち次式の U が失業ということになる。

$$L^* - L^d = U$$

3. 失業の形態とその解決策

①構造的失業（需要不足失業）→労働需要曲線 DD から $D'D'$ へのシフト。不況により労働需要の不足のため発生する現象。有効需要を増やせば解決。

②摩擦的失業→全体の労働需要は不変で労働需要曲線がシフトしない場合でも発生する現象。北海道の炭鉱が閉鎖し，失業者が発生。一方北九州で大手自動車会社が新しい工場を立ち上げ求人が発生。失業問題が職種変換や地域移動や人数がうまくフィットすれば過不足なく解決する。

③自発的失業→求職者が自己の限界生産力に相当する賃金を受け入れないで，より良い賃金を希望し就職しない場合。高い賃金で解決。

④非自発的失業→現行の賃金で働きたいと希望するが就職しない場合。自己の希望する賃金を下げれば解決。

⑤自然失業率仮説

ケインズ理論の欠点を補った。長期のフィリップ曲線が垂直になるケース。

4. 失業統計（図2）

失業率，非自発的失業数，自発的失業数，男女比較。

5. 失業に関する経験則・現象・法則

①失業者と景気変動（図3）

日本の 1955~2000 年。不景気の時，失業者が増えるのは当然であるが，ラ

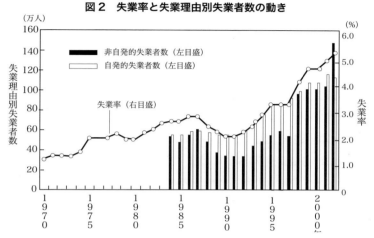

図2 失業率と失業理由別失業者数の動き

(出所）総務省統計局『労働力調査年報』各年版から作成。

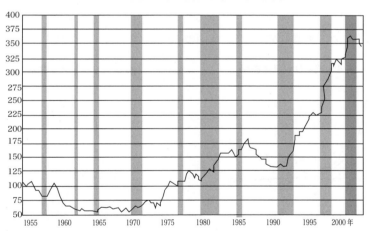

図3 失業者数（季節調整済）と景気変動

(出所）生産性労働情報センター（2004）『活用労働統計』より転載。

グがある。

　図のグレー部分は景気後退期で，グレーの左端が景気の山頂，右端が景気の谷。つまり白い部分は左端の景気の谷から右端の山頂に向かって登る景気上昇

期。しかし,景気が良くなっても,失業率は暫く上昇し続け,半年後から下降。逆に景気後退期になっても失業者は直ぐに増えず,やはり半年くらいから上昇。失業者数の変動は景気変動に対して一定のラグがある。

②フィリップス曲線（失業率と名目賃金率の関係）（図4）

縦軸に名目賃金率,横軸に失業率をとる。ニュージーランドの経済学者フィリップス（W.Phillips）が1861-1957年間の英国の失業率と名目賃金率上昇率に右下がりの関係を見出した。失業率が高い時は名目賃金率は低く,逆に失業率の低い時には名目賃金率は高い。

③トレードオフ曲線（失業率と物価上昇率）（図5）

米国のサミュエルソン＝ソローはフィリップス曲線の縦軸を名目賃金率から物価上昇率に変えた時,失業率と物価上昇率の関係に二律背反の関係を見出した。失業率抑制すれば,物価抑制は成立せず。物価抑制すれば,失業抑制は不成立。失業率の高い不況期に財政・金融政策を緩めると,物価が上昇。景気の過熱を抑えるため（物価上昇を抑えるため）に財政・金融政策を引き締めると景気は悪くなり失業者が増える。米国の1960年頃はよく当てはまった。

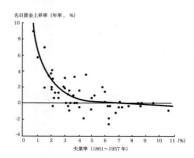

図4　フィリップス曲線

(出所) Philips, A.W. (1958), "The Relation between Unemployment and the Rate of Change of Money Wage Rates in the United Kingdom, 1861-1957", *Econimica*, Vol.25, No.100.

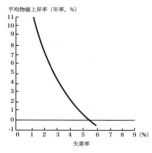

図5 トレードオフ曲線

(出所) Samuelson, P. and R.Solow (1960), "Analytical Aspects of Anti-Inflation Policy," *American Econimic Review*, Vol.50, No.2.

④オークンの法則（失業率と GNP 増加率）

　オークン（A.M.Okun）は 1947-60 年の米国の失業率の 1％ の減少が GNP の 3％ の増加と関連付けられる。浜田・黒坂（1985）によると，日本のオークン係数が極めて大きいことを実証し，これを労働保蔵のためとしている。Kurugman（1995）が，日本のオークン係数は 6 であり，米国の 2 を大きく上回ると検証した（脇田成『日本の労働経済システム』107 頁脚注 2）

　⑤ UV 曲線（失業者数と欠員数の関係）（潜在成長率，デフレ・ギャップ）

　縦軸に失業者（unemployment）数，横軸に欠員（vacancy）数を採って図示。摩擦的・構造的失業と需要不足失業の分析手法。縦軸に失業率，横軸に欠員率をとる。左上は需要不足失業率↑で景気後退。右下は需要不足失業率↓で景気拡大。

（引用文献）

1.　清家篤『労働経済』東洋経済新報社，2002 年 4 月（2015 年 8 月，8 刷）。

2.　古郡鞆子『働くことの経済学』有斐閣，1998 年 5 月（2004 年 1 月，6 刷）。

3.　三谷直紀編著『労働供給の経済学』ミネルヴァ書房，2011 年 7 月。

4.　井出多加子『グローバル時代の日本の働き方』銀河書籍，2015 年 9 月。

5.　樋口美雄『労働経済学』東洋経済新報社，1996 年 2 月（2011 年 3 月，13 刷）。

第6節 賃金とその決定

労働市場の取引は，労働サーヴィスの売り手と買い手の鞘当てで決まる。労働サーヴィスの均衡労働価格（賃金）と均衡労働数量（労働量）が決まる。

1. 労働市場の均衡（図1）

①縦軸は賃金率，横軸は労働量。均衡賃金が決定。均衡賃金の上は超過供給，下は超過需要。

労働市場における労働需要曲線（D_0）と労働供給曲線（S_0）を示している。

○賃金率が高い水準なら労働需要が少ないが低い水準では労働需要が多い。
　→労働需要曲線は右下がり。

○賃金率が高ければ高いほど労働供給が増えるので，労働供給曲線は右上がり。
財価格は一定であるので，2つの曲線を貨幣賃金（従って実質賃金）を表す。
労働市場が超過需要なら賃金率(価格)は上昇。逆に超過供給なら賃金率は下落。

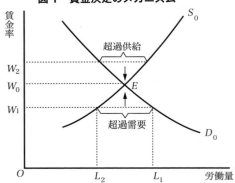

図1　賃金決定のメカニズム

2. 労働供給の増加及び労働需要の減少による均衡点の移動

☆労働人口減少→労働供給曲線の左平行移動（図2）。→超過需要（労働不足）
　→賃金上昇。反対に，☆労働人口増加は右シフト（逆の動き）。

図2 労働供給の増加と均衡点の移動

図3 労働需要の減少と均衡点の移動

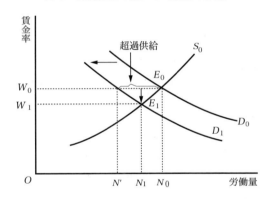

☆景気後退→労働需要曲線の左シフト（図3）。→超過供給→賃金下落。反対に☆技術進歩による場合，労働需要曲線の右シフト（逆の動き）。

3. 労働需給の変化と均衡点の移動（図4，図5）

　均衡賃金は，労働の需要曲線と供給曲線が共に変化した場合はどう変化するのか。⑤労働需要曲線が左にシフト，次に労働供給曲線が右にシフトした場合。つまり，労働需要の減少と労働供給の増加の場合。均衡賃金率は2度に渡って下落する。⑥労働需要曲線と労働供給曲線が共に左にシフトした場合。つまり労働需要の減少と労働供給の減少する場合。需要の減少が供給の減少より大き

図4 労働需給の変化と均衡点の移動

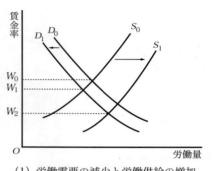
(1) 労働需要の減少と労働供給の増加

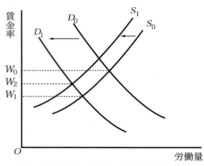
(2) 労働需要の減少と労働供給の増減少

図5 不安定な労働市場

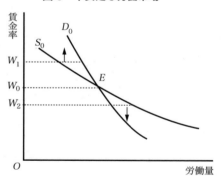

ければ，揺り戻しがある。しかし供給の減少が需要の減少を上回る時は当初の賃金率を上回る。

労働供給曲線が右下がりである不安定の労働市場の場合，均衡賃金率はどう変化するか。

市場の賃金率が均衡賃金率より高い場合，超過需要が発生し，企業の賃金引き上げ競争を招き，賃金率は更に均衡点から益々離れて上昇。逆に均衡賃金率より低い場合，超過供給が発生し，労働者側が賃金引下げる競争に走り，賃金は更に下落。この場合，労働者が売り急ぎをしないで済むように失業保険制度，賃金低下の歯止めとしての最低賃金制度等が必要。

4. 実際の賃金決定因子及び制度・慣習

①労働組合の影響（図6）

労組の賃金要求が通る（Wu）と，失業者が発生する（$N_S - N_u$）場合がある。

②最低賃金制（図6）

最低賃金制度によって（$N_o - N_u$）になり，企業は最低賃金以下で労働者を雇用出来なくなり，生産性の高い労働者を雇用せざるをえないことになり，生産性の低い労働者は排除される可能性がある。

③春闘

日本は独自の賃金決定交渉で，毎年春に大手企業側とその労組が賃金交渉し，その決定が国全体の賃金体系に影響を与える（脇田成『日本の労働経済システム』23頁）。

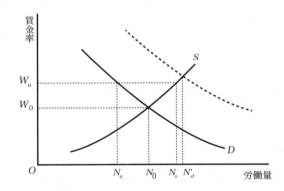

図6 労働組合や最低賃金が労働市場に与える影響

(引用文献)

1. 清家篤『労働経済』東洋経済新報社，2002年4月（2015年8月，8刷）。
2. 古郡鞆子『働くことの経済学』有斐閣，1998年5月（2004年1月，6刷）。
3. 三谷直紀編著『労働供給の経済学』ミネルヴァ書房，2011年7月。
4. 脇田成『日本の労働経済システム』東洋経済新報社，2003年5月。

第7節　賃金格差と日本経済

1. 賃金体系（図1）

(1) 現金支給と福利厚生費

　賃金は現金給与と現金給与以外の福利厚生費があり，現金給与は定期給与と臨時給与に別れる。定期給与には所定給与と所定外給与があり，所定内給与は更に基本給と諸手当からなる。所定内給与は，労働協約や就業規則によって定められた所定内労働時間に対する給与であり，所定外給与は所定外労働（基準外労働）に対する給与（残業手当等）に相当。残業手当はその率が決まっているから，定期給与に含まれる。臨時給与は夏や冬のボーナス等である。

　基本給は算定方式によって，年齢給，勤続給，職務給，職能給（能力給），これらを組み合わせた総合決定給に別れる。

　現金給与以外の給与は法定福利厚生費（社会保険）と法定外福利厚生費（住宅手当等）と退職金等からなる。

図1　賃金体系

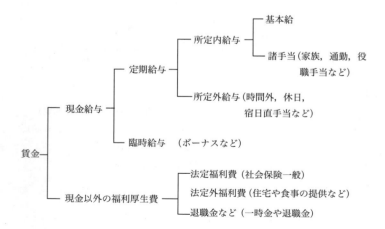

(2) 給与明細

俸給支給額は加給額（扶養，調整，住宅，通勤等）と控除額（共済関連，所得税，住民税等）を加味する。

2. 格差の諸側面と発生因

市場に競争原理が働いているならば，一物一価の法則によって同じ商品に対して同じ市場価格がつく。これを労働に関して言えば，同一労働に対して同一賃金が成り立つ筈である。もしそうでないとすれば，格差が存在することになる。

(1) 賃金格差の諸側面

賃金格差には企業内と企業間に顕著に表れるものがある。

①年齢別賃金格差（図2）

年齢別の賃金格差は企業規模が大きいほど大きい。しかし若年層は中小企業の方が大企業より大きい。

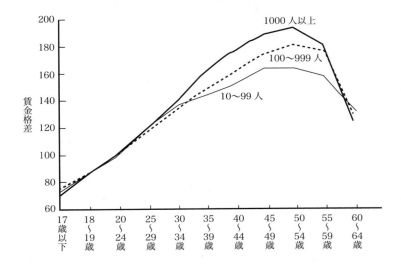

図2　企業規模別にみた年齢別賃金格差

（注）製造業男性生産労働者の所定内給与。20〜24歳の平均賃金＝100
（出所）労働省『賃金センサス』1995年。

図3 職種別, 労歴別, 性別にみた年齢別賃金格差

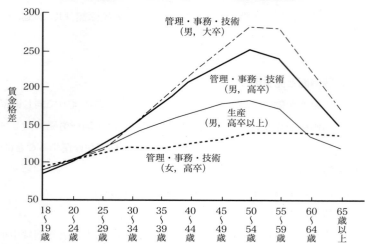

(注) 製造業生産労働者の所定内給与。20〜24歳の平均賃金＝100
(出所) 労働省『賃金センサス』1995年。

図4 年齢別賃金格差（会社規模別）の動向

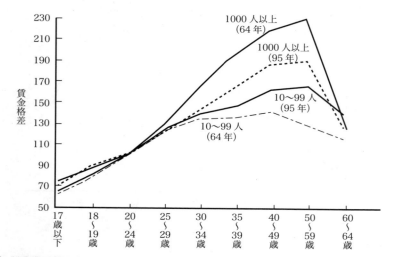

(注) 製造業男性生産労働者の所定内給与。20〜24歳の平均賃金＝100
(出所) 労働省『賃金センサス』1995年。

②職種別賃金格差（図3）

年齢別賃金格差は，生産労働者より管理・事務・技術労働者，高卒より大卒，女性より男性で急勾配。

③雇用形態別賃金格差（正社員とパートタイマー）

1995年の時点で，正社員の賃金の7割前後がパートタイマーのそれ。

④企業規模別賃金格差（図4）

1995年賃金格差とその30年前のそれは大企業ほど大幅に小さくなっている。

⑤産業別賃金格差

賃金格差は産業間にも見られる。概して軽工業より重工業が高い。

⑥地域別賃金格差

京阪神・中京地区が高く，東北・南九州等では概して低い。

⑦国際比較の賃金格差（図5）

図5　年齢別賃金格差の国際比較

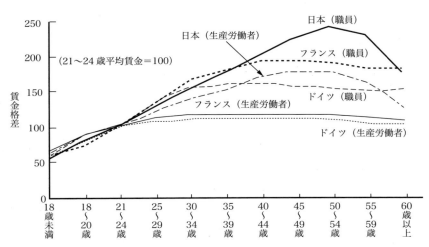

(注)　製造業男性生産労働者の所定内給与。日本の賃金は月間定期給与（1993年），その他の国の賃金については，生産労働者の時間当たり実収賃金（1972年）。管理・事務・技術労働者は月当たり実収賃金。

(出所)　労働省『賃金センサス』。EC, Structure of Earning in Industry, 1972.

どのような国でも，年齢別賃金格差は，生産労働者より管理・事務・技術労働者で大きくなっている。

(引用文献)

1.　清家篤『労働経済』東洋経済新報社，2002 年 4 月（2015 年 8 月，8 刷）。
2.　古郡鞆子『働くことの経済学』有斐閣，1998 年 5 月（2004 年 1 月，6 刷）。
3.　三谷直紀編著『労働供給の経済学』ミネルヴァ書房，2011 年 7 月。
4.　樋口美雄『労働経済学』東洋経済新報社，1996 年 2 月（2011 年 3 月，13 刷）。

第8節　労働者差別と日本経済

1．経済的不平等と差別

労働市場で起こる種々の格差が差別によるものか判断するのは難しい。先ず何を持って差別というのか。

①差別の定義

二人の労働者の間に生産性の違いがあれば，一方は人的資本として他方に劣ることになるので労働市場で低く評価される。これは当然のことである。これを逆に言えば，経済の世界では同一労働同一賃金の筈である。労働市場における差別は，生産性の同じ労働者を違う「尺度」で測って賃金やその他の待遇で異なる扱いをすることである。

2．差別の諸側面

①賃金差別

生産性以外の要素で賃金格差を設ける時を指す。例えば，我が国において，戦前で同じ師範卒であっても男訓導（教師）の給与の三分の一が女訓導のそれであった。

②雇用差別

個人やグループが他の個人やグループとは相違した採用状況や失業状態において生ずる。例えば戦前において，同じ大卒でも，帝国大学出（神戸大も含む）と私大では賃金格差があった。

③職業差別

職業差別は，同じように有能な労働者がある職種から除外される時生ずる。例えば，女性には伝統的に「女性の仕事」があった。多くの女性が，その分野で活躍した歴史を持っている。その他の半面で，看護師（かつては看護婦と呼ばれた）のような仕事は女性の限られたものとするならば，これは男性排除の逆差別である。

3. 差別の理論

「差別」は経済的・社会的な多数派と少数派の間の力関係から生ずる。多数派が「正当」とする理論は差別嗜好理論と呼ばれている。

①差別嗜好理論（図1）

これはベッカー（G.S.Becker）が国際貿易の理論を援用した差別理論。国際貿易では原則として自由貿易を推進しているが、ある種の国内産業に「嗜好」を持ち、経済効率より優先して、関税や数量割当をして自由貿易を遮る。

図1　差別嗜好理論

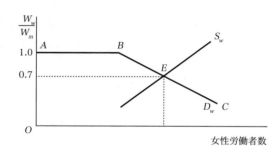

差別嗜好は、差別者（例えば男性）が被差別者（同女性）との間に、物理的或いは社会的に一定の距離を置きたいと想っている時に起こる。図1は、ある種の競争市場での男女間の賃金格差を描いた図である。差別の心理的コストを差別係数（d）とする。$d=0$なら、企業の嗜好がなく賃金格差がない。dが無限大である企業は、女性の賃金がどんなに低くても女性を雇用しない。男子労働者賃金（W_m）と女子労働者（W_w）とすると、$W_m = W_w + d_0$

縦軸に当該格差を（W_w/W_m）、横軸に女性労働者の人数とする。男性労働者の人数と賃金は所与。　屈折需要曲線（D_w）は企業を差別係数の低いものから見る高い順に左から右に並べて描いている。水平部分の需要曲線は差別嗜好のない企業を指す。右下がり部分は差別嗜好を持つ企業を指し右に下がるに連れてdは大きくなる。この地部分はW_w/W_mは1.0より小さくなり右に進めば更に小さくなる。一方女性労働者の供給曲線は、賃金格差が縮小するほど供

給が増加して右上がりとなる。需給の均衡点は賃金格差係数と女性労働者数が決定する。図では男女間の賃金格差係数は0.7であり，市場賃金は男性1000円，女性700円。需要曲線ABEの部分は女性労働者を雇用するが，EC部分は男性労働者のみを雇用。

4. 差別是正の制度的試み

①アファーマティヴ・アクション（affirmaive action）（米国）→『10ヵ国語経済用語辞典』

同じ能力を持つ多数派と少数派（アフリカ系米国人や女性）がいた時，少数派に一定の採用枠を確保する制度。無能な少数派の人を採用し，有能な多数派の人を不採用にするという逆差別を生む弊害も生じた。本来なら不合格なのに，黒人に扮した白人が合格することを諷した米国映画があった。

②男女雇用機会均等法→「第10節　女性労働者と男女雇用機会均等法」参照。

（引用文献）

1. 清家篤『労働経済』東洋経済新報社，2002年4月（2015年8月，8刷）。
2. 古郡鞆子『働くことの経済学』有斐閣，1998年5月（2004年1月，6刷）。
3. 三谷直紀編著『労働供給の経済学』ミネルヴァ書房，2011年7月。

第9節　若年非正規労働者とサービス産業

　ここでは，若年労働者の多くは非正規労働者でもあり，又サービス産業に従事していることから，非正規労働者とサービス業を取り上げた。

1.　非正規労働者の増加

　①正規労働者→特定の企業や団体に採用され期間を定めずに雇用契約を結んだ人達で休日を除き定常的に毎日一定時間働いている者。

　②非正規労働者→期間を定めた雇用契約や不規則で短期間労働の雇用契約を結んで働く者，或いは正規労働者とは雇用形態の異なる人達。

2.　日本の非正規労働者

　非正規労働者は，一時的・縁辺的・補助的な労働力と見られていたが，産業構造の変化，女性の社会進出，企業の経営戦略等を背景に1970年代の後半から急速に増加。今では多くの企業，特にサービス経済化の進んでいる先進国の諸産業にとって不可欠の労働者。

　①パートタイマーの定義→週間労働時間が35時間未満の短期間雇用者（非農林業）。パートタイマーに分類された者に正規労働者同様，雇用期間を定めず雇用されて週間35時間以上働くものもある。

　②フリーターの定義→就業意思があって定職に就かずに臨時に働く者（表1）。

　③ニートの定義→就業意思がない，無就業者（表2）。

　④派遣労働者の定義→労働者派遣法に定められた労働者派遣業に従事する者。労働者派遣法（1985年）→自己の雇用する労働者を，当該雇用関係の下に，かつ，他人の指揮命令を受けて，当該他人のために労働に従事させること（労働者派遣）。

3.　米国のコンティンジェント労働者

　米国労働統計局定義→ contingent work →労働者個人が明示的にも，暗黙

表1 「フリーター」の主要な定義一覧

機関等	年	呼称	定義
厚生労働省 （旧労働省）	1991	フリーアルバイター （フリーター）	15-34歳で ①現在就業している者については勤め先における呼称が「アルバイト」または「パート」である雇用者で (i) 男性については継続就業年数が5年未満の者， (ii) 女性については未婚の者 ②現在無業の者については家事も通学もしておらず「アルバイト・パート」の仕事を希望する者
厚生労働省 （旧労働省）	2000	フリーター	15-34歳で ①現在就業している者については勤め先における呼称が「アルバイト」または「パート」である雇用者で (i) 男性については継続就業年数が1-5年未満の者， (ii) 女性については未婚で仕事を主にしている者 ②現在無業の者については家事も通学もしておらず「アルバイト・パート」の仕事を希望する者
厚生労働省	2003	フリーター	15-34歳の卒業者で女性については未婚の者とし， ①現在就業している者については勤め先における呼称が「アルバイト」または「パート」である雇用者で ②現在無業の者については家事も通学もしておらず「アルバイト・パート」の仕事を希望する者
厚生労働省	2010	パート・アルバイト及びその希望者	男性は卒業者，女性は卒業者で未婚の者のうち，以下の者。 ①雇用者のうち「パート・アルバイト」の者 ②完全失業者のうち探している仕事の形態が「パート・アルバイト」の者 ③非労働力人口で，家事も通学もしていない「その他」の者のうち，就職内定しておらず，希望する仕事の形態が「パート・アルバイト」の者
		非正規の職員・従業員及びその希望者	上記定義において「パート・アルバイト」を「非正規の職員・従業員」に置き換えたもの。
内閣府	2002	フリーター	15-34歳の若年（ただし，学生と主婦を除く）のうち，パート・アルバイト（派遣等を含む）および働く意思のある無職の人
労働政策研究・研修機構	2005b	周辺フリーター	学生でなく，既婚女性でもないアルバイト・パート雇用者で，年間就労日数が99日以下か，週労働時間が21時間以下の者

（出所）資料を用いて筆者が作成。フリーター→ free Arbeitaer

のうちにも長期間の雇用契約を持たずに従事している仕事。Ex. contigent fee
成功報酬［10ヵ国語経済・ビジネス用語辞典137頁84］。

表2 「ニート」の主要な定義一覧

機関等	年	呼称	定義
厚生労働省	2004	若年無業者	15-34 歳で，非労働力人口のうち，卒業者かつ未婚であり，通学や家事を行っていない者
厚生労働省	2005	若年無業者	15-34 歳で，非労働力人口のうち，家事も通学もしていない者
内閣府	2005	無業者	高校や大学などに通学しておらず，独身であり，ふだん収人になる仕事をしていない，15 歳以上 35 歳未満の個人（予備校や専門学校に通学している場合も除く）
		求職型	上記無業者のうち就業希望を表明し，求職活動をしている個人
		非求職型	上記無業者のうち就業希望を表明しながら，求職活動はしていない個人
		非希望型	上記無業者のうち就業希望を表明していない個人

(注) 内閣府（2005）は無業者の分類を表しており，このうち「ニート」に相当するのは「非求職型」と「非希望型」である。

(出所) 資料を用いて筆者が作成。ニート→ Not in Employment, Education or Training

4. 非正規労働者増加の背景

①産業構造の変化と非正規労働者

経済構造が，モノの生産からサービスの生産へ。産業のサービス化が非正規労働者を増加させた。サービス産業の特徴として在庫がない。サービス産業については拙著参照（近代化以降の「サービス」の経済的意味合い『経済分析手法』木村武雄他著 237 頁）。

製造業より「卸売・小売業，飲食業」，サービス業で非正社員の割合が高い。非正社員のなかで最も多いのはパートタイマーで3割以上，チェーンストアでは，非正社員が8割に及ぶところもある。

②非正規労働者の供給

非正規労働者には女性特に主婦が多い。女性のライフサイクルの変化で，少子化の結果末っ子を持つ年齢が若年化→主婦のパートへの供給。

③非正規労働者の需要

第3講 労働システム　*173*

　企業は熾烈な国際競争化で打ち勝つ為にコスト削減が命題。非正規労働者は
福利厚生（退職金，社会保険，雇用保険等）の負担がない。労務費の節約には最
適の労働力。問題点としてどういうものが考えられるか。非正規労働者の増加
が働く側の合理的選択の結果であれば望ましいが，企業側の都合のよいもので
労働者が不本意な選択を強いられているとすれば問題である。

5.　非正規労働者の労働条件

　①非正規労働者の賃金

　非正規労働者の賃金は正規労働者の6割前後で賃金格差がある。正規労働者
は各種手当（家族手当，住宅手当，役職手当，業績手当等）を得ているので格差は
さらに拡大。福利厚生（雇用保険，健康保険，厚生年金），勤続年数加算，定期昇
給，退職金も殆どないのが現状。

　②初職が非正社員だった人は，生涯非正社員の比率が非常に高いと言われて
いる。女性の場合，初職に就く段階で非正規だった割合は 53% に上り，男性
でも 35% を占めている。

　③大卒後正規労働者として雇用された女性労働者が，一旦，結婚・出産等で
退職後職場復帰した時，非正規労働者になる場合が非常に多い。

6.　サービス産業論

（サービス産業とは何か。経済学史における「サービス」の変遷）

（1）　サービス（service）とは

　英語の語源辞典によれば，service はノルマン人の英国征服以前所謂 OE［700-
1100］の後期は，「神への奉仕」，1200 年頃，「召使の仕事」，1300 年頃「ミサ，
礼拝」，1380 年頃「給仕」，1590 年頃「兵役」，1941 年頃から「サービス業」の意
味が敷衍された。つまり，最初キリスト教世界で，神への全体帰依，封建制度の
過程で，神から雇主へ，近代国家形成過程の兵役から，国家への全体服従と転
化していった。この過程では，役務の対価としての貨幣は，全面に出てこなかっ
た。第2次大戦後，経済の発展とともに，第三次産業のサービス業（産業）が確

表3　近代以前の service の意味の変遷

サービスの名称	神への奉仕	召使（奉公）	軍務
サービスの対象	神	主人	国家
サービスの内容	全面的	全面的	全面的（絶対忠誠）
	絶対帰依	家事全般（通常住込）	命をも捧げる
受給者の上下関係	神が上	主人が上	国家（国王）が上
サービス有償	無償	一定の期間契約	徴兵制の場合
		主人とともに移動。	薄給
需要側の選択権	無	無（雇用者側の配慮があるまで）	無（拒否の場合，刑法適用）

固たる職業として確立されていった（表3参照）。

(2) サービスの定義

　現在日本で発行されている辞典等をもとに定義を確認すると，「サービス」とは，奉公，奉仕，給仕，接待を示す語で，また，生産，製造以外の労働に拘わる機能する労働の汎称でもある。用役，用務とも訳される。

　「サービス業」とは日本標準産業分類の一つであり，旅館・下宿等の宿泊設備貸与業，広告業，自動車修理等の修理業，映画等の興行業，医療・保健業，宗教・教育・法務関係業，その他非営利団体等に服務。

(3) 経済学での「サービス」

　サービスは「財(財貨)，サービス」と対比される。財は空気中に一定の空間を占める物体であり，サービスは目には見えないが，金と交換できる役務である。財は，例えばリンゴとか自動車とか空気中に一定の空間を占める物体である。それに対して，運輸サービス・保険サービス等は経済学上の「サービス」である。

　マルクス経済学では，生産概念で捉えている為，財のみを国民生産に算入し，所謂「サービス」は国民生産に算入しなかった。近代経済学では，国民生産概念には，「財・サービス」とセットで考える。貿易収支では「財の輸出入」，貿易外収支では財以外のサービス収支を取り扱う。

（4）産業の分類での「サービス業」

（産業）

　SNA の経済活動別分類のうちのひとつ。市場で生産コストをカバーする価格で販売すること（利潤の獲得）を目的に財・サービスを生産する事業所から構成される。民間企業の事業所が中核となるが，類似の財・サービスを生産するものは，価格が生産コストをカバーしなくも，産業に含める。例えば，公社，公団，郵便事業，資金運用部，輸出入銀行，公庫，日本銀行等。他に家計の持

表4　近代化以降の「サービス」の経済的意味合い

	サービス	財
名称	貨幣と交換される役務提供一般	貨幣と交換されるもの
形	無形	有形
在庫	無	有
生産と消費	同時性（非可逆性）	異時点
コ・プロダクション	有（その提供に顧客も参加）	無
提供の過程	重要性（例，食堂の雰囲気や眺望）	無
提供者との不可分性	有	無
変動性	有	無
サービスの対象	ユニバーサル（金が出せる人は誰でも）	ユニバーサル　＊1
サービスの内容	部分的・個別的（時間帯による変動）	部分的・個別的
需供者の上下関係	上下関係無	上下関係無
有償	有償	有償
需要側の選択権	有（消費者主権）	有（消費者主権）
サービスの定義 （商業サービス限定的）	①他人の為に行う②人の③活動であって④独立に取引の対象となるもの （今枝昌宏＊2）	

＊1:「ユニバーサル」とは①社内サービスではなく，一般の客対象。②顧客対応で
　　人が提供するもの。③飲食サービスは料理だけでなく店の雰囲気や景観も対象。
　　④時間帯で違う価格帯になる。

＊2: 今枝昌弘『サービスの経営学』東洋経済新報社，2010 年，23 頁。 サービスは，
　　他人の為で，自己の為のものはサービスとは呼べない。つまり，社内サービスや
　　グループ内サービスは，経済原理が働かないからである。

ち家住宅も含める（「産業」〔金森久雄他編『経済辞典（第3版）』有斐閣，2000年）。

コーリン・クラーク（Colin Grant Clark 1905～）の分類では，

第1次産業 農業，牧畜業，水産業，狩猟業等の採取産業，

第2次産業 製造業，建設業等の加工業（クラークは，鉱業もこれに含める），

第3次産業 商業，運輸通信業，金融・保険，公務・有給家事サービス等，第1次産業，第2次産業以外のあらゆるサービス業を一括した総称。

クラークは電気・ガス・水道業を第2次産業に含めたがこれらを第3次産業に含める場合が多い。そして，クラークによれば，経済が発達すれば，産業の高度化を伴い，第1次産業から，第2次産業へ，そして第3次産業のサービス産業への比率が高まるとされた。

「サービス産業」は，物的生産でなく，流通，金融，知識や情報等の形のない無形財を生産し，或いはその他特定の用役の提供を行う産業。これは更に卸・小売業，金融・保険・不動産業，運輸・通信業，電気・ガス・水道・熱供給業，サービス業，公務の各業種に分類される。

「サービス業」は，日本標準産業分類による大分類の一つ。個人または法人に対して用役，専門的知識等の提供を行うもの。対個人サービス，対事業所サービス，医療，教育，弁護士，公認会計士，分類されない専門サービス業，その他のサービス業に分類される。近年対個人サービスでスポーツ，レジャー，観光，レンタル等，対事業所サービスで市場調査，広告代理店，ビル・メンテナンス社，物流社等が成長を続けている。

「サービス経済」は，財の採取や生産に関係する第1次産業や第2次産業に対して，第3次産業はサービス産業と呼ばれる。産業構造の高度化に従って，サービス経済の比率は増加する。サービスは労働生産性が低い，生産と消費が同時である，貯蔵できないので在庫が存在しない等の特別な性質を持つ。

「サービス経済化」は 第3次産業（サービス産業）の就業者の比率或いはこの産業の名目生産額の比率が増加することをいう。更に製造業の内部において加工部門に対して調査，商品開発，デザイン，広告等の部門の比率が増加することもいう。高付加価値の商品においてはこれらの部門が競争力を強化させると

いえる。

「サービス価格」は，有形財の場合と違って，無形財であるサービスは，心理的・感覚的効用をした商品であり，コスト把握が困難という特性を持つ。サービス価格が適正価格であるかどうかは，買手の満足度に対して決まる。

「サービス価格指数」は企業間で取引されるサービス価格動向を調べるために日本銀行が作成，公表している価格指数。1996年時点での採用品目数は74あり，電子計算機リース，事務所継続賃貸料，電話等の通信料金，銀行手数料，損害保険料等である。卸売物価指数のサービス版である（金森久雄他編『経済辞典（第3版）』有斐閣，2000年）。

(引用文献)

1.　清家篤『労働経済』東洋経済新報社，2002年4月（2015年8月，8刷）。
2.　古郡鞆子『働くことの経済学』有斐閣，1998年5月（2004年1月，6刷）。
3.　三谷直紀編著『労働供給の経済学』ミネルヴァ書房，2011年7月。
4.　全労連・労働総研編『2017年国民春闘白書』学習の友社，2016年12月8日。
5.　木村武雄・江口充崇『経済分析手法』五絃舎，2012年10月10日。
6.　木村武雄『10ヵ国語経済・ビジネス用語辞典』創成社，2014年11月20日。
7.　廣松毅他『経済統計』新世社，2006年2月10日。
8.　小峰隆夫『日本経済の基本」第3版』日本経済新聞社，2006年2月15日。

第10節　女性労働者と日本経済

1.　女性労働者の推移と変動要因（表1）

　女性の職場進出の水準を示すのものとして，労働力率（＝労働力人口/15歳
以上人口）がある。この指標の長期的推移を見ると，1960年の55%から75
年49%まで低下，その後上昇90年50%に達した。その後横這いで推移し，
2007年には49%である。

　女性の労働力率の推移を年齢別に見たのは表1である。この変化をグラフ
化すると，M字の形状を示す。これは，結婚，出産，育児等の理由で退職し，
育児が一段落すると再び職場復帰することを示している。この形状を示すのは
日本に限ったことである。他の先進国には見られない現象である。

　長期的な女性の労働力率の上昇の背景としては，労働需要と労働供給の双方
の影響がある。

表1　年齢階層別労働力率（女性）

(単位：%)

年齢区分	日本			アメリカ	ドイツ	フランス	イギリス
	1990	2000	2007	2006	2005	2005	2006
年齢計	50.1	49.3	48.5	–	–	–	–
(15-64歳)	(57.1)	(59.8)	(61.9)	(69.3)	(66.8)	(64.1)	(70.3)
15-19歳	17.8	16.6	16.2	43.7	26.8	11.5	55.6
20-24	75.1	72.7	69.5	69.5	66.3	55.3	71.1
25-29	61.4	69.9	75.8	75.2	73.4	78.7	77.0
30-34	51.7	57.1	64.0	73.6	74.3	79.5	75.9
35-39	62.6	61.4	64.3	74.6	78.7	82.0	75.4
40-44	69.6	69.3	72.0	77.1	83.4	82.9	80.2
45-49	71.7	71.8	75.6	77.2	82.9	83.2	81.4
50-54	65.5	68.2	70.8	74.7	78.2	77.3	77.0
55-59	53.9	58.7	60.8	66.7	64.4	53.4	64.3
60-64	39.5	39.5	42.2	47.0	23.0	13.4	33.0
65-	16.2	14.4	12.9	–	–	–	–

　(注) 1. 年齢計の（ ）内の数値は15-64歳である。

　　　 2. アメリカは，15歳のところは16歳である。

　(出所) 総務省「労働力調査」および労働政策研究・研修機構『国際労働比較』(2008年)

労働需要面から見ると，第三次産業における雇用機会拡大が女性への雇用需要の拡大となって現れた。卸小売業（飲食店を含む），金融保険業，医療福祉業，サービス業は女性の占める割合が大きい分野でもあり，パートタイム労働といった短期就業形態，一方で主婦層に適した就業形態でもある。他方，労働供給面から見ると，①出生率の低下と育児負担の減少，②学歴水準の向上と社会参加意欲の高まり，③家事労働を軽減する洗濯機・掃除機・冷蔵庫等の電気器具の発達や冷凍食品，紙おむつ，ベビーフード等の普及が女性の社会的進出に寄与した。

　他の先進国のデータ（OECD）を見ると，概ね女性の労働力率が高い国は出生率も高く，逆に女性の労働力率が低い国は少子化に苦しんでいる。女性が活躍する社会が，同時に希望する子供を持つことができる社会だ（村木厚子，『日本経済新聞』2019.1.10 朝刊）

2.　女性雇用の実態と男女間賃金格差

①女性雇用の現状

　女性労働者の就業実態を，男性と比較してその特徴を見てみよう。従業上の地位別にみると（2015 年労働力調査年報），自営業主，家族従業者，雇用者の各自の割合は女性 4.9%（男性 11.2%），4.7%（同 0.8%），89.8%（同 87.4%）。女性において家族従業者の割合が多い。また，女性自営業主の 3 割程度は内職者であり，他方，男性の内職者は殆ど存在しない。

　産業別就業状況を見ると，第三次産業従事者の割合が多く，8 割が卸小売業，サービス業に集中している。職業別就業状況では，事務や技能工・生産工程作業者として従事者が多い。雇用別就業状況では，常勤，臨時雇，日雇の各自の割合は女性 89.6%（男性 94.5%），9.9%（同 4.1%），1.3%（同 1.2%）。女性において臨時雇が多い。正規労働者・非正規労働者別就業状況は女性 43.6%（男性 78.1%），56.3%（同 21.8%）。男性の 8 割近くが正規労働者であるのに対して，女性は 6 割近くが非正規労働者である。女性の場合，パートタイム労働や派遣労働者として非正規労働者として働くことが多い。女性の勤続年数も増加して

いる。平均勤続年数は，1980年6.1年から2007年8.7年に，延びている。

②男女間賃金格差の要因

厚生労働省「賃金構造基本統計調査」により，女性の賃金は長期に渡って男性の6〜7割程度で推移している。医師，教員，弁護士，裁判官といった国家試験や都道府県教育委員会試験合格を必要とする専門職には男女賃金差別はない。戦前において，男性教員1人の給与は女性教員3人分だった。この差は何か。民間での男女間で就業している産業や企業規模，学歴格差，勤続年数，年齢，職種等が異なるのか。これらの要素が等しい場合に果たして格差が存在するのか。日本の「ジェンダー・ギャップ指数」が144ヵ国中111位（2016年度版）。2015年国税庁調査によると，男女賃金格差は，（平均給与）男性521万円，女性276万円を前年差242万円から3万円広がっている。その原因を探ると(2017年『国民春闘白書』)，①女性の6割占める女性非正規の賃金が下がったこと。前年比3千円減。その結果，女性の賃金は，男性の賃金が前年比6万1千円増に対して3万8千円増に留まっている。②女性の非正規は13万人増加し1，345万人（「労働力調査」2015年平均）。③女性が第一子の妊娠出産を契機に離職する比率は5割と高いこと。職場復帰しても元の賃金より低い非正規労働者になる可能性が高い。④女性労働者の役職比率は12.5％と依然低いこと。⑤医療福祉の労働者は女性が多く占めているが，保育士・ヘルパー等，他産業と比べて10万円程度低い賃金であること。この職種が更に増えたことにより女性が平均賃金を引き下げることになったこと。

3. 男女雇用機会均等法

1945年国連憲章に男女平等の実現が盛り込まれている。しかし男女平等の達成実現への本格的な動きは1975年国連婦人年以降で，79年国連総会で，「婦人に対するあらゆる形態の差別の撤廃に関する条約（女性差別撤廃条約）」を採択し，日本は80年に同条約に署名した。我が国は1985年「雇用の分野における男女の均等な機会及び待遇の確保等女性労働者の福祉の増進に関する法律（男女雇用機会均等法）」を制定，翌年施行。

第 3 講　労働システム　*181*

4.　コース別雇用管理

　男女雇用機会均等法の施行により，男女不問の求人，男女同一初任給の増加，男女別定年制の廃止，女性の従来の補助的業務から，適性に応じた活用に転換等。コース別管理は，基幹的業務に従事し住居の移動を伴う転勤のある総合職と，定形型補助的業務に従事し転職のない一般職に分けて管理。実態として，総合職を望まない女性が多く，結局男性が総合職，女性が一般職を選択することになり，コース別雇用管理制度は形を変えた男女差別であるとの指摘がしばしばされた。

(引用文献)

1.　清家篤『労働経済』東洋経済新報社，2002 年 4 月（2015 年 8 月，8 刷）.
2.　古郡鞆子『働くことの経済学』有斐閣，1998 年 5 月（2004 年 1 月，6 刷）.
3.　三谷直紀編著『労働供給の経済学』ミネルヴァ書房，2011 年 7 月.
4.　笹島芳雄『労働の経済学』中央経済社，2009 年 3 月.
5.　全労連・労働総研編『2017 年国民春闘白書』学習の友社，2016 年 12 月 8 日.

第11節　高齢者雇用と日本経済

1. 高齢者の就業と雇用

　高齢者の高い就業意思にも関わらず，その雇用を阻んでいるのは何か。それを種々の側面から分析してみることにする。

2. 高齢者の労働力率の推移（図1，図2）

　高齢者の労働力は1960年代から，趨勢的に低下傾向。この背景要因は2つある。一つは労働力構造上の問題。農業を中心とした自営業者の減少。もう一つは労働者の労働供給そのものの減退。公的年金の充実が整いつつあったこと。1970年代中盤以降，厚生年金の一人当たり受給額は飛躍的増加。これが雇用者の引退可能性を高め，労働力率を下げた。

3. 高齢者の労働供給の決定要因

　①所得と余暇のどちらを選択するか。

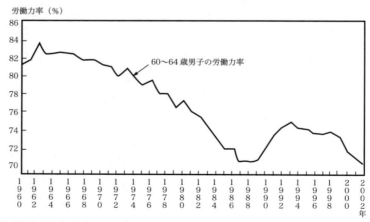

図1　男子高齢者（60〜64歳）の労働力率の趨勢

（出所）総務省統計局『労働力調査年報』各年版。

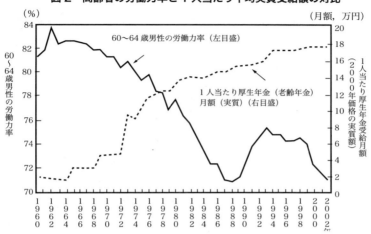

図2　高齢者の労働力率と1人当たり平均実質受給額の対比

(出所)　社会保険庁『事業年報』各年版，総務省統計局『消費者物価指数』各年版。

②働く場合に得られる賃金水準

③働かなくても得られる非勤労所得

④労働時間の自由度といった賃金以外の，労働需要側の提示する雇用制度要因

①は健康状態がよくないほど余暇を選択。高等教育を受けたほど，その教育投資を回収しようと，所得獲得にはしる。

②の賃金水準は健康状態や学歴の要因と密接な関係。

③は高齢者にとって，年金所得が最大関心。年金取得は勤労意欲を低下させる。

④は定年退職の経験と大都市圏居住の要素。定年退職を契機の就業をやめる人は少なくない。大都市圏の居住者は雇用機会が多く，就業する確率が高い。

4.　高齢者への労働需要の厳しい実態

30人以上の従業員のいる企業の9割が定年制を実施。

60歳代前半の求人は1割未満。

5. ラジアー理論

ラジアーの理論。働き盛りに低賃金で働いた分を中高年の高い賃金で埋め合わせる仕組みの下では，収支バランスを合わせるには定年退職が必要。年功序列賃金制度には，定年制の他年功的昇進制度も補完している。

図3　ラジアー理論

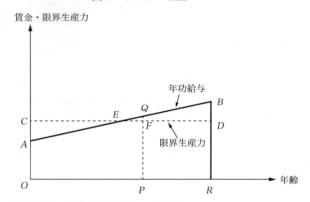

(出所) 清家篤『労働経済』東洋経済新報社，164 頁。

図3はラジアー理論を説明する図である。縦軸には年功型賃金とその限界生産力（個人の企業への貢献度），横軸には年齢をとっており，実線 AB はある労働者の年功給与カーヴを，点線 CD はその限界生産力カーヴを示す。労働者は原点 O （例えば大卒なら22歳）で入社し，R （例えば60歳）で定年になるものとしよう。この図からわかるように，年功給与体系というのは，若年では企業への貢献より安い給与（賃金の AE の部分）を獲得し，その代償として中高年になったら貢献より高い給与（年功賃金の EB の部分）を取得する仕組みである。ラジアー（E.P.Lazear）は△ACE で企業に供託金を預け，それを△EBD で引き出す仕組みであると説明している（企業は採用時の期待どおりに定年まで真面目に働いているかどうかのモニタリング・コストがかかる）。この供託金がモニタリング・コストを下げることがミソである。労働者がサボタージュして，途中で首になったら，この供託金の一部が未回収になる。図からわかるように，供託金は定年まで勤めあげてはじめて全額回収される。例えば P の時点で解雇され

ると，□ $FQBD$ 分の供託金は返済されない。こうした年功制給与体系と同じ効果を齎すものとして定年退職時に支払われる多額の退職金がある。退職金は給与の後払い的性格をもつので，途中で解雇されると定年まで勤め上げることに比べて満額貰えなく，損をする。

(引用文献)

1. 清家篤『労働経済』東洋経済新報社，2002 年 4 月（2015 年 8 月，8 刷）。
2. 古郡鞆子『働くことの経済学』有斐閣，1998 年 5 月（2004 年 1 月，6 刷）。
3. 三谷直紀編著『労働供給の経済学』ミネルヴァ書房，2011 年 7 月。
4. 笹島芳雄『労働の経済学』中央経済社，2009 年 3 月。

第4講　日本システム

第1節　思想史にみる伝統思想と西洋思想の相克

　日本の「近代」は明治以降ではなく，江戸時代（近世）に始まったのではないのか。

1. 社会変動と宗教の変容（図1及び図2参照）

　宗教はシステムとして機能するのには種々の条件がある。宗教が，凡ゆる民族，凡ゆる社会に見られる普遍的現象であることは首肯できることである。しかも高度な文明の産物である側面がある。文明が発達し，広範囲に及ぶ社会や

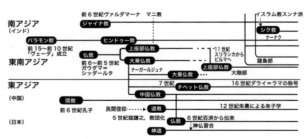

図1　日本宗教思想史における各宗教の東・南亜細亜関連図

備考：主な宗教の成立・分裂・他宗教との関連を示している。地域的広がりも示しているが，一部省略した。成立期について諸説あるが，一般に流布されているものを採用した。上座部仏教は小乗仏教とも呼ばれている。なお，小乗仏教は蔑称であるので注意を要する。
（引用文献）『詳説世界史図録（第1版）』山川出版社，2014年3月25日，9頁の「世界史における宗教」の図の日本関連部分のみを筆者が改題した。

図2　日本宗教思想史におけるに日中韓の時代・王朝・思想家関連図

① 孔子（Kong-zi, Confucius）前551-479 山東省生。春秋時代末期の思想家。論語、儒学の始祖。

② 儒教・儒学（Confucianism）。隋・唐に始まり宋で確立された科挙では必須科目。清末の近代化の流れで、清朝（満州人政権）の滅亡ともに、2000年に渡る教学としての儒教の権威は遂に崩壊した。朝鮮半島では儒教は社会に深く根を下ろし、科挙を通じて政治参画する両班（やんばん）階級を生み出した。

③ ガウタマ＝シッダールタ（釈迦／ブッダ Buddha）（Gautama Siddhartha）前463-383（前564-484）カピラヴァストゥ（ネパール）生。仏教の開祖。

④ 仏教（Buddihism）

⑤ 朱熹（Zhu Xi,）1130-1200 福建省生。南栄（Southern Song）の学者。朱子学の大政者。

⑥ 朱子学（Neo-Confucianism）元朝（モンゴル人政権）以降、官学に採用され、中国（元・明）、李氏朝鮮、日本（徳川幕府）の国家理念に影響。

⑦ 王守仁（王陽明）Wang shou-ren(Wang Yang-Ming) 1472-1528 浙江省生。明中期の学者・政治家。

⑧ 陽明学（Philosophy of Yang-Ming）明治維新の革新派（吉田松陰・西郷隆盛）の理念。

⑨ 林羅山　1583-1657 京都生　23歳より4代将軍家綱（在位1651-1680）まで、江戸幕府の侍講（政策ブレーン）。朝鮮国との国書は彼が起草した。当時中国・朝鮮・日本間の外交文書は漢文で、四書五経に通じた深い教養が必要で、日本では僧侶がその能力に通暁していた。

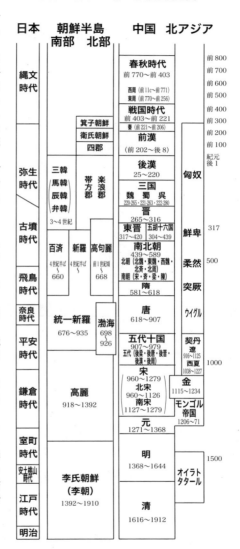

（引用文献）石井公成『東アジア仏教史』岩波新書（新赤版）1758, 2019年2月20日、口絵図を基に、日中韓を中心に古代（紀元前）を充実させ改題した。

国家の集合体を統合することが必須になった段階で、複雑な構造を持ち、超越的な存在の実在を強調する信仰が生み出された。歴史的にみると、宗教が政権の補助的な存在か、政権に対峙する社会的勢力に成ることもあった。

　日本思想は仏教と儒教（朱子学・陽明学）の２つの影響を受けたが、日本式のアレンジをした。儒教は中国に生まれた宗教だが、仏教はインドで生まれた宗教である。「神様、仏様、どうぞお願いします」と一般会話にもある。「仏様」というのはサンスクリット語（梵語）の buddha（ブッダ）のことで「目覚めた人」「悟った人」という意味である。釈迦というのは仏教の開祖名である。宗教学上も、仏教は釈迦の「一神教」である。一方、神道は「多神教」と定義されていて、「八百万の神」を信仰の対象とする。日本に仏教伝来以前に土着の神道が存在したものの、神道はあくまで神を祀る為の作法、方法であるにすぎず、明確な思想や教義を伴っていなかった。神道が教義を形成するは、仏教の影響を受けてのことである。因みに、経書とか経学とか「経」と呼んでるが、仏教では「経」と実体は同じである。現在、中国ではどちらも jing(チン) と発音

表1　字音（呉音・漢音・唐音）

	呉音	漢音	唐音
行	諸行（しょぎょう）	行為（こうい）	行灯（あんどん）
外	外題（げだい）	外国（がいこく）	外部（がいぶ）
明	光明（こうみゅう）	明確（めいかく）	明国（みんこく）
和	和尚（わじょう）	和尚（かしょう）	和尚（おしょう）
清	清浄（しょうじょう）	清浄（せいじょう）	清規（しんぎ）
経	経文（きょうもん）	経済（けいざい）	看経（かんきん）
請	起請（きしょう）	請求（せいきゅう）	普請（ふしん）
頭	頭上（ずじょう）	先頭（せんとう）	饅頭（まんじゅう）

備考：
呉音：古代中国の呉地方（揚子江下流沿岸）から伝来した音。もと和音と呼ばれていたが、平安中期以降、呉音とも呼ばれ、北方系の漢音に対して、南方系であるといわれる。仏教関係の語に多く用いれられる。
漢音：唐代、長安（今の西安）地方で用いた標準的な発音をうつしたもの。遣唐使等によって奈良時代・平安初期に輸入された。官府・学者は漢音を用いた。
唐音：宋・元・明・清の中国音を伝えたものの総称。禅僧や商人等の往来に伴って主に中国江南地方の発音が伝えられた。
（引用文献）松村明監修『大辞泉』小学館、1995 年 12 月 1 日、1141 頁（「字音」）。

し区別はない。しかし，日本ではある時期から仏教関係の用語は呉音読みをし，儒教は仏教に対抗しわざと漢音で読むようになった（表1参照。なおキリスト教用語の宗派による日本語訳の相違は拙著『経済分析手法』96頁）。

仏教は，7世紀百済や新羅，8，9世紀中国の唐から導入されたもので，大陸の仏教の直輸入，模倣という性格が色濃いものだった。平安時代後期〜鎌倉時代，日本の仏教界は今度は新しい宋（Song）の仏教が波状的に伝えられた。それは禅教律と念仏を中心とする仏教であった。やがて15世紀になると，「古典仏教（旧仏教，顕密仏教）」の時代に代わる「新仏教」の時代を迎えた。「新仏教」は鎌倉時代ではなく，応仁の乱(1467-77)以降の戦国時代頃から日本社会に広まったことが明らかになった（内藤湖南）。「古典仏教」が荘園に経済基盤を置いていたのに対して，「新仏教」のそれは檀家・門徒に置くことに大きな違いがあった。新仏教は，檀家の葬式活動をその中心とする所謂「葬式仏教」になっていった。戒律の軽視ばかりではなく，全体として妻帯世襲仏教という，他国の仏教に殆ど見られない形態に進展していった。江戸時代には，幕府の方針によって僧の女犯・妻帯は基本的に禁止したが，ただ一向宗（浄土真宗）は他と異なる肉食妻帯宗と位置付けられており，妻帯が公認されていた。石山合戦(1570-80)の末，本願寺が織田信長に屈服した際，抗戦派であった教如が家康を頼ることになったことに由来する。家康の祖先は浄土宗を信仰したことにより，芝の増上寺を菩提寺したことも伏線上にある。本地垂迹思想（神と仏は一体）が人口に膾炙していた。本地は本体の意であり，垂迹はその本体（仏）が人々を救済する為に具体的な姿（神々）をとってこの世に出現するというものであった。このように中世の神祇信仰観も変容していった。

湯浅泰雄によれば，儒教にしても仏教にしても，西欧哲学のように観照から実践へという方向ではなく，実践の立場を基本として認識と実践の合一を目指すということ，そして自己修養や禅の修行（自我の背信的没入）のような＜内向的実践＞を通じて超越的世界に対する形而上学的認識に至る方向と，それによって開けて来る社会的な＜外向的実践＞及び世界の形而下的認識との緊張を孕んだ統一が自己の身体という場に於いて保たれていたということになる。

言い換えれば道徳（内向的実践）と宗教（形而上的認識）／　政治（外向的実践）と学問（形而下的認識）の四者が緊密な一体関係において統一されておりその中心に自我が存在している構造を持っていたということである。

　仏教の日本化とは，どういう方向性をとるか。仏教は死後は＜浄土＞に行けるとか。日本には＜浄土＞という考え方は全然なかった。本来，仏教哲学というものは彼岸的なもので，全世界を説明する包括的なものである。それが日本に入って彼岸性が少し弱まった。儒教も同様である。

　17世紀から徳川幕府は公式のイデオロギーとして，朱子学を採用した。関ヶ原の戦い（1600年）に勝利した家康は，室町時代から安土桃山時代に掛けて衰退し，軽んぜられた鎌倉武士の復権を目指すとともに，その目的は朱子学とリンクした武士道を徹底し，全国の支配秩序を再構築することであった。武士道の立ち振る舞いとは，一族郎党を守るために武芸を磨き，質素倹約に勤しみ，名誉と正直を尊び，寛容な精神で弱者を労わることであった。江戸時代の朱子学は，陰陽五行思想を内包しているのだが，平安時代のように陰陽の理をベースに森羅万象の吉凶を占う陰陽道とは異なり，諸子百家の思想の「いいとこ取り」をして，よく言えば総合的に止揚して，儒家の教えを解釈し，自派の居敬窮理（私利私欲を抑え，物事の本質を見極めること）や理気二元論（「理」は万物の性（性質，人間に宿るときは心）を決め，「気」とは万物の形を決める関係にある）を展開した。朱子学の価値観は，戦乱の世に新しい秩序を齎す魅力ある学問であった。阿部吉雄によれば，日本近世儒学の興隆において，秀吉の文禄・慶長の役（1592-1598）によって齎された朝鮮儒学の書物や儒学者李退渓（1501-1570）らの影響が重要な役割を果たしていると。彼らの影響を受けた藤原惺窩（せいか）（1561-1619）や彼の弟子林羅山（1583-1657）は徳川家康に儒学（朱子学を通した儒学の教え）を講じた。幕府の政策ブレーンになった羅山の基本的考えは「上下定文の理」と「存心持敬」である。前者はこの世は天は上に，地は下にあるのが当たり前で，人の身分も区別があるのが当たり前。社会秩序は上下定文の理によって担保され，下克上や戦国時代の様相を呈することを抑制した。後者は慎みを持って私利私欲を抑え，心を保つこと。徳川の幕藩体制の管理システムにマッ

チしていた。

朱子学は江戸時代に入ってその本来の「天に向かう傾向」が日本化で弱まり，現実の日常生活に立脚し，「個人倫理」と「病気の治療法」に朱子学が変容する。現世に対して抽象的・超越的な外来のイデオロギー（超越性）は，必ず非超越的になって地上的・現世的で具体的・個別的な方向（世俗化）

図3　日本史における宗教の世俗化と信者数

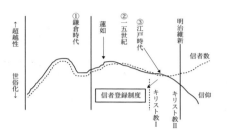

〔引用文献〕加藤周一『日本文学史序説』補講，筑摩書房，2012年9月，117頁。

に変容する（図3参照）。浄土宗が広まったのは「世俗化」したことが大きい。浄土真宗が出てきたのは鎌倉時代で，世の中が不安定の時，心の隙間を埋める形で大衆に普及した。鎌倉時代は最初のころは＜超越性＞でつまり「どんなに苦しんでも浄土へ行ける」と訴えた。鈴木大拙によれば，日本人の真の宗教意識はつまり日本的霊性（精神の根底）は，鎌倉時代に禅と浄土系思想によって初めて明白に顕現し，その霊性的自覚が現在に及ぶとのことである。日本では儒教と仏教が江戸時代に権力維持のために利用された。＜神仏習合＞という仏教と神道の抱き合わせ民衆執行体系を形成し，徳川幕府が統治の補完として利用した。しかし池田光政の岡山藩における宗教政策は，当時の他の諸藩に比べて，ある特徴があった。神儒一致・神仏分離・神職請である。江戸時代における儒学思想の受容ということで，圧倒的に優位にあった仏教から独立し，日本古来のものと考えられた神道と連合戦線を組んだと考えられる。江戸時代初期の儒教受容の例として，殉死の禁止（追い腹禁止）による文明開化があった。『孟子』の中に「始作俑者其無乎（始めて俑を作る者は其れ後無からんか）」がある（宇野精一『孟子』講談社学術文庫2019年3月11日，18頁）。

　江戸幕府は，仏教において本末制度（宗門ごとに本山を中心にハイアラーキーを形成）と触頭制（本山の他に江戸近郊に取次寺を設ける）と寺請制度（日本人はすべて仏教徒化）を用い，統制を強化した。

神仏習合はそれ程遠い昔のことではない。例えば鎌倉の鶴岡八幡宮では，明治初年まで「別当」と称する僧侶が全てを管理していたし，日光東照宮には現在も五重塔や鐘楼等の仏教施設が残っている。明治政府となると，神仏分離令（1868年）を発布し，神道を事実上国教扱いし，仏教等を弾圧した。

2. 近世と近代の連続性（『概説日本思想史』）

近世において，近代への胎動と呼ぶべき，様々な新しい思想の傾向が発生していることはよく知られている。

例えば，荻生祖徠が朱子学の徳治主義を批判し政治と道徳を分離させたことは，近代的な政治意識の発生として評価されている（『孫子国字解』1750年刊）。また，本居宣長が「もののあわれ」という心情的な働きを肯定的に取り上げたことは，封建道徳によって硬直的になった人間性を解放したものとして評価されている。更に，安藤昌益が封建制度を全面的に否定したり，本多利明が藩と藩の交易を提唱するなど，近代的な思想の萌芽として評価されている。その意味では，近世は既にその内部に於いて自らを否定する原理を成熟させていたということができる。

しかしながら，明治国家が近代化を達成できたのは，陽明学的な志士が（松陰の刑死,西郷の反乱等）早くに退場し,朱子学的能吏が(大久保暗殺はあったにせよ)政府中枢を占めたことにあるかもしれない。

しかし実際には，日本の近代は，近世に於いて芽生えたそうした新しい傾向の延長線上に成立したのではなかった。

3. 近世と近代の不連続性

MODERNという言葉は，日本語では「近世」「近代」そして「現代」という三つの言葉に訳し分けられる。これは，ルネッサンス以後の西欧の歴史の展開がMODERNという一つの言葉によってトータルに把握しうるのに対して，日本の場合，そこに大きな断絶が横たわっているということを示している。

近世（江戸時代）と近代（明治以降）の間には,明らかに断絶が横たわっている。

第4講　日本システム　*193*

例えば伝統的な李朱医学（後世方）の思弁性を批判して成立した古医方は「親試実験」をモットーとして経験を重視し，人体解剖なども実施した。華岡青洲は麻酔の実験にも成功している。しかし，明治の新しい医学は，古医方の延長線上にではなく，ジェンナー，コッホ，パスツールなど西洋医学を受容するところに生まれたのである。

　近世末期に多くの近代的な文化や思想への日本独自の胎動が存在していたことを認めるにしても，そしてその延長線上に日本固有の近代を構想することが決して不可能ではないにしても，日本の近代は，実際には，そのような可能性を薙ぎ倒すように海外から流入した西洋の思想や文化を受容するところに成立したのである。

　古医方による人体解剖の実施が杉田玄白らを刺激して『解体新書』を生み，蘭学の成立を促したように，近世後半に於ける思想の展開が，西洋を受容する主体的な条件を準備したという側面は否定できない。西周において，西洋の法思想が徂徠学をベースとして受容されたという事情もある。しかし，それにしても，日本の近世思想は西洋思想を受け入れるために成熟していたというわけでもないし，また，両者の間に横たわる異質性が容易に乗り越えられたという訳でもない。

4.　明治思想の二重構造（儒教がベース）

　日本の近代が西洋を受容するところに成立したというそのあり方は，明治思想の全般に渡って看取することができるようになる。まさしく明治の思想は，西洋思想と伝統思想の二重構造をその特質としていたということができる。

　西周，加藤弘之，西村茂樹，中村正直など，明治の初めに西洋思想を日本に紹介した啓蒙思想家たちは，思想形成期において儒教を中心とした近世的教養を身に付け，多くは維新後，明治政府の官僚として近代国家を構築する為に必要な政治や法律や教育に関する西洋の知識を翻訳紹介した。彼らは，新知識の体得者であると同時に，その内奥に儒教の素養を血肉化した人達でもあった。

　また，ルソー（Jean-Jacques Rousseau）の『社会契約論』を翻訳紹介し自由

民権運動に多大な影響を与えた中江兆民にしても，その『民約訳解』が荘重な
漢文で草されていることはよく知られている。倫敦に留学して英文学を学んだ
夏目漱石が優れた漢詩の作り手であったこともまた知られている。更に「教育
勅語」や「帝国憲法」などにもそうした時代の特徴を指摘することができる。

　日本の近代思想を評価する場合，その内容の進歩性とか反動性といったもの
は，殆ど評価の基準とはなりえない。たとえどのように進歩的な思想であって
も，それが主体の内奥に息づく伝統との対決を経ていなければ，それを優れた
ものと評価することはできない。逆に，どのように反動的な思想であっても，
それが西洋との鋭い対決において主体的に選び取られたものであるならば高く
評価すべきであろう。

　新島襄，内村鑑三，大西祝等，明治期において基督教は重要な役割を果たした。
というのも，基督教を受け容れることは，主体にとって，自らの内面に血肉化
された伝統的な思想と激しく対決することを強いられることを意味する，つま
り基督教を信じることはこの時期の思想的な課題を深く身に引き受けることな
のである。

（引用文献）

浅見洋編『鈴木大拙と日本文化』朝文社，2010 年 6 月 18 日。

阿部吉雄『日本朱子学と朝鮮』東京大学出版会，1965 年。

網野善彦『無縁・公界・楽』平凡社，1978 年（増補版，1987 年，平凡社ライブラリー，
　　1996 年）。

網野善彦『日本論の視座　列島の社会と国家』小学館，1990 年（新装版，2004 年）。

石井公成『東アジア仏教史』岩波新書（新赤版）1758，2019 年 2 月 20 日。

石渡延男監修『まんが韓国史』インターブックス，2002 年 6 月 29 日。

伊東多三郎『草莽（そうもう）の国学』初版，羽田書店，1945 年（再版，真砂書房，
　　1966/ 増訂版，名著出版，1972 年）。

色川大吉『明治精神史』黄河書房，1964 年／ 1968 年（講談社学術文庫，上下，1976 年）。

色川大吉『色川大吉著作集』全 5 巻，筑摩書房。

マックス・ヴェーバー『宗教社会学』武藤一雄他訳，創文社，1976 年 8 月 10 日。

宇野精一『孟子　全訳注』講談社学術文庫，2019 年 3 月 11 日。

小倉紀蔵『朱子学化する日本近代』藤原書店，2012 年 5 月 26 日。

大谷光見『蓮如さまのプレゼント（蓮如上人の贈り物）』本山東本願寺，2016 年 6 月 3 日。

大谷光見『慈光 5　天竺随想』本山東本願寺，2017 年 6 月 2 日。

第 4 講　日本システム　*195*

ヘルマン・オームス『徳川イデオロギー』黒住真他訳，ペリカン社，1990 年。
ヘルマン・オームス『徳川ビレッジ』宮川康子監訳，ペリカン社，2008 年。
大川周明『日本精神研究』文録社，1927 年（明治書房，1939 年）。
大隅和雄『信心の世界，遁世（とんせい）者の心』講座『日本の中世』2，中央公論社，2002 年。
大隅和雄他著『日本思想史の可能性』平凡社，2019 年 3 月 13 日。
加藤周一『日本文学史序説（上・下）』（ちくま学芸文庫）筑摩書房，1999 年 4 月 8 日。
加藤周一『日本文学史序説』補講（ちくま学芸文庫）筑摩書房，2012 年 9 月 10 日。
苅部直『「維新革命」への道』新潮社，2017 年 5 月 25 日。
岸田知子『空海の文字とことば』吉川弘文館，2015 年 11 月 1 日。
金文京『漢文と東アジアー訓読の文化圏』岩波新書（新赤版）1262，2010 年 8 月 20 日。
黒田俊雄『寺社勢力』岩波新書，1980 年。
興膳（こうぜん）宏『仏教漢語 50 話』岩波新書（新赤版）1326，2011 年 8 月 19 日。
小島毅『儒教が支えた明治維新』晶文社，2017 年 11 月 30 日。
小林秀雄『本居宣長』新潮社，1977 年（新潮文庫，上下，1992 年）。
子安宣邦『近代知のｱﾙｹｵﾛｼﾞｰ』岩波書店，1996 年（増補版『日本近代思想批判』岩波現代文庫 2003 年）。
子安宣邦『江戸思想史講義』岩波書店，1998 年（岩波現代文庫，2010 年）。
子安宣邦編『日本思想史』ブックガイドシリーズ基本の 30 冊，人文書院，2011 年 8 月 20 日。
西郷信綱『古事記の世界』岩波新書，1967 年。
相良亨『日本人の伝統的倫理観』理想社，1964 年。
佐々木閑『集中講義　大乗仏教』別冊 NHK100 分 de 名著，NHK 出版，2017 年 4 月 5 日。
佐藤弘夫他編『概説日本思想史』ミネルァ書房，2005 年 4 月 30 日（8 刷 16 年 3 月 30 日）
塩尻和子他監修『図解宗教史』成美堂出版，2008 年 10 月 20 日。
島田裕巳『教養としての世界宗教事件史』河出ブック，河出書房新社，2010 年 10 月 30 日。
清水馨八郎『裏切りの世界史』祥伝社黄金文庫，祥伝社，2004 年 12 月 20 日（旧『破約の世界史』2000 年 7 月）。
『神社年鑑 2018 』平成 30 年度，ギャラリーステーション，2018 年 4 月 15 日。
末木文美士他『鎌倉の古社寺』淡交社，2018 年 3 月 20 日。
ピエール・スイリ（Pierre Souyri）「日本近代化　儒教が背骨」『読売新聞』，2018 年 12 月 21 日付け朝刊。
杉浦寿輝『明治の表象空間』新潮社，2014 年 5 月 30 日。
鈴木大拙編校『盤珪禅師語録』岩波文庫，1941 年 9 月 3 日。
鈴木大拙校訂『驢鞍橋』岩波文庫，1948 年 8 月 5 日。
鈴木大拙『日本的霊性』岩波文庫，1972 年 10 月 16 日。
鈴木大拙『新版東洋的見方』上田閑照編，岩波文庫，1997 年 4 月 16 日。
鈴木大拙『対訳　禅と日本文化』北川桃雄訳，講談社，2005 年 12 月 20 日。
鈴木大拙『無心ということ』末木文美士解説角川ソフィア文庫，2007 年 9 月 25 日。

鈴木大拙『禅学への道』坂本弘訳, アートデイズ(松ケ岡文庫著作権), 2007 年 9 月 25 日。

鈴木大拙『禅とは何か』吉田紹欽 (旧版末木文美士 (新) 解説, 同上 2008 年 12 月 25 日。

鈴木大拙『日本的霊性 (完全版)』末木文美士解説角川ソフィア文庫, 2010 年 3 月 25 日。

鈴木大拙『妙好人, 浅原才市を読み解く』東西霊性文庫, 2016 年 4 月 27 日。

鈴木大拙『禅的生活』横川顕正訳, 岩波文庫, 2016 年 5 月 17 日。

鈴木大拙『大乗仏教概論』佐々木閑訳, 岩波文庫, 2016 年 6 月 16 日。

鈴木大拙『浄土系思想論』岩波文庫, 2016 年 7 月 15 日。

鈴木大拙『アジアの社会倫理の底流と仏教思想』東西霊性文庫, 2016 年 11 月 25 日。

鈴木大拙『東洋的見方』安藤礼二解説, 角川ソフィア文庫, 2017 年 8 月 25 日。

稲田 (せだ) 義行『一気にたどる日本思想』日本実業出版社, 2017 年 3 月 1 日。

高取正男『神道の成立』平凡社選書, 1979 年 (平凡社ライブラリー, 1993 年)。

瀧音能之監修『日本の古代史』宝島社, 2019 年 6 月 25 日。

竹内好 (ヨシミ)『日本とアジア』竹内好評論集 3, 筑摩書房, 1966 年 (ちくま学芸文庫, 1993 年)。

竹村牧男『鈴木大拙 日本人のこころの言葉』創元社, 2018 年 6 月 10 日。

武光誠『「宗教」で読み解く世界史の謎』PHP 文庫, PHP 研究所, 2016 年 8 月 15 日。

竹光誠『地図で読み解く日中韓の古代史』ワニ文庫, KK ベストセラーズ, 2015 年 12 月 1 日。

武光誠他監修『日本の歴史 (上・下)』小学館, 2012 年 2 月 27 日。

『中央公論(誤解だらけの明治維新)』平成 30 年 4 月号, 中央公論新社, 2018 年 3 月 10 日。

陳舜臣・手塚治虫監修『マンガ中国の歴史』全 5 巻, 中央公論新社, 2008 年 5 月 15 日。

津田左右吉『神代史の新しい研究』二松堂書店, 1913 年。

戸坂潤『日本イデオロギー論』白楊社, 1935 年 (岩波文庫, 1977 年)。

戸矢学『神道入門』河出書房新社, 2016 年 1 月 30 日 (旧著『ザ・神道』1982 年 9 月)。

テツオ・ナジタ『懐徳堂 18 世紀日本の「徳」の諸相』子安宣邦監訳, 岩波書店, 1992 年。

『日本の寺院』別冊歴史読本, 新人物往来社, 2003 年 6 月 26 日。

E・H・ノーマン『忘れられた思想家 安藤昌益のこと』大窪愿二訳, 岩波新書, 上下, 1950 年。

『ハーバード・ノーマン全集』全 4 巻, 岩波書店。

野口武彦『江戸の歴史家』筑摩書房, 1979 年 (ちくま学芸文庫, 1993 年)。

長谷川良信『大乗淑徳教本』大乗淑徳学園, 1963 年 4 月 1 日。

林田慎之介『幕末維新の漢詩』筑摩書房, 2014 年 7 月 15 日

尾藤正英『江戸時代とはなにか』岩波書店, 1992 年 (岩波現代文庫, 2006 年)。

広瀬佳司他編『ユダヤ系文学に見る聖と俗』渓流社, 2017 年 10 月 1 日。

廣松渉他編集『岩波哲学・思想事典』岩波書店, 1998 年 3 月 18 日 (03.4.15. 2 刷)。

松尾剛次編集『日本の寺院』別冊歴史読本 53, 新人物往来社, 2003 年 6 月 26 日。

松田彰一『鈴木大拙の金沢』北國新聞社, 2017 年 3 月 25 日。

松村明監修『大辞泉』小学館, 1995 年 12 月 1 日, 1141 頁 (「字音」(呉音・漢音・唐音))。

丸山眞男『日本政治思想史研究』東京大学出版会, 1952 年。

丸山眞男『日本の思想』岩波新書，1961 年。

三品彰英『日本神話論』同論文集第 1 巻，平凡社，1970 年。

源了圓・楊曽文編『日中文化交流史叢書　第 3 巻　思想』大修館書店，1995 年 10 月 1 日。

源了圓・楊曽文編『日中文化交流史叢書　第 4 巻　宗教』大修館書店，1996 年 7 月 1 日。

本村凌二監修『英語で読む　高校世界史』講談社，2017 年 4 月 3 日（7 刷 18 年 4 月 20 日）。

百瀬明治『最澄 [天台宗]』京都・宗祖の旅シリーズ，淡交社，2014 年 10 月 20 日。

三浦佑之『日本霊（りょう）異記の世界』角川学芸出版，2010 年 2 月 10 日。

宮川康子『自由学問都市大阪』講談社メチェ，2002 年。

宮崎正勝『地域からみる世界歴史年表』聖文社，1992 年 10 月 15 日。

村岡典嗣（つねつぐ）『本居宣長』初版，警醒社，1911 年（岩波書店，1928/ 増補版 1/2，平凡社東洋文庫，2006 年）。

村上重良『国家神道』岩波新書，1970 年。

茂木誠『世界史で学べ！ 地政学』祥伝社黄金文庫，祥伝社，2019 年 4 月 20 日。

森和也『神道・儒教・仏教』ちくま新書 1325，2018 年 4 月 10 日。

安丸良夫『近代天皇像の形成』岩波書店，1992 年（岩波現代文庫，2007 年）。

山尾幸久『日本国家の形成』岩波新書，1977 年。

湯浅泰雄『近代日本の哲学と実存思想』創文社，1970 年。

湯浅泰雄『湯浅泰雄全集』ビリング・ネット・プレス。

義江章夫『神仏習合』岩波新書 4 5 3，1996 年 7 月 22 日。

吉田久一『近現代仏教の歴史』マ学芸文庫，筑摩書房，2017 年 5 月 10 日（旧著 1998 年 2 月）。

和辻哲郎『日本古代文化』岩波書店，1920 年（初版，改訂 1925，改稿 1939，新稿 1951）。

第2節　近代化以前の日本経済

　第2節では日本の近代化について検討する。まず近代への準備段階としての近世日本＝江戸時代（17世紀初頭から19世紀半ば）を，次に体制転換の軸としての明治維新を展望する。そして第3節では第2節を受けて，明治時代前期における近代化の意味と近代化実現の具体例を検討し，第4節ではいよいよ本格的に近代社会に突入した日本の世界史の枠組みにおける位置付けを試みる。

1.　近代以前の日本―江戸時代

　17世紀初め，織豊政権を引き継いだ徳川家が一応の国家統一を達成し，江戸幕府を開設した。ここに約270年にわたる長い江戸時代が始まり，戦乱のない安定的な政権のもとで市民社会が成熟していった。武家政権による支配として成立していた江戸時代の特徴を整理すると次のようになる。

　1）封建主義統治：江戸幕府は統治の手段として中央集権と地方分権を使い分けた封建主義の方法を採用した。すなわち藩主の任命権は幕府が所有し，各地域（藩）の統治は藩主にまかせるというものであった。この統治法では，それぞれの藩で独自の教育システムをとることが可能であり，結果として日本各地で優れた人材を輩出することとなった。しかし，分権化が進みすぎたことが原因で，たとえばある藩で飢饉があったとしても隣の藩が援助を差し向けることができない，など中央集権的な政策がとれなかったという欠点もあった。

　2）産業の発達：戦国時代の混乱からようやく脱却し，安定政権を迎えるとともに産業も安定した生産をあげるようになっていった。肥料の改良や農耕器具の普及，新田開発により，米や麦などの農業生産が増加し，木工製品や金物の製造業，綿製品・絹製品などの織物業も発達した。また幕府や諸藩が積極的に鉱山の開発を行い，佐渡金山や生野・石見銀山，足尾銅山や釜石鉱山などで採掘が行われた。〔17世紀オランダの興隆を支えたのがほかならぬ日本であった。海

洋アジアの貿易決裁手段である金銀銅の断突の供給源が日本だった。当時の日本の金銀銅の産出高は世界でトップクラスであった（川勝平太「世界覇権と日本」日本経済新聞社編『歴史から読む現代経済』18頁）〕

3）商業の発達：農業や鉱工業など産業の発達に伴い商業も発展し，貨幣の流通も活性化した。18世紀初頭，大阪で世界初の米の先物取引市場が機能した。商人階級が力を持ち，商業都市が発展した。

4）交通網の整備：参勤交代のシステムを実行するための江戸五街道を中心に，全国各地の道路網が整備された。また海運も盛んで，17世紀後半には商品集積地大阪や消費地江戸に年貢米を回送するために東廻り航路や西廻り航路が開通していた。交通網の発達は，商品や人的交流ばかりでなく，為替による金融の流通においても重要な意味を持っていた。

5）教育システムの充実：商売に必要な読み書き・そろばん等を教える寺子屋教育が普及し，庶民の計数能力も飛躍的に高まっていった。寺子屋は明治維新の頃までに全国で1万を超えて普及していた。藩士の養成を目的とする藩校も200を越えていたとされ，一般庶民に門戸が開放されている場合も少なくなかった。

6）循環型環境システムの完成：民家から排出される屎尿を回収し，畑に肥料として散布し，農作物を収穫する循環型環境システムが完成していた。因みに当時ベルサイユ宮殿にはトイレがなかった。

これらは江戸時代が育んだ「大いなる遺産」（高い教育水準，商業・金融の発達，交通網の整備，産業の発展等）であり，このなかのいくつかは明治時代以後の近代化を促進するための重要な要因となった。

2. 明治維新の背景

江戸幕府は徳川家に忠誠を尽くす武家階級を中心とした封建的体制であったが，戦乱もなく長期的安定社会となると，商人階級が貨幣経済の隆盛とともに力を持つようになった。武士階級に失業者が生じ，士農工商という階級制度も形骸化していった。江戸幕府は貨幣経済を十分にコントロールする能力を有せ

ず，様々な社会的混乱を引き起こした。武士階級の弱体化，商人階級の隆盛という社会構造の変化により，商業社会が成熟していった。非生産的な武士を抱えている幕府や藩は苦しい財政状況にあり，民間部門である大商人が幕府や藩に資金を貸し付け富を得た。このような社会背景のもと，明治維新への準備が醸成されていったが，この状況を整理してみると次のようになる。

1）儒教教育の発展：江戸幕府は統治原理として忠誠心を重んじる儒教を重視し，全国の各藩の藩校でも儒教教育が発展した。江戸時代の庶民は，小説や歌舞伎（たとえば『南総里見八犬伝』『忠臣蔵』）などを通して日常生活のなかでごく自然に忠信を説く儒教の原理を理解することができた。儒教教育の隆盛に伴い，儒者や，儒教の影響を受けた国学者によって尊皇思想（天皇および天皇制を敬う思想）が醸成されていった。

2）財政政策の限界：ほとんど国内産業にのみ依存して成立していた江戸幕府の財政は，たとえば農産物の生産高が減少すると，忽ちそれに影響を受けてしまうという脆弱な経済体制でもあった。江戸時代は農産物などの生産が増大し貨幣の流通量も増え貨幣経済を実現することができたが，その貨幣をコントロールする能力を江戸幕府は持ちえなかった。その最大の被害者は，下級武士であった。

3. 明治維新のプロセス

明治維新は，海外からの圧力に屈し止むを得なく開国を標榜した江戸幕府軍と尊皇懐夷（天皇を敬い，外国の敵と対決する）を標榜した京都の公家および地方の失業武士を中心とする薩長連合軍との対立であり，薩長連合軍がクーデターに成功した。1868年勝海舟や西郷隆盛らの尽力により江戸幕府は被害を最小に止めたまま政権を薩長連合軍に移譲した。薩長連合軍がかかげた攘夷論は明治維新後現実に即して撤回された。明治新政府は尊皇思想を中心に据え，経済については攘夷論を取り消し（或いは保留し），開国政策への政策転換をはかった。明治政府は，江戸時代末期から明治初期にかけて欧米から摂取した学問や文化・技術によって，近代化を実現しようとした。また民衆を精神的に

統治するために，天皇制を中心に据えた国家神道による民衆把握を目指し，たとえば散切り頭にした明治天皇の御影（写真）を公表するなどしてライフスタイルの西洋化と尊皇思想を同時に民衆に普及させようとした。

4. 明治維新期の近代化

　明治維新以前，江戸幕府は開国政策に踏み切り，フランスと通商を結ぼうとした。また各藩でも独自に近代化を進めようとする動きは存在した。近代的工業の育成を試みていた薩摩藩などにその兆候を確認できる。しかし明確に政策として国家レベルで近代化を進めようとする動きは明治政府に求められなければならない。明治政府は文明開化により積極的に西洋文明を摂取し，電信・電話・郵便・鉄道・馬車などを政府自身や政府と密接に結びついた民間企業などによって導入していった。こうしてようやく明治時代になって近代化が政府主導により始まったが，では近代化とは何を意味し，どういう状態を示すのか？次節でそれを確認することにしたい。

（引用文献）
1. 浅羽良昌他編『世界経済の興亡 2000 年』東洋経済新報社，1999 年。
2. 南亮進『日本の経済発展（第 3 版)』東洋経済新報社，2002 年。
3. ウォーラーステイン，田中治男他訳『世界経済の政治学』同文舘，1991 年。
   (Imanuel Wallerstein, *The Politics of the World-Economy the State, the Movement, and Civilizations*, NewYork: Cambridge University Press, 1984.)

第3節　近代化の意味と日本

　第2節では日本の前近代における近代化への展開と明治維新期の近代化を検討した。第3節では，先ず初めに近代の概念を明らかにしたうえで明治時代の近代化政策を展望する。

1.　近代化の意義

　富永健一によれば世界史(西欧史)における「近代化」とは，1)政治的近代化(民主化)，2)社会的近代化（自由と平等の実現），3)文化的近代化（合理主義の実現）および4)経済システムの近代化からなる（富永健一『日本の近代化と社会変動』講談社，1990年）。

　1)政治的近代化とは，政治的意志決定が，市民・大衆により民主主義の手続きをふまえてなされ，またその決定が高度の能力を持つ専門化された官僚的組織によって実現されることである。

　2)社会的近代化とは，社会集団が，血縁的紐帯からなる親族集団や感情的結合集団（ゲマインシャフト）の段階から脱却し，機能的に分化した目的組織・契約的集団（ゲゼルシャフト）の段階に移行することである。

　3)文化的近代化とは，芸術や科学など，文字や記号によって客観的に表現されている諸文化要素の中で，とりわけ科学分野が発展し，それに伴って科学的・分析的精神が育まれていくことである。それらは教育によっても普及される。迷信や呪術や因習等非合理的な文化要素の占める余地が小さくなっていく。

　4)経済システムの近代化とは，経済活動が自律性を持った効率性の高い組織によって担われて，「近代経済成長」を達成していくメカニズムが確立されていることである。

2.　市民革命にみる近代化

　世界史における近代化の過程をみると，近代化とは西欧において17世紀か

ら19世紀にかけて育まれた概念であり，政治的には，王様に対する議会の優位性を確立した（ピューリタン革命や名誉革命などの）英国市民革命や，主権在民を明示した憲法を発布した米国独立革命，三権分立や福祉権，教育権などの基本的人権の思想を明確にしたフランス革命により達成されていった。これらは明らかに市民の権利を明確にするための革命であったが，その背景には，大規模資本主義経済の発達とそれに伴う市民社会の成熟による構造的変化が要因として存在した。英国の議会は産業資本家を代表し，産業革命により達成された大規模資本主義経済の主役はいうまでもなく市民であった。

3. 産業革命の拡大

　西欧における経済面での近代化は，産業革命を転換点として確立されていった。ルネサンス以来の商業階級の発展に端を発し，産業革命期の技術発展とそれに伴う工業・農業生産の増大により市民社会が権力を獲得した。また産業の飛躍的発展により大規模資本主義が成立し，力を持った資本家や経営者が出現した。資本主義の拡大競争はまず英国がリードし，後発国としてフランスやドイツが追随していった。西欧諸国は大規模資本主義の拡張を押し進め，欧州からアフリカ，アジアに市場を求め，ついに極東の日本にも進出していった。

4. 日本の産業近代化

　ここで改めて日本の近代化をみてみよう。明治初期は軽工業に重点が置かれ，絹織物などの輸出が盛んで，また社会のインフラ整備が第一の国家事業であった。まず郵便・電信・鉄道のインフラが整備され，次に生産物・金融・労働の全国市場が20世紀初頭に形成された。これらの事業は西欧文明の輸入と江戸時代の知的遺産を引き継ぐことによって実現されていった。しかし大規模な経済発展を期待するには時期尚早であった。日清戦争や日露戦争などを経て産業の中心は重工業に移行し，造船業や海運業の成長が促進されていった。造船業の発展は原動機・電気機械の需要を高め，一般機械工業の発展も促進した。機械工業の基礎は20世紀初頭に形成された。1897年に設立された官営八幡

製鉄所は 1901 年に操業を開始し，工業化に不可欠な鉄鋼の国産化の途を開いた。西欧的な近代化が大規模資本主義を実現する重工業を中心とした産業発展と捉えるならば，日本の（経済的な）近代化はこの時期（20 世紀初頭）によようやく始まったということができよう。また市民社会の観点から近代化を捉えるならば，明治政府は，技術は西洋から思想は日本から，という和魂洋才と呼ぶ方針を推進したので，欧米式の民主主義がより完全なかたちで日本に導入されるのは第 2 次世界大戦後まで待たなければならなかったといえる。

(引用文献)
1. 南亮進『日本の経済発展（第 3 版）』東洋経済新報社，2002 年。
2. ウォーラーステイン，田中治男他訳『世界経済の政治学』同文舘，1991 年。
3. 金森久雄『日本経済読本（第 16 版）』東洋経済新報社，2004 年。
4. 富永健一『日本の近代化と社会変動』講談社，1990 年。
5. 正村公宏他『日本経済論』東洋経済新報社，2002 年。

種類	近代化の意味			
	政治的近代化	社会的近代化	文化的近代化	経済システムの近代化
思想	民主主義の実現	自由と平等の実現	合理主義の実現	近代経済成長の達成
組織形態	高度に専門化された官僚集団	ゲマインシャフト（共同社会）からゲゼルシャフト（利益社会）への移行	迷信や呪縛や因習等から非合理的な文化要素の余地が小さくなっている	自律性を持つ効率性の高い組織によって培われている

備考）富永健一，マックス・ヴェーバー（社会構成員の移動の活発化，機械的連帯から業績的連帯，脱宗教化）等の著書，『現代思想を読む事典』等により木村武雄が作成。

第4節　世界史における近代化と日本

　第4節では，第3節で定義づけを試みた「近代化」をキーワードとして世界史的な展開を眺めてみる。西欧各国の近代化の問題を取り上げ，それに対する日本の対応という視点から状況を捉えてみたい。

1.　近代世界の把握

　近代化の意味については，前節で触れてみたが，改めて整理してみよう。まず欧州はルネサンス期，ベニスの商人の時代から，まず大航海時代にスペイン・ポルトガルが，次にスペインを継いだ，オランダ・英国が覇権争いをし，絶対王政（フランス），独立戦争（米国），市民革命（英国）を通過し，産業革命を経て近代化が達成された。西欧各国はアフリカやインド，中国に市場を求めた。西欧の大規模資本は全世界に拡張していった。それに比べ，欧州の植民地政策の犠牲になったアジアやアフリカでは近代化は大幅に遅れた。厳密に議会制民主主義と近代資本主義を実現した国家の出現は20世紀まで待たなければならなかった。こうして世界全体を近代化の先進国，後発国として捉えることができる。これをイマニュエル・ウォーラーステインに従って整理してみると次のようになる。

2.　ウォーラーステインによる近代化の構造把握―覇権と周辺

　I. ウォーラーステインは「大航海時代」以降，西欧が中核となって，東欧・ロシア・新大陸・アジア・アフリカの富を収奪する不平等なシステム（構造）が成立し，歴史が展開したと考える近代世界システム論を展開し，世界各国について，次の3つのタイプに分類した（川北稔監修『最新世界史図説タペストリー』帝国書院，156頁）。　a)「中核」：世界経済の中心となって繁栄した国・地域。b)「覇権」：a) のなかでもその最先端をいくのが覇権国家である。c)「周辺」：中心を支える役割を行った国・地域である。16世紀にはスペインが，17世紀はオランダが，18

206

・19世紀は産業革命を契機に英国が，そして第1次世界大戦後の20世紀以降は米国が覇権国となった。なおウォーラーステインによれば（ウォーラーステイン著，田中治男ほか訳『世界経済の政治学』同文舘，1991年，64頁），17世紀中葉（1620-72年）のオランダ，19世紀中葉（1815-73年）の英国，20世紀中葉（1945-67年）の米国，これらの国には4つの類似点がある。

(1) 3つの経済的領域（農業・商業・金融）において同時に優位性が存在する。

(2) 覇権国が覇権を有している間は「自由主義」の唱道者となる傾向がある。

(3) 覇権の力は当初海軍国（今日では海・空軍）としていたが，結局陸軍の必要性を悟る傾向がある。

(4) 覇権国になる機会は30年に渡る戦争だった。オランダは1618年のドイツ30年戦争でハプスブルク家に勝利した。ナポレオン戦争（1792-1815年）で英国はフランスに勝利した。2つの世界大戦（1914-45年）で米国はドイツに勝利した。

次に覇権国家を中心に，西欧における前近代および近代化を展望する。

3. 前近代の展開―オランダの発展

オランダは1581年スペインに対して独立宣言し，1588年英国によるスペイン無敵艦隊撃破などの支援を受け，1648年ヴェスト・ファーレン条約により正式に独立した。1688年英国名誉革命では英国と友好関係を持ち，バルト海貿易において圧倒的優位を得た。自国の商工業・漁業・農業の発展を実現し，市場を拡大し東南アジアのモルッカ（香料）諸島，マラッカを支配した。首都アムステルダムには多くの資金が集中し金融市場の中心となった。欧州で唯一日本との取引があり，江戸時代にはオランダを通じて西欧文化が輸入されていた。オランダの関心は，インドネシアのゴム等の資源であった。

4. オランダから英国への覇権移譲

オランダ資金はその後英国産業に投資されるようになった。イングランド銀行への総投資額（360万ポンド）のうち86%はオランダからの資金であり，

また英国東インド会社への総投資額（76万ポンド）のうち89%はオランダからの資金だった。しかしオランダの主力商品だったアジア香辛料の人気が落ち、英国の主力商品だったインド産の綿布（キャラコ）が大流行し始めたころから貿易の覇者は英国に代わりつつあった。英蘭戦争（1652-54年，65‐67年，72-74年）でオランダは衰退した。1664年英国はオランダ領のニューアムステルダムを占領し，ニューヨークと改称した。

5. 各国の貿易政策

(1) 英国の貿易政策

18世紀，英国の産業は飛躍的発展を示した。1733年ジョン＝ケイの飛び梭以降の技術革命，1765年ワットの蒸気機関の動力革命等の産業革命を実現した。英国はアフリカやアジアに市場を拡大することにより資本主義を巨大化し，18世紀後半から19世紀半ばまでに欧州をリードした。英国はまずインドを植民地化し，次に中国（当時の清）に三角貿易を強要し，利益を得た。英国は産業革命で優位性のある綿織物をインドへ，インドの阿片を中国へ輸出して，銀の流出の阻止を図った。清の林則徐が阿片を破棄し1840年阿片戦争勃発。清は英国に敗戦し，香港の割譲，広州等の5つの開港，賠償金2,100万ドル等を背負わされた。江戸幕府はこの情報を長崎の出島のオランダ商館を通じて入手していた。英国は日本進出の余裕はなく，日本に対して中国ほど魅力を感じなかった。むしろ英国は19世紀後半，1853年ロシアとのクリミア戦争をはじめとし，インド，ビルマ，エジプト，スーダン，南アフリカなどを植民地化する戦争を続けた。

(2) 米国の戦略

米国は西太平洋における捕鯨のための食料補給基地として日本の港を必要とした。1853年浦賀に来港したペリーは開国を迫り，54年日米和親条約を結んだ。その後の対日政策は南北戦争（米国史上最大の死者が出た戦争，1851‐65年）などの理由により発展しなかった。米国は南北戦争後に急速に発展し，1870年代英国を抜いて世界一の工業国となった。

(3) ロシアの戦略

ペリーに続いて1953年ロシア使節プチャーチンが長崎で国書を江戸幕府へ提出した。米国と同様に1855年日露和親条約を締結したが，その後やはり対日政策は発展しなかった。ロシアは「東方問題」で，オスマン・トルコの衰退に伴い，列強との凌ぎあいを強いられた。

(4) フランスの戦略

1804年ナポレオン帝政，ウィーン反動体制，48年2月革命，51年ルイ＝ナポレオンのクーデターなどにより，フランスの国内政治は長期間不安定であった。1858年インドシナ出兵，62年コーチシナ東部獲得，63年カンボジア保護国化を実現したが，1870年プロイセンとの戦争に敗北した。対外戦略は頓挫したが，1881年チュニジアを，1883年ベトナムを保護国化し，84年には清仏戦争（~85年），87年赤道アフリカ地方領有，93年ラオスを保護国化した。

(5) ドイツ

ドイツはドイツ関税同盟により経済的結束を強化した後，政治的国内統一に向かった。オーストリアがその阻害要因だったが，普墺戦争で勝利した。普仏戦争でフランスに勝利した後，近代化，工業化を一気に進め，英国に次ぐ工業国にまで発展した。しかし植民地獲得に出遅れ，青島，南洋群島領有に止まった。明治以前の日本との結びつきはなかった。

以上がその概要であるが，ほかの国では，イタリアは圏内統一が愁眉の課題だった。フィリピンは米西戦争により支配権がスペインから米国に移った。

6. 日本の国家戦略

江戸幕府は当初対外政策をなるべく穏便に図りたいと考え，開国強行派の英国と対立するフランスと手を結んだ。一方倒幕派の薩摩，長州は英国等と戦争（1863年7月薩英戦争，8月下関4国艦隊砲撃）になったが，局地戦に止まった。江戸幕府は開国を認め，1867年大政奉還を奏上し延命策をはかった。結果的に江戸幕府は，薩長連合と公家勢力を中心とする倒幕派のクーデターにより消滅した。明治政府は外国支配の構図ができあがるのを恐れ，外国支配の及ばない中央集権国家の確

立を目指した。中国・インド・トルコの先例があった（1871年には伊藤博文ら派欧使節団を派遣し，見聞した）。軍事面，財政面，産業支配面も同様で，明治政府は殖産興業や軍事力強化を推進し，外国から資金援助を嫌った。技術の伝達や各種の近代的制度の確立に尽力する外国人を高給で雇ったが，政府の政策決定をする高官に登用しなかった。当時の日本人の教育水準で習熟可能なものしか技術輸入しなかった。日本の開国前後（19世紀後半）の列強は，英国も，ロシアも，フランスも米国もオランダも日本に構っていられない事情を抱えていた。ましてや，統一のされていなかったドイツ，イタリアも同様であった。日本が外国支配を恐れていたのは事実であるが，運命の女神は日本に微笑みを浮かべていたに違いない。

〔引用文献〕
1. 南亮進『日本の経済発展（第3版）』東洋経済新報社，2002年。
2. ウォーラーステイン，田中治男他訳『世界経済の政治学』同文舘，1991年。
3. 金森久雄『日本経済読本（第16版）』東洋経済新報社，2004年。
4. 富永健一『日本の近代化と社会変動』講談社，1990年。
5. アンガス・マディソン，金森久雄監訳『経済統計で見る世界経済2000年史』柏書房，2004年。

図　中国と英国の貿易

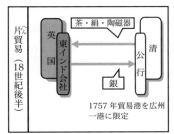 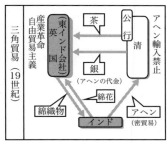

片貿易によって巨大な貿易黒字に潤っていた清朝は，英国がインド産アヘンによる三角貿易を始めると，大量の銀を流失し，深刻な財政難に陥った。
〔引用文献〕『プロムナード世界史』浜岳書店，2002年，134頁。

第5節　高度成長と日本

　朝鮮戦争による特需をきっかけに日本経済は成長への兆候を示し始めた。第5節では戦後経済の高度成長を，1955年特需景気および投資景気，1954-1957年の神武景気，1955-1961年の岩戸景気，そして1965-1970年のいざなぎ景気までと捉え，その成長過程を展望する。

1.　朝鮮戦争による特需と産業の合理化

　1950年に勃発した朝鮮戦争で地理的に朝鮮に近い日本は国連軍（主に米軍）から要請を受け，物資やサービスを調達した。主な物資は，有刺鉄線や，毛布・麻袋などの繊維製品，携帯食料など，サービスは機械修理，建物建設，通信などの労働力サービスであった。この朝鮮特需によって日本の輸出は伸長し，安定恐慌から脱出した。1951年4月，マッカーサーがGHQを解任され，6月末をもって米国による対日援助が打ち切りとなった。9月サンフランシスコ講和条約が締結され，日本は独立国として承認された。1952年，53年には朝鮮特需により年間20億円を超える輸入が可能となった。

　朝鮮戦争の特需とそれから派生したインフレは経済復興ばかりでなく日本の産業構造の合理化・近代化を促した。鉄鋼業を例にみると，1) 投資規模の拡大，2) 設備の近代化（延圧部門の明治以来の旧い工作機械を最新機械に変更し生産力を上げた），3) 後発メーカーの参入（官営企業の「日本製鉄」が解体され，先発の日本鋼管，八幡製鉄，冨土製鉄の3社に後発川崎製鉄，神戸製鋼などが参入した）が実現し，それにより鉄鋼業界が活性化し寡占競争状態となった。鉄鋼の総生産高は飛躍的に増大し，国際競争力を得るまでにいたった。鉄鋼業のこのような合理化・近代化は，石油精製業などほかの産業にも波及し産業界全体の合理化・近代化が実現されていった。これが戦後高度成長の準備段階となったのはいうまでもない。

2. 戦後高度成長期

　朝鮮特需から始まる日本の経済発展は安定成長ではなくダイナミックな成長を示した。1956年政府の経済報告は経済復興を認め，同年の『経済白書』には有名な「もはや戦後ではない」という表現が盛り込まれた。1955年以降の主要な好景気は朝鮮特需直後，1954-1957年の神武景気，1955-1961年の岩戸景気，そして1965-1970年のいざなぎ景気である（昭和29年〜昭和45年）。昭和でこの10年間（昭和30年〜昭和40年）をみるとこの間の経済成長率は国民総生産で2.4倍（昭和30年17兆円，昭和40年41兆円），実質成長率年9.3%となった。それぞれの景気の特徴をみてみよう。

(1) 神武景気（1954-1957年）

　朝鮮特需によるインフラの整備など，基幹産業の合理化・近代化が進み，それに伴って，設備投資が活発となり（1956年度で58%），産業の大型化，企業の巨大化をもたらした。また投資の結果発生した収益はさらに投資にあてられ，高度成長のサイクルがここに始まった。景気過熱最中の1956年スエズ動乱が起こり投機的輸入が増大した。その結果日銀の外貨が激減し，金融引き締め政策を開始し，神武景気は終息した。

(2) 岩戸景気（1958年6月-1961年12月）

　神武景気以来の設備投資の活発化，技術革新，消費の増大により，神武景気を上回る実質国民総生産年10%以上の成長を達成した。設備投資など生産部門の成長は神武景気とほぼ同じであるが，三種の神器（白黒テレビ，電気洗濯機，冷蔵庫）などの個人消費や持ち家所有，輸出など消費部門の成長が顕著になった。

(3) いざなぎ景気（1965-1970年）

　岩戸景気をさらに発展させたのがいざなぎ景気であった。消費面では三種の神器は新三種の神器，三C（カー，クーラー，カラーテレビ）に代わり，産業構造は第3次産業（サービス業）の割合が増大しはじめた。自動車などの機械産業が国際競争力を持ちはじめた。

3. 産業の発展と消費の拡大

　基幹産業の発展は雇用拡大を促進し，それは消費の拡大（おもに耐久消費財）に繋がっていった。最初三種の神器が，皇太子ご成婚や1964年東京オリンピックをきっかけに普及し，その後3Cといわれた新三種の神器などの家庭用耐久消費財が普及した。旺盛な個人消費需要により，製品の供給伸長も実現されていった。国内企業間の寡占競争が起こり，消費者の製品クオリティーに対する欲求も高くなった。高度成長期の消費拡大の要因としては，1)個人所得の拡大，2)核家族化による世帯増，3)大衆消費と規模の経済の相乗効果などがある。

(1) 個人所得の拡大

　政府の経済政策「所得倍増計画」が達成された（1960年池田勇人首相公約）。経済成長の停滞を防ぐための政策で，背景には近い将来成長がとまると予想する悲観論者と潜在的国際競争力が十分にあるという期待論者の議論があった。

(2) 核家族化による世帯数増加

　核家族化により少人数家族構成の家庭がふえ，耐久消費財を中心に消費をのばした。

(3) 大量消費と規模の経済性の相乗効果

　耐久消費財の需要の所得弾力性が高かったため，所得の上昇が一挙に需要増をもたらす。大量生産が製品価格を引き下げ，さらに需要を喚起した。

4. 経済高度成長をもたらした要因

(1) 民間設備投資

　1955～72年に掛けて，民間設備投資比率は年平均17.3%の極めて高率であり，70年前後の15%を上回る規模だった。民間設備投資の活性化は財閥解体などで，新しい経営者や投資家が登場し，投資市場が活性化したためと，高度成長期の「投資が投資を呼ぶ」状態が持続したことによる。

(2) 人的資源

　工作機械や経営システムの発展と進学率の向上などによる人的資源の質的向上が相乗効果をあげ，労働生産性が飛躍的に向上した。

(3) 最終生産市場の拡大

内需については既に触れたが,海外市場にも大量のエンドユーザーが存在し,日本製品の売上高をさらにのばした。

(4) 高い貯蓄率

日本の家計貯蓄率は高度成長期平均で13%台で推移していった。高貯蓄率は設備投資（企業が銀行から融資を受ける）を促進し結果的に日本の経済成長を支えた。

(5) 国際競争力

当初 Made in Japan は粗悪品の代名詞であったが,品質が向上し,海外消費者の信用を獲得した。安価・高品質を武器に輸出を伸ばしていった。

（引用文献）
1. 浅子和美他編『入門・日本経済（新版）』有斐閣, 1997 年。
2. 金森久雄編『日本経済読本（第16版）』東洋経済新報社, 2004 年。
3. 小峰隆夫『最新日本経済入門（第2版）』日本評論社, 2003 年。
4. 橋本寿朗他『現代日本経済』有斐閣アルマ, 1998 年。
5. 林直道『現代の日本経済（第5版）』青木書店, 1996 年。
6. 南亮進『日本の経済発展（第3版）』東洋経済新報社, 2002 年。
7. Takatoshi Ito, *The Japanese Economy*, MIT Press, 1992.
8. A. Gershenkron, *Economic Backwardness in Historical Perspective : A Book of Essays*, Cambridge, Massachusetts: Harvard University Press, Belknap Press, 1962.
9. Y. Miyazaki, "Rapid economic growth in Postwar Japan", Peter Drysdate and Luke Gower eds. , *The Japanese Economy* Part 1 Vol. II , 1998, London, New York :Routledge, pp. 133-155.

三種の神器

三種の神器 （さんしゅのじんぎ）			新三種の神器 （昭和40年代 (1965-74年)) 3 C		
八咫鏡 (やたのかがみ)	草薙の剣 (くさなぎのつるぎ)	八尺瓊勾玉 (やさかにのまがたま)	color television	cooler	car
新三種の神器 昭和30年代 （1955 〜 64 年）			2000 年代の三種の神器		
白黒テレビ　television 電気洗濯機　washing machine 電気冷蔵庫　refrigerator			薄型テレビ　flat panel TV DVD レコーダー　digital versatile disc recorder デジタルカメラ付携帯電話　　　　mobile phone with digital camera		

〔引用文献〕木村武雄『経済用語の総合的研究（第5版）』創成社, 51 頁。

第6節　インフレと日本

　インフレーション（以下インフレと略記）を伴う経済成長は日本経済の特徴であるが，1960年代後半には一国の経済問題を超越していた。日本の貿易収支が黒字なのに対し，米国のそれはベトナム戦争の影響などもあり，赤字に転落していた。その結果ニクソンショックにより日本の金融為替制度が変動相場に代わり，1972年石油危機と円切り上げおよび円の変動相場制転換に端を発するインフレが狂乱物価をもたらした。第6節では1972〜1974年ごろのインフレを中心にオイルショックまでを展望する。インフレの語源はインフレート（膨脹する）からきており，貨幣が物量を相対的に超過して発行され貨幣価値が下落することを指し，「通貨膨脹」と訳す。

1.　インフレの経緯
(1) 1972年のインフレ
　わが国の経済成長とインフレの関係を，具体的な数字であらわすと「物価のもっとも総括的な指標であるGDEデフレータ（GDE= 実質国民総支出，デフレータ = 価格修正要因）は，戦前（1889〜1938年）では3.9%，戦後（1955-97年）では4.4% という成長率を記録した」（南亮進『日本の経済発展（第3版）』東洋経済新報社，2002年，269頁）となる。戦後の代表的なインフレは，1）終戦直後の品不足と急激な人口増によるインフレ（緊急金融措置により預金が封鎖されその結果新円が発行された）と，2）1972年ころの円高と石油危機によるインフレ，の2つであり，ここでは2）の1972年のインフレを取り上げる。まずはじめに1972年前後の経済状況を以下のとおり整理してみよう。

(2) ニクソンショック
　1960年代の高度成長時代，日本の経済力は次第に国際競争力を獲得し，貿易黒字も増大していった。その結果国際収支において黒字不均衡が生じ，相対的に米国の国際収支が赤字に転じていった。米国の対日赤字は十数億ドルとな

1969 年 8 月	公定歩合引き上げ（5.84% → 6.25%）
1970 年 7 月	いざなぎ景気終わる
1970 年 10 月	公定歩合引き下げ（6.25% → 6.0%）
1971 年 1 月	公定歩合引き下げ（6.0% → 5.75%）
1971 年 2 月	OPEC 原油価格引き上げ要請通る
1971 年 5 月	公定歩合引き下げ（5.75% → 5.50%）
1971 年 7 月	公定歩合引き下げ（5.50% → 5.25%）
1971 年 8 月	米国新経済政策（金・ドル交換停止など）ニクソンショック。 円，変動相場へ移行
1971 年 12 月	米スミソニアンで 10 ヵ国蔵相会議 スミソニアン体制発足（多国間通貨調整合意） 1 ドル ＝ 308 円の新レート（16.88 % の切り上げ） 公定歩合引き下げ（5.25 % → 4.75 % ）
1972 年 5 月	第二次円対策決定（財政金融政策，輸入促進）
1972 年 6 月	公定歩合引き下げ（4.75 % → 4.25%） 田中角栄通産相「日本列島改造論」を発表
1972 年 7 月	第一次田中内閣発足
1972 年 12 月	第二次田中内閣発足
1973 年 2 月	EC 諸国変動相場制へ移行（スミソニアン体制崩壊） 日本，変動相場制へ移行
1973 年 4 月	公定歩合引き上げ（4.25% → 5.0%）
1973 年 5 月	公定歩合引き上げ（5.0% → 5.5%）
1973 年 7 月	公定歩合引き上げ（5.5% → 6.0%）
1973 年 8 月	公定歩合引き上げ（6.0% → 7.0%）
1973 年 10 月	1 ドル ＝ 254 円，以下円安傾向 オイルショック起こる
1973 年 12 月	OPEC 原油公示価格の 2 倍値上げを発表
1973 年 12 月	公定歩合引き上げ（7.0 % → 9.0%，戦後最高）

りドルの信用は下落していった。円の切り上げが議論され，国際通貨体制の立て直しが叫ばれた。その渦中 1971 年 8 月に出されたのが，米国大統領ニクソンによる，金＝ドルの交換停止と，輸入に対する一律 10% の課徴金賦課を掲げた緊急経済措置である。この政策は日本ではニクソンショックと呼ばれ，実質的に他の国にドル・レートの切り上げを追ったものであった。同年 12 月円切り上げが実施され，1 ドル＝308 円となった。円切り上げの直接の被害者は

日本の中小企業で，円切り上げと課徴金による被害をダイレクトに蒙った。な
おこのとき日本銀行は赤字覚悟でドル買い支えを敢行し，外国為替銀行や商社
の損失を防ぐ役割を果たした。

(3) 変動相場制

1971 年 12 月米国スミソニアンで行われた 10 ヵ国蔵相会議で，ドル切り下
げ（円切り上げ 1 ドル = 308 円）ドルと金の交換停止などが定められた。これを
スミソニアン協定というが，結果的に米国の貿易赤字を救済することに失敗し，
さらなる通貨不安が高まっていった。1973 年 2 月，米ドルの 10% 切り下げ
が実施され，円は変動相場制（変動相場ではない）に移行した。これはスミソ
ニアン体制の崩壊とみなされ，円は，同年 10 月には 1 ドル =254 円までに切
り上げられたが，以後円安傾向を示していった。変動相場制への移行は，米国
の保護のもと固定相場制を最大限に利用して経済成長に邁進した日本経済が，
結果的に国際的な金融不均衡を起こし，それを解消するために取られた措置と
いえる。ニクソンショックによる変動相場（制）への移行は，円高指向となり，
日本経済に過度のインフレをもたらした。

(4) 1972 年のインフレ

1972 年の秋ころから物価の騰貴が，1974 年にはオイルショックが起こり，
日本経済はインフレ状態になった。その間の状況を展望してみよう。a) 1960
年代からの高度成長と円切り上げにより日本経済は貿易収支黒字による貨幣が
過剰になっていた。また円切り上げによりドル売り円買いが進み，外貨準備が
増えた。b) 田中角栄首相により「日本列島改造論」が打ち出され，日本各地
で土地投機の機運が高まっていた。高速道路や鉄道などへの設備投資も活発化
し，投資を煽った。c) オイルショックについては以下で触れる。

(5) オイルショック

1973 年 10 月，第 4 次中東戦争が勃発し，アラブ諸国により構成される
OAPEC はイスラエルを支持する国に対し石油供給の制限を宣言し，原油価格
の引き上げを決定した。原油価格については 10 月に 70% 公示価格切り上げ，
12 月にはさらにその約 2 倍に切り上げ，翌 74 年 1 月から実施され，石油依

存率の高い日本は先進諸国中もっともその被害を受けた。これがオイルショックであり，日本経済は大混乱に陥った。1973年10月には，繊維，洗剤，砂糖，トイレットペーパーなどの投機的買い占めが行われ品不足になった。オイルショックに対する日本政府の対応は，1)「省エネ」といわれた石油総需要抑制政策と，2)物価を安定させることであった。1)に対する石油供給は順調に進み，当初の省エネ政策は次第に緩和されていった。むしろ2)のオイルショックに端を発した狂乱物価の沈静が政府の早急の課題であった。政府は物価安定に力を入れ，多くの企業がそれに協力した。その結果1974年8月以降物価上昇は沈静化していった。なお1974年，日本経済は戦後はじめてマイナス成長（0.2%減）となったが，物価は狂乱し上昇傾向にあり，不況とインフレが共存した。このようにインフレーションとスタグネーション（不況）が同時に発生する状態をスタグフレーションという。

(引用文献)

1. 岩田規久男『日本経済を学ぶ』筑摩書房，2005年。
2. 林直道『現代の日本経済（第5版）』青木書店，1996年。
3. 南亮進『日本の経済発展（第3版）』東洋経済新報社，2002年。
4. 木村武雄『経済体制と経済政策』創成社，1998年。
5. 南亮進『日本の経済発展（第3版）』東洋経済新報社，2002年。
6. 藤野正三郎「インフレーションと失業」大来佐武郎他編『国際シンポジウム新しい繁栄を求めて』日本経済新聞社，1977年。

第7節　バブル経済と日本

　第7節では，1987年から1990年にかけて，低成長時代に一時咲いた徒花^{ひととき}であるバブル期経済を検討する。

1.　バブル要因

　1980年代後半のバブル経済を準備した要因としては，(1)日米貿易摩擦，(2)金融緩和政策，(3)金融自由化政策があげられる。

(1) 日米貿易摩擦

　レーガン大統領の減税政策により米国経済が景気回復し，83年以降日本の対米輸出が増加した。米国経済は高金利政策によりドル高円安基調にシフトした。それが追い風となり日本の対米輸出額が飛躍的に伸び貿易収支の不均衡が拡大し，結果として日米貿易摩擦に至った。ドル暴落或いは国際金融危機の不安が高まり，85年9月，ニューヨーク・プラザホテルで先進国5ヵ国蔵相会議が開かれた。ドル以外の主要通貨が上昇することに向けたプラザ合意が成立し，米国は各国にドル高是正への協力を要請した。それによって円高が進み，日本経済は輸出産業を中心に円高不況に陥った。

(2) 金融緩和政策

　日本政府はプラザ合意後の円高に対抗する景気浮揚策として公定歩合を6回に渡って引き下げた。これは輸出超過による貿易摩擦を避けるため内需拡大に向けたものでもある。

(3) 金融自由化政策

　円高不況に対する政策である，競争制限的規制の緩和，資本移動規制の緩和，金融イノベーションなどの自由化政策は資金調達の可動性を高め，投資意欲を煽った。

　以上のような理由により貨幣流動性が起こり，市場の貨幣が過剰になっていった。これがバブルの発生要因といえる。過剰な貨幣流動性は国内投資の活性

化を促し，株式や土地・建物への投資が活発化した。この時点で日本経済は輸出依存型経済から内需拡大型経済に転換していった。企業は積極的に資金調達をし，金融資産と土地の投資に振り向けた。その結果企業のバランスシートが拡大した。大企業は資本市場からの調達拡大により金融機関からの借入れを相対的に低下させ，中小企業は金融機関からの借入れを急増させた。

2. 株価・地価とバブル

　本来株価は企業価値や金利の変動によって決定される。ところがバブル期には本来の機能とは別のところで株価の乱高下が起こった。実質低金利状態の長期化と市場における貨幣（預貯金等）の過剰が財務投資を煽り，投機的期待から市場が動く。これが株価バブルの仕組みである。こうして投機的期待のなか金融自由化に伴い，大企業を中心に積極的に株式市場への投資が行われた。金融自由化（ワラント債や転換社債等）による調達手段の拡大（それ自体が株価の上昇要因となる）が企業の低利資金調達を可能にした。投資の連鎖が発生し，金融機関の貸出し余力を高め土地投機への資金供給源を形成した。貨幣余剰，金融自由化，金融緩和などの条件が揃い，バブル状態になると，土地・建物も投機の対象となった。日本の情報，金融の中心地である東京都心部や大阪等の大都市圏におけるオフィスビル需要が増大しオフィス賃料（土地の収益率）を上昇させた。所謂バブル経済の実体を示すとき，このような株式や土地等への投機の増殖過程と捉えることができる。

3. バブル期の金融

　バブル期の資金の流れについて，資金の調達面からみてみると，まず1）資本市場から大企業へ（投資の拡大）の流れは資金を金融機関からではなく株式市場から調達した。これは金融緩和と金融自由化を背景に増幅され，大企業の銀行離れという現象を起こした。次に2）金融機関から中小企業へ（融資の増大）は，1）の大企業の銀行離れに連動する。銀行は中小企業にターゲットを移し，積極的に融資を進めていった。主な融資先が不動産会社であったことはいうま

でもない。

　次に資金の運用面をみてみよう。3) 大企業から金融機関へ（預金の増大）は，むしろ大企業の銀行離れの過程において「財テク」として高金利の金融商品を購入するという形で実践された。これは銀行の収益を圧迫した。4) 大企業から資本市場へ（投資の拡大）は技術革新の重要性の認識のもと先行投資として，積極的に先端企業への投資が行われたことを意味する。5) 中小企業から土地等へ（投機の拡大）は，銀行の不動産業者への融資が中小企業の土地への投機を誘発したといえる。なお高額所得者層ほど株式や資産の保有率が高く，したがって最も高いキャピタル・ゲインを得る可能性がある。またバブル期の地価の上昇は，大都市圏で異常に高い上昇率を記録したので，地価上昇によるキャピタル・ゲインは東京，大阪など大都市圏に集中した。このようにバブルによる収益にも階層や地域によって歪みがあることを明記しておきたい。

4. バブル崩壊のプロセス

　バブル経済に関連する事項を整理してみよう。

1986 年 1 月	公定歩合引き下げ 5% → 4.5 %
1986 年 11 月	公定歩合引き下げ 3.5% → 3 %
1987 年 1 月	株価日経平均 20, 000 円乗せ
1987 年 2 月	公定歩合引き下げ 3 % → 2.5 %
1987 年 4 月	国土庁, 地価公示, 東京都平均上昇率 53.9 %
1987 年 10 月	ニューヨーク市場株価暴落（ブラックマンデー）
1987 年 11 月	竹下内閣成立
1988 年 12 月	株価日経平均 30, 000 円乗せ
1989 年 1 月	昭和天皇崩御
1989 年 6 月	宇野内閣成立
1989 年 8 月	海部内閣成立
1989 年 12 月	株価日経平均 38, 915 円（市場最高）
1990 年 8 月	公定歩合引き上げ 5.25 % → 6 %
1991 年 5 月	4 月の倒産負債総額 8, 832 億円, 平成不況始まる

第4講　日本システム　*221*

　株式や土地への増殖的な投機により発生したバブル経済は以上のような変遷を
へて1991年の平成不況により完全に終息した。1987年10月のブラックマンデー
は一時世界の株式市場をどん底に突き落としたが，FRBによる大量の買いオペに
より資金供給が続けられた。日本の株価は持ちこたえ，拡大基調を維持した。

　いざなぎ景気以来最長を記録したバブル景気であったが，1989年ころから成
長が鈍くなっていった。その理由は，住宅，家財などの内需が峠を越したこと
と，企業による整備投資が鈍っていったことにある。バブル崩壊後の経済停滞に
より経済主体の資産と負債のバランス・シートが大きく変化した。バブル期には
企業・家計は労せずして資産を増やし同時に負債を増加させながら株式投資や不
動産投資等を活発化させていった。資産と負債が両建てで増加していった。こう
した状態の下で内需の成長が止まり，バブルが崩壊し資産価格が低下した。資産
価額は減少したが負債は減少せず，必然的に資産に対する負債比率が大きくなっ
た。85〜99年の資産価格上昇期には，資産も負債も大幅に増加するが負債の資
産に対する比率は低下した。バブルが崩壊し資産価格が低下し始める90年以降
は資産が減少し続ける一方で，負債は逆に増加した。負債の資産に対する比率は
上昇し続けた。この「バランス・シート調整問題」が尖鋭的に表出したのが，金
融機関の不良債権問題である。資産を調達した側で負債が超過し，返済が滞ると
いうことは，金融機関にとっての資産が劣化することに他ならない。金融機関に
蓄積した不良債権問題は，日本経済停滞の大きな原因となった。

（引用文献）
1.　小峰隆夫『最新日本経済入門（第2版）』日本評論社，2003年。
2.　経済企画庁『経済白書平成5年版』1993年。
3.　財務省『法人企業統計季報』。
4.　田中隆之『現代日本経済バブルとポスト・バブルの軌跡』日本評論社，2002年。
5.　内閣府経済社会総合研究所『国民経済計算年報』。

バブル期における企業の運用・調達状況（概念図）——主な資金の流れ

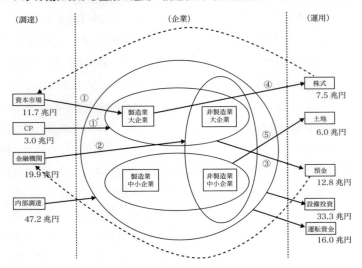

(注) → は，主な資金の流れを示す。
　　　金額は，86〜89年度の平均額。
〔資料〕財務省『法人企業統計季報』1986-89年度の平均額。
〔引用文献〕田中隆之『現代日本経済—バブルとポスト・バブルの軌跡—』日本評論社，
　　　　　2002年，109頁。

第8節　デフレと日本

　バブル経済崩壊後の日本はデフレーション（以下デフレと記す）が長期化し，景気低迷が続いていた。2002年度の国内企業物価指数（旧国内卸売物価指数）と消費者物価指数は1998年以降5年連続で，前年割れとなる，デフレ傾向が続いた。第8節では，このバブル崩壊後のデフレ経済を展望する。

1.　バブル崩壊後のデフレ経済

　デフレーションとは，財やサービスの価格が持続的に下落を続ける状態を示す。その理由としては，1）不景気のために需要が落ち込み，消費者の購買力が落ちている，2）商品が企業間競争状態にあり，価格破壊を起こした，3）安価な輸入品が増え，値崩れを起こした，4）金融政策により金利を下げても，銀行が貸し渋りをする，貸出金が最終消費者に届かず消費者金融などの高利貸しに流れたりする，などの理由で市場に十分供給されない。1）に関しては景気回復力の弱さが原因となって需要低迷が続き，それに伴い日本経済は将来的な期待がないまま物価下落指向を示した。需要の脆弱状態はデフレ期待（国民の予想物価下落率）を導いた。2），3）に関しては企業間競争とともに外国からの安価な輸入品流入，ITを中心とする技術革新，流通合理化等，多層的に物価引き下げ要因が顕在しだし，デフレ指向をさらに強化した。消費者にも安い物を購入する，というデフレ指向がこれまで以上に強まった。チェーン展開をするファーストフード店や量販店がデフレターゲットの戦略をとり成功するケースもみられた。4）に関しては，日銀がゼロ金利という大幅な金融緩和政策を実施しているが，銀行をはじめとする金融業者や大企業に不良債権があるため，金融が十分に機能しなかった。つまり市場に流入した貨幣が末端までに流通しきれなかったのである。その原因をみると，日銀からゼロ金利で銀行等の金融機関に貸し出された貨幣は，一般企業や市民にではなく，高金利で商う消費者金融などに流れていった。ではデフレは日本経済に対してどのような

影響を与えたのか。検討してみよう。

2. デフレ・スパイラル

デフレが長期化すると，まず企業間競争に負け，脱落する企業が出てくる。また競争に勝ったとしても，価格競争により収益性が低くなる。よって企業は新規投資を縮小し，人件費のコストダウンを余儀なくされる。こうして市場に流通する貨幣量も減少し，それがデフレをさらに促進させる。消費者は将来に対する不安を感じ，高価な買い物を控えるようになる。一層物が売れなくなり，企業収益を圧迫する。この悪循環がデフレ・スパイラルである。

デフレ・スパイラルとは「物価下落（デフレ）と生産活動の縮小とが相互作用してスパイラル的に進行すること」（金森久雄他編『日本経済読本（第16版）』東洋経済新報社，2004年，278頁）と定義されている。デフレには不動産価格の下落が保有資産額の減少をもたらす（含み損），という側面を持つ。またそれが実企業収益の減少に繋がる場合もある。

3. デフレ経済の特徴

デフレ経済の特徴は次のとおりである。(1) 製品価格の下落による売上額の減少。(2) 企業の実質債務を増加させる。(3) 企業収益を圧迫するので，失業を発生させる。(4) 資産デフレを招来し，新規の設備投資を抑制させる。

(1) 製品価格の下落から売上額の減少を招く：デフレは企業の実質債務負担を増加させるので，新規の設備投資等が抑制される。物価下落により売上げ・収益の名目値が伸び縮めば，名目ベースで決まっている債務の返済はより困難となる。債務の返済額は名目値で決まっているので，デフレは実質的な返済負担（名目の債務返済額を物価水準でデフレートした実質債務負担額）を増加させる。デフレ下では企業の売上数量が同じであっても，製品価格が下がって売上高（売上数量×製品価格）が減少する。その結果，企業は毎年のキャッシュ・フローから債務返済を優先し，設備投資を控えるか，財務内容の悪い企業では倒産に至る場合もある。

第 4 講　日本システム　*225*

(2) 企業実質債務を増加させる：物価下落に見合って名目金利や名目賃金が低下しないと，実質金利や実質賃金が上昇したり，不況期でも下げ渋ったりするので，企業収益や設備投資の回復が遅れる要因になる。

(3) 企業収益を圧迫するので，失業を発生させる：企業収益の悪化により，資金繰りが苦しくなり，倒産を迎え，その結果失業を発生させる。

(4) 資産デフレを招来し，新規の設備投資を抑制させる。

4. 補論：日本のデフレ

近代日本の主要なデフレを列挙すれば以下のとおりである。

(1) 松方デフレ（明治 15 (1882) 年）：西南戦争（明治 10 (1877) 年）後のディス・インフレ政策。

(2) 大正デフレ（大正 9 (1920) 年）：第 1 次世界大戦後恐慌起こる。

(3) 井上デフレ（昭和 5 (1930) 年〜）：関東大震災（1923 年），金融恐慌（1929 年），10 月ニューヨーク株式暴落，1930 年 1 月井上蔵相，金輸出解禁を断行，デフレを深刻化させる。

(4) ドッジ・デフレ（昭和 24 (1949) 年 3 月）：第 2 次世界大戦後のディス・インフレ政策。

(5) 平成デフレ（平成 10 (1998) 年〜 16 (2004) 年）：このデフレは戦争や対外的影響でなく，日本国内のバブルが原因である。

(引用文献)

1. 金森久雄他編『日本経済読本（第 16 版）』東洋経済新報社，2004 年。
2. 南亮進『日本の経済発展（第 3 版）』東洋経済新報社，2002 年。

消費者物価指数，国内企業物価指数，GDPデフレータ

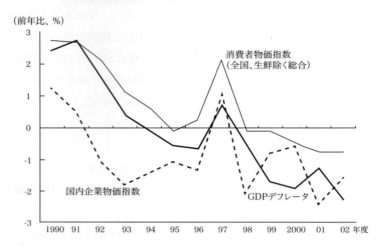

(出所) 日本銀行『金融経済統計月報』により作成。
〔引用文献〕 金森久雄他編『日本経済読本（第16版）』東洋経済新報社, 2004年, 273頁。

第4講　日本システム　*227*

第9節　世界貿易と日本

　2013年の世界貿易（ドル建て，輸出ベース）は，2008年のリーマン・ショック以降の弱い回復が続き，前年比1.6%増の18兆2,826億ドルとなった。伸びは，2012年（0.5%減）からプラスに転じたが，小幅に留まった。物価変動の影響を除いた2013年の世界の実質輸出（数量ベース）の伸びは，前年比1.9%増，実質輸入は，3.3%増であった。

　2013年の日本の貿易（通関・ドルベース）は輸出が前年比10.3%減の7,192億ドル，輸入が5.6%減の8,389億ドルであった。貿易収支は赤字幅が前年比324億ドル増の1,197億ドル，3年連続の赤字を記録した。

1.　日本の貿易依存度および輸出・輸入

　貿易依存度はGDPに対する輸出額および輸入額の割合。日本経済における貿易依存度を調べてみると意外にも低水準で10%台前半である。日本の輸出依存度（2012年）は13.4%である（1998年10.2%）。　自由貿易港で中継貿易の香港(168.2%)，シンガポール（147.7%），EUやASEAN域内の小国（内陸国が多い）のベルギー(92.4%)，スロヴァキア(87.4%)，ハンガリー(82.7%)，チェコ(80.0%)，マレーシア(74.5%)，ベトナム(74.1%)が続き，国土の広い大国は低い（例外はドイツ41.1%），オーストラリア(16.4%)。主要国では，韓国(48.5%)，中国(24.5%)，フランス（21.3%），英国（19.3%），ロシア（25.9%），米国（9.5%）は最低値。日本の13.4%はブラジル（10.8%）に次いで，3番目に低い。日本の輸入依存度（2012年14.9%）も同様に低い。しかしながら，この輸入額（米国，中国，独に次ぐ4位）は，7,986億ドルである。オランダ等世界20位の国のGDPに匹敵する。また対日本輸出に依存している国もあり，インドネシアやアラブ首長国連邦は輸出の2割以上が対日本向けである。これらの国は日本の輸入動向の影響を受けやすくGDPや国民所得が増減する。日本の輸出入の動向が諸外国へ与える影響は大きく，その意味において日本は経済大国と言

える。

しかしその日本経済も，戦後初期から，輸出伸長をしめしても結果的に貿易収支は赤字という状態が 20 年近く続いていた。資源の無い国の宿命かもしれない。景気が好転すると輸入が増加して貿易赤字が増える。政府は金融引締めや財政支出削減によって景気過熱を抑え，赤字累積を阻止した。景気が悪化すると景気浮揚策が採られた。こうして貿易収支あるいは経常収支の悪化（好景気）と好転（不景気）とが交互に現れることを国際収支の天井という。戦後期の日本の経済成長が国際収支の枠に嵌められていたために起った経済現象であり，1960 年代中葉，日本経済はこの自縛から解放された。日本経済の高度成長期，輸出増加が格段の拡大を示した。日本の貿易黒字の拡大は貿易摩擦を招き，相手国の貿易赤字を拡大させた。ややもすると日本輸出超過（輸出圧力）は相手国の国内産業を直撃し失業増大を招き，ジャパン・バッシングが起こり，その結果，ニクソンショックや金融変動相場制への移行など，一連の国際規模の金融改革が実現し，またオイルショックなどの事件も改革を促進した。日本は外国への直接投資と証券投資を増加させ，その結果資本収支の赤字幅は拡大した。このような資本の流出は，米国その他の国々の資本不足を補った。

2. 世界貿易と日本

　21 世紀になってから，世界貿易における中国の躍進が際立っている。まず，輸出では，2001 年世界 6 位 2,660 億ドルが，仏英を抜き 02 年 4 位 3,255 億ドル，日本を抜き 04 年 3 位 5,933 億ドル，米国を抜き 07 年 1 兆 2,178 億ドル，リーマンショックを受けたが独を抜き 09 年 1 兆 2,017 億ドルで，世界トップの座に就いた。そして，2013 年現在まで，その地位を維持し，2 位との差も拡大している。その間，日本は，米国，独に次いで 2001 年世界 3 位 4,036 億ドル，中国に抜かれて 04 年 5,657 億ドルで，4 位になり，これが定位置となり 2013 年 7,192 億ドルで，現在に至る。つまり 2009 年以降，1 位中国確定，2 位，3 位は年により独・米が拮抗して順位が入れ替り，4 位日本は定位置となった。次に輸入面では，2001 年 1 兆 1,791 億ドル，から 2013 年 2 兆 3,313

億ドル, まで, 一貫して米国が1位を独占している。中国は2001年2,435億ドル6位, 仏英日を一機に抜き去り2003年4,127億ドル3位に浮上した。6年間定位置だったが, リーマンショック後独を抜き2009年1兆9,503億ドルで2位になり, 2013年1兆9,503億ドルも2位で定位置となった。その間日本は2001年3,491億ドルで米国, 独に次いで3位だった。4年間定位置だったが, 英国に抜かれ2007年6,198億ドル5位, 仏を抜き2008年7,625億ドル4位, 仏に抜かれ2009年5,505億ドル5位, 2010年6,924億ドル4位が, 定位置となり, 2013年8,324億ドル4位となった。つまり, 2010年以降, 米, 中, 独, 日の順が定着した感がある。

3. 日本の輸出構造の変化—2008年と2013年を比較して—

2008年と2013年では, 輸出に大きな構造変化が起きている。この間, 為替は円高が進み, 輸出数量が伸び悩むとともに企業の海外進出もさらに進んだ。パソコンにみられるようにデジタル機器では技術面よりも価格面の影響力が高まっており, 2012年までの円高は日本製品の輸出競争力には下方圧力となった。2012年後半からは円安傾向になっているが, 貿易構造に変化が生じたこともあり, 輸出は弱含みに推移している。

4. 高付加価値の中間財や資本財が輸出競争力を強化する

貿易赤字を生んだ背景の一つとして指摘されるのは, 輸出競争力の低下である。輸出競争力の定まった定義はないが, ここでは, 貿易特化指数と顕示比較優位指数 (RCA) を用いて, 日本製品の競争力をみてみよう。

5. 日本の主要工業分野の貿易特化指数の推移

貿易特化指数は, (輸出額−輸入額) / (輸出額＋輸入額) で計算する。この指数は, ある財の貿易がどの程度輸出に偏っているかを図るもので, 0を上回ると, 比較優位があると見なす。推移を追うと, 日本製品は全ての分野で, 比較優位を保っているものの, 2000年代以降の電気機器の落ち込みが顕著である (図

1）。家電製品の海外生産シフトや，近年の電機メーカーの苦戦ぶりとも合致する動向である。一方，輸送機器と鉄鋼は係数が高いまま安定している。一般機械も，一時の落ち込みを経て，傾向としては再び競争力が回復しつつある。

6. 顕示比較優位係数：RCA （revealed comparative advantage）

RCA は（日本の i 財の輸出 / 日本の総輸出）/（世界の i 財の輸出 / 世界の総輸出）で求められ，日本の財の輸出割合が世界平均と比してどの程度なのかを測るものである。1 を上回ると，比較優位と見なす。図1 よりも細かい品目分類に基づき，輸出競争力を 2000 年と 2013 年の 2 時点で比較した（図2）。図の左側は，2000 年から競争力を強めた品目で，右側は逆に競争力を弱体化させた品目である。優位を維持している品目は，汎用性を回避し，工業用ロボット，繊維機械，ギヤボックス等である。

7. 企業内貿易

企業内貿易とは，国際経済が複雑化し，多国籍企業が出現することにより，ひとつの企業によって貿易が成立することを指す。世界貿易の全体の 3 分の1 が企業内貿易であるといわれている（池間誠・大山道広編『国際日本経済論』文眞堂，2002 年，36 頁）。

多国籍企業にはタックス・ヘイブンなど，徴税の問題が必ず発生する。移転価格問題は国際二重課税の問題でもあり，厳密な税法のもとで，明確な連結財務諸表により利益が把握される必要がある。移転価格税制の導入により，海外の関連会社が立地する国との間の協議を踏まえ，通常の取引価格（独立企業間価格）を用いた算出方式に基づいて課税することで一応の決着をみて，鎮静化したが，電子取引の拡大により火種を残している。

図1 主要分野の貿易特化係数マップ

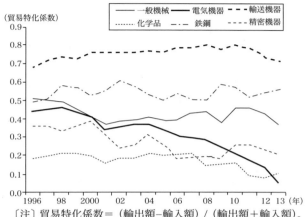

〔注〕貿易特化係数＝（輸出額−輸入額）/（輸出額＋輸入額）。
〔資料〕『貿易統計』（財務省）から作成。

図2 日本製品の輸出競争力（2000年→2013年）

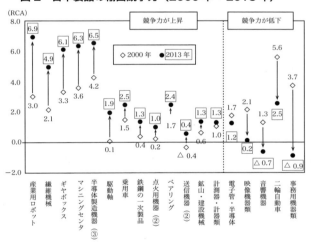

〔注〕①顕示比較優位指数（RCA）＝（日本のi財の輸出／日本の総輸出）/（世界のi財の輸出／世界の総輸出）
　　②点火用機器と送信機器の世界輸出額は，2000年と2013年の統計が取得できる82ヵ国ベース。
　　③半導体製造装置のHSコードは2000年時点では存在しなかったため，2007年時点のデータを使用。
〔資料〕各国貿易統計から作成。

(引用文献)

1. 浅子和美他編『入門・日本経済（新版）』有斐閣，1997年。
2. 岩田一政「移転価格と直接投資」『三田学会雑誌』 90巻2号（1997年7月），168～188頁。
3. 木村福成「直接投資と企業内貿易」池間誠他編『国際日本経済論』文眞堂，2002年。
4. 高坂正堯『海洋国家日本の構想』中央公論社，1965年。
5. 小林威編『移転価格税制の理論・実証研究』多賀出版，1998年。
6. 小峰隆夫『最新日本経済入門（第2版）』日本評論社，2003年。
7. 西川俊作他編『日本経済の200年』日本評論社，1996年。
8. 南亮進『日本の経済発展（第3版）』東洋経済新報社，2002年。
9. 安場保吉「資源」西川俊作他編『日本経済の200年』日本評論社，1996年。
10. 『ジェトロ世界貿易投資報告2014年版』 ジェトロ（日本貿易振興機構），2014年。

巻末付録

研究課題
キーワード
労働システム参考文献
日本経済年表
全世界会社名鑑 2016
事項索引
人名索引

研究課題

第 1 部　地方創生

1-1　陸前高田市と植物工場について知る所を記せ。

2-1　何故西米良村はワーキングホリデー制度を始めたのか。

3-1　北九州市の子育て施策と雇用創出施策を述べよ。

4-1　江津市と桑畑の再生事業について記せ。

5-1　対馬市の起業支援と「域学連携」について記せ。

6-1　何故大和高田市が靴下・繊維業が盛んなのか。

7-1　何故志布志市が国際物流拠点として盛んなのか。

8-1　何故大竹市は人口の社会減抑制対策に取り組んだのか。

9-1　何故太田市は自治体直営のメガソーラー事業を取り組んだのか。

9-2　国の電力買取価格が次第に下がってきており，将来的に見通しはあるのか。

10-1　長浜市の黒壁について知るところを記せ。

10-2　何故近江は東山道に含まれるのか。

11-1　長泉町の「ママラッチ」事業について記せ。

12-1　何故大阪都構想は挫折したのか。

12-2　天王寺区のヴァウチャー・システムの利点・欠点を記せ。

12-3　大阪市の教育水準について記せ（2018 年度全国学力・学習状況調査（全国学力テスト）。

12-4　12-3 に関して，大阪市の義務教育の主な教員供給源である，阪大や大阪教育大に責任はないのか。

13-1　東京都の「特別区」は他の政令指定都市の「区」とどう違うか。

13-2　町田市の農地バンクについて記せ。

14-1　福知山市の合計特殊出生率について記せ。

15-1　相可高校の高校生レストランが単なるクラブ活動の域を超えた理由は何か。

16-1　山口県の空き家対策について述べよ。

16-2　山口県の空き家対策を切り口に人口減少時代の土地問題について知見を披露せよ（吉原祥子『人口減少時代の土地問題』）

17-1　会津若松市の七日町通りについて述べよ。

18-1　鹿嶋市の子育て・母子保健政策について述べよ。

19-1　武雄市のいのしし課について述べよ。

19-1　（厄介者の）二酸化炭素を排ガスから分離回収し，農業用飼料に転用した佐賀市の試みについて知見を広げよ（『日本経済新聞』2018.8.27 付け朝刊「バイオマス産業都市」佐賀市の挑戦）。

20-1　甲斐市の子育て支援策について述べよ。

21-1　大和市の「寺子屋」について述べよ。

第 2 部　社会システム
第 1 講
1-1　イングルハートの価値次元で日本民族を分析せよ。

1-2　イングルハートの価値次元でポーランド民族を分析せよ。

第 2 講
1-1　ミードの云う「豊かさの中の貧困」とは具体的には何を指すか。

1-2　直接投資について記せ（FDI，FPEI，FPI，グリーンフィールド投資，クロボーダー，ポートフォリオ）。

1-3　世界直接投資で，対内・対外直接投資の 2000 ～ 2013 年の間のベストテン国の変遷を記せ。

1-4　タックスヘイブンについて記せ（5 分類と 5 タイプのタックスヘイブン会社）。

1-5　新国際収支について記せ。

2-1　オリーンの弾力性アプローチを説明せよ。

2-2　マーシャル＝ラーナー条件とは何か。

2-3　アソープションアプローチを用いて，輸出マイナス輸入は何か，証明せよ。

2-4　購買力平価を説明せよ。

2-5　アセット・アプローチを説明せよ。

2-6　クローサーの国際収支発展論を用いて，日本経済はどの段階か確認せよ。

2-7　ヘクシャー・オリーンの定理を説明せよ（リプチンスキーやストルパー・サミュエルソン定理）。

2-8　相互需要の原理を説明せよ。

2-9　レオンチェフの逆理を説明せよ。

3-1　マンデル＝フレミング・モデルを説明せよ。

3-2　マンデルの最適通貨圏とユーロ・システムを説明せよ（賃金の伸縮性，労働の自由な移動）（木村武雄著『EUにおけるポーランド経済』242 頁注 2）。

3-3　マンデルのポリシー・ミックス・モデルを説明せよ。

3-4　余剰分析を使用し，貿易利益を①関税②輸入割当③輸出税④輸出補助金の各々の場合を比較して事例研究せよ。

3-5　表を用いて，1999 年のユーロ参加の合否過程を詳しく説明せよ（木村武雄著『ポーランド経済』247-249 頁）。

3-6　1999 年の参加条件を同時期日本経済に適用せよ。また，その後の日本経済の進行を踏まえ研究せよ（木村武雄『欧州におけるポーランド経済』243 頁及び木村武雄著『10 ヵ国語経済・ビジネス用語辞典』162-163 頁）。

4-1　金融市場の均衡を仮定条件・縦軸・横軸及び 4 段階に渡り詳しく展開せよ。

4-2　財市場の均衡を仮定条件・縦軸・横軸及び 4 段階に渡り詳しく展開せよ。

4-3　IS・LM 分析を用いて，①投資家の投資増加②貯蓄意欲の増大③貨幣供給量の減少④貨幣流通速度の増加，に於ける利子率及び国民所得の変化を分析せよ。

4-4　日本経済に IS・LM 分析は可能か（マイナス金利，巨額の財政赤字，貿易摩擦）。

5-1　クズネッツの逆 U 字仮設は日本に適用可能か，表 1 を使用し説明せよ。

5-2　経済成長の先進国と後進国の格差を，表 2・3 を使用し説明せよ。

5-3　日本の経済成長を，投資率と限界産出・資本比率で，説明せよ。

6-1　ルイスの二重構造的経済発展論を説明せよ。

6-2　転換点とは何か。

6-3　日本に於ける転換点を説明せよ。

7-1　トービンのポートフォリオ分離定理を説明せよ。

7-2　トービンの q 理論を説明せよ。

7-3　日本経済に於けるトービンの限界 q と平均 q の時系列を説明せよ。

8-1　ベッカーの人的資本の経済効果 4 つ掲げて説明せよ。

8-2　ベッカーの人的資本論で日本の終身雇用と年功序列を分析せよ。

8-3　日本の介護保険に於けるヴァウチャー制度を分析せよ。

8-4　教育を人的投資と考え，大学教育を生涯賃金額と教育投資の観点から分析せよ。

9-1　失われた 10 年に日本の産業競争力は低下したか（ROA，総資本回転率）。

9-2　日本の産業競争力の低下分野での低迷原因を分析せよ。

9-3　「世界競争力報告」での日本の競争力を分析せよ。

9-4　日本企業の国際競争力での産業別強弱を，垂直及び水平結合型生産システムを使用し説明せよ。

9-5　日本企業の弱点である，経営判断・戦略性・人知財に関して説明せよ。

10-1　日米修好通商条約は，どういう性格の条約か。

10-2　戦間期の日本の貿易の特徴を記せ。

10-3　ガリオア・エロア協定について述べよ。

10-4　日本の FTA・EPA 戦略について記せ。

10-5　TTP についての記せ。

10-6　OECD 及び G20 が，2015 年 10 月に採択した，多国籍企業の租税回避国対策の要旨を述べよ。

10-7　日欧 EPA についての記せ（農産物の GI，GDPR，輸入，輸出）。

第 3 講

1-1　労働経済学について記せ。

1-2　日本の女子労働力構造を検証せよ。

1-3　失業者の定義を述べよ。

1-4　労働可能人口は何歳以上か。

1-5　労働統計を纏めよ。

1-6　労働市場の需要・供給バランスを人の移動の観点から図示せよ（井出多加子『グローバル時代の日本の働き方』7 頁）。

1-7　日本に於ける労働力構造を説明せよ（2004 年）。

1-8　個人の所得構造を説明せよ。

1-9　日本銀行と米国連邦準備委員会（FRB）の機能について，異同を問う。

1-10　英語の work と labour について比較せよ。

1-11 労働経済学の起源について記せ。

1-12 米国の中央銀行に当たる FRB について論ぜよ。

2-1 日本のマクロの労働供給の特徴は何か。

2-2 賃金の変化を2つの要素に分解し説明せよ。
①所得効果とは何か。②代替効果とは何か。（永野仁，後掲書29頁）

2-3 ヒックスのバック・ベンドを説明せよ。

2-4 日本の人口のピーク及び労働人口のそれは何年で，何万人か。

2-5 労働供給の3次元を説明せよ。

3-1 労働需要の3要素を説明せよ。

3-2 限界生産力逓減の法則とは何か。

3-3 完全競争市場とは何か。（教材参照）

3-4 コブ・ダグラス型生産関数とは何か（高橋泰蔵編『体系経済学辞典（第6版）』
379頁。

3-5 CES 生産関数とは何か（同上）。

3-6 規模に関して収穫不変は数学的には何と言うか。

4-1 独や韓国での外国人労働者の導入の種々の影響について記せ。

4-2 改正入管難民法（2019年4月1日施行）と他国の先例について述べよ。

4-3 新入管法の残された課題について記せ。

4-4 外国人労働者の経済効果を図で説明せよ。

4-5 高度技術者のみ外国人労働者として受入れる経済合理性について記せ（小崎223
頁）。

4-6 少子化対策として外国人労働者を受入れるデメリットを分析せよ(小崎224頁)。

5-1 日本の統計上の「失業者」の定義を述べよ。

5-2 G5の失業率の定義を比較検討せよ。

5-3 失業者と景気変動に何故ラグがあるのか。

5-4 フィリップス曲線とは何か。

5-5 日本のフィリップス曲線を図示せよ（栗林世「日本経済の政策課題」『経済学論
纂（中央大学）第57巻第5・6合併号（中野守教授古稀記念論文集）』2017年
3月,169頁）。

5-6 オークンの法則を説明せよ。

5-7 UV 分析を英国とポルトガルでせよ（井出多加子，引用書16頁）。

5-8 日本の UV 分析（1967-2015）を図示せよ（栗林世，前掲書167頁）。

5-9 オークンの法則を実証せよ。

5-10 米国1960年代のトレード・オフ曲線を図示せよ。

5-11 完全失業率 G7（1980-2012年）を図示せよ（井出多加子，前掲書6頁）。

5-12 自然失業率仮説とは何か（樋口美雄『労働経済学』東洋経済新報社,285-290頁）。

5-13 労働市場における失業を図示せよ（横軸に労働量，縦軸に賃金率）。

6-1 労働市場における賃金決定メカニズムを図示説明せよ（賃金率，労働量，超過供
給，超過需要，上昇，下落，右下がり，右上がり）。

6-2 ①労働人口増加，②労働人口減少，③景気後退，④技術進歩がある場合。①から④までの変化で，労働市場の均衡点はどのように推移するか。各場合を図示説明せよ。

6-3 労働市場において，⑤労働需要曲線が左に，次に労働供給曲線が右にシフトした場合，均衡賃金率はどのように変化するか図示説明せよ。

6-4 労働市場において⑥労働需要曲線と労働供給曲線が共に左にシフトした場合，均衡賃金率はどのように推移するか図示説明せよ。

6-5 不安定な労働市場では，均衡賃金率はどう変化するか図示説明せよ。

6-6 労組や最低賃金が労働市場に与える影響を図示説明せよ。

6-7 日本の春闘は，西欧諸国に比べて特異なものか（脇田成，引用書23頁）。

7-1 賃金格差の諸側面とその発生原因を挙げて分析しなさい。

7-2 OJT（on-the-job training）と Off JT（off-the-job training）を説明せよ。

7-3 補償賃金仮説とは何か（樋口美雄『労働経済学』229頁）。

7-4 ヘドック賃金関数とは何か（同上）。

7-5 賃金ファイルとは何か。

8-1 差別的嗜好理論を使用し，男女雇用機会の問題点を挙げて分析しなさい。

8-2 アファーマティヴ・アクションを説明し，合わせて弊害も論じなさい。

9-1 パートタイマーの問題点を挙げて分析しなさい。

9-2 正規労働者と非正規労働者の定義は何か。

9-3 非正規労働者の問題点を挙げよ。

9-4 経済学上の財とサービスを比較せよ（表8-3）（木村武雄・江口充崇『経済分析手法』237頁）。

9-5 経済サービス化の統計資料を検証せよ（廣松毅他『経済統計』174-175頁，永野仁『労働と雇用の経済学』9頁）。

9-6 米国のコンティジェント労働者とは何か。

9-7 フリーターとは何か（木村武雄『10ヵ国語経済・ビジネス用語辞典』123頁99，小峰隆夫『日本経済の基本　第3版』37頁）。

9-8 ニートとは何か（木村武雄同上書同頁100，小峰隆夫同上箇所）。

9-9 英語の「サービス」の語源に照らして，意味の変遷を述べよ（木村武雄・江口充崇『経済分析手法』235-239頁）。

10-1 男女雇用機会均等法の問題点を挙げて分析しなさい。

10-2 男女賃金格差の原因を分析せよ。

10-3 間接雇用（派遣契約と業務請負契約）を説明し，問題点を指摘しなさい。

10-4 第10節本文中表1を用いて，日本の国内変化及び各国の女性労働力率・年齢層別比較をせよ。

11-1 高齢者の労働力率の長期的トレンドの規定要因を挙げて分析しなさい。

11-2 高齢者の労働需要の規定要因を挙げて分析しなさい。

11-3 高齢者の就職促進のための公的制度改革について述べなさい。

11-4 ラジアーの理論（定年退職性の正当化理論）を説明しなさい（清家篤引用書164頁）。

巻末付録　*239*

11-5　嘗て，日本の美徳とされた年功序列賃金制度がある。これは，定年制とセットで
　　　あったことを例証しなさい。

第 4 講

1-1　日本の思想史における伝統思想と西洋思想の相克について記せ。

1-2　日本の仏教について記せ（本地垂迹，神仏集合，殉死の禁止，百済，宋，禅，世
　　　俗化，新仏教，妻帯世襲，一向宗）。

1-3　日本の思想（儒教，仏教）と西洋哲学を比較論評せよ（テオリア，形而上的認識，
　　　超越的世界，内向的実践，道徳，禅，政治，自我，学問，形而下的認識）。

1-4　徳川幕府と朱子学について記せ（陰陽五行思想，畏敬窮理，理気二元論，武士道，
　　　諸子百家，李退渓，林羅山，上下定文，存心持敬，天に向かう傾向）。

1-5　日本の近世（江戸時代まで）と近代（明治維新以降）の連続性について記せ（朱
　　　子学，荻生徂徠，もののあわれ，徳治主義，政治，忘れられた思想家，本居宣長，
　　　陽明学的志士，本多利明，大久保利通）。

1-6　日本の近世と近代の不連続性について記せ（MODERN，古医方，後世方，近世，
　　　近代，蘭学，現代，華岡青洲，荻生徂徠，コッホ）。

1-7　明治思想の二重構造について記せ（儒教，加藤弘之，明治政府の官僚，教育勅語，
　　　倫敦，終戦の詔，社会契約論，新島襄，中江兆民，基督教）。

1-8　徳川政権の宗教政策について記せ（キリシタン，仏教，触頭，本末制度，寺請制
　　　度，神仏習合，儒教，追い腹，神道，上下定文の理）。

2-1　近代化以前の日本について記せ。

2-2　明治維新の背景について記せ。

2-3　明治維新の過程と近代化について記せ。

3-1　近代化の意義について記せ。

3-2　市民革命及び産業革命の観点から近代化を論ぜよ。

3-3　日本の経済近代化について記せ。

4-1　近代経済成長とは何か。それは工業化とどういう関係にあるのか。

4-2　ウォーラースティンの近代経済システムについて記せ。

4-3　英国の 19 世紀の近代経済システムを阿片戦争前後で，変遷を記せ。

4-4　幕末から明治維新にかけて，日本は何故，西欧列強の世界戦略に組み込まれずに
　　　済んだのか。

5-1　全要素生産性について記せ（資本生産性・労働生産性・技術進歩性）。

5-2　高度成長を齎した要因を説明せよ。

6-1　物価変動の要因について説明せよ。

6-2　マネーサプライについて説明せよ（M_0，M_1，M_2，CD）（教材参照）。

7-1　バブル発生を誘発しやすい経済構造を説明せよ（日米経済関係，金融緩和政策，
　　　金融的環境）。

7-2　バブルの形成過程を説明せよ（企業，金融機関，地価）。

7-3　バブルと実体経済について論ぜよ。

7-4　バブルを資金流路（調達面と運用面）から論ぜよ。

240

7-5 資産価格の高騰について，収益還元モデルから説明せよ（株価，地価）。

7-6 バブルの経済的影響について説明せよ。

7-7 バブルによる資源配分の歪みについて論ぜよ。

7-8 バブル崩壊後の経済状況を記せ。

7-9 バブルの後遺症であるバランスシート問題の発生について記せ。

8-1 デフレの要因を掲げ，説明せよ。

8-2 デフレの弊害について論ぜよ。

8-3 松方デフレ，大正デフレ，井上デフレ，ドッジ・デフレ，平成デフレの経過と原因，政府の対応等について比較せよ。

8-4 デフレ・スパイラルを説明せよ。

8-5 デフレ・スパイラルが実体経済に及ぼす２つの側面について記せ。

9-1 日本の輸出入依存度は，意外に低い。何故か。

9-2 国際収支の天井について記せ。

9-3 世界貿易（輸出入）の構造は，２１世紀に入ってどのように変化したか。

9-4 日本の輸出競争力に関して，2000 ～ 2013 年の変化を貿易特化係数及び顕示比較優位指数を使って詳述せよ。

9-5 企業内貿易と多国籍企業の関係について記せ（タックスヘイブン，連結会社）。

補問（拙著『経済用語の総合的研究』『10 ヵ国語経済・ビジネス用語辞典』創成社参照）

A-1 現代経済学の 20 流派とその代表的論者を挙げ，学説間の親疎の程度がよく取れるような系統樹にして図示せよ。但し，直接の師弟関係や学派の継承関係を実線で，学説上の影響を破線で示すこと。

A-2 経済学の代表的な古典を 10 冊とその著者及び発表年を挙げよ。

A-3 限界革命の３学派とその代表的論者とその著書を挙げよ。

A-4 英国古典派の論者（５名）とその代表的な著書（3）とその発表年を挙げよ。

A-5 重商主義の論者（２名）とその代表的な著書とその発表年を挙げよ。

A-6 重農主義の論者（２名）とその代表的な著書とその発表年を挙げよ。

A-7 ドイツ歴史学派の論者（３名）とその代表的な著書とその発表年を挙げよ。

A-8 米国歴史学派の論者（３名）とその代表的な著書とその発表年を挙げよ。

A-9 ケンブリッジ学派の論者（3名）とその代表的な著書（2）とその発表年を挙げよ。

A-10 ローザンヌ学派の論者（２名）とその代表的な著書とその発表年を挙げよ。

A-11 オーストリア学派の論者（４名）とその代表的な著書とその発表年を挙げよ。

A-12 スウェーデン学派の論者（２名）を挙げよ。

A-13 20 世紀マルクス主義の論者（２名）とその代表的な著書とその発表年を挙げよ。

A-14 ケインズ左派の論者（４名）を挙げよ。

A-15 新古典派総合の論者（２名）を挙げよ。

A-16 シカゴ学派の論者（４名）を挙げよ。

A-17 制度派経済学の論者（２名）を挙げよ。

A-18 新制度学派の論者（2名）を挙げよ。
A-19 環境経済学の論者（2名）を挙げよ。
A-20 レギュラシオン学派の論者（3名）を挙げよ。
A-21 現代のマルクス経済学の論者（2名）を挙げよ。
A-22 ポスト・ケインズ派の論者を挙げよ。
A-23 新ケインズ派の論者（3名）を挙げよ。
A-24 現代の新古典派の論者（2名）を挙げよ。
A-25 金融経済学の論者（2名）を挙げよ。
A-26 ゲーム理論の論者（2名）を挙げよ。
A-27 現代オーストリア学派の論者（2名）を挙げよ。
A-28 経済倫理学派の論者を挙げよ。
A-29 複雑系経済学の論者を挙げよ。
A-30 経済心理学の論者を挙げよ。
A-31 実験経済学の論者を挙げよ。

B-1 ノーベル経済学賞特定回の受賞者（複数の場合は全員で最大3名）に関して、氏名、国籍、生年月日及び（存命中の者を除く）死亡年月日、出身地、主な業績、発表年も）及び代表的著作、博士号の取得大学及び主な職歴を記せ。なお、特定回（複数）は無作為に教官が試験当日指定する。

C-1 日本の首相、財務大臣（大蔵大臣、大蔵卿）、日本銀行総裁を古い順に並べよ（巻末の日本経済年表を参照）。

D-1 マネーサプライ（通貨供給量）を説明せよ。
D-2 マネーサプライを英語で説明せよ。
D-3 M_0, M_1, M_2, CD を英語と日本語で説明せよ。
D-4 日本のマネーサプライの定義を言え。
E 国際収支を説明せよ。
F 完全競争市場について記せ。
G インド・ヨーロッパ語族（印欧語）について記せ。

キーワード

第1部　地方創生

第1講　陸中，坂上田村麻呂，奥羽九牧，有効求人倍率（2013年）販売農家数（2010年）農業就業人口（2010年），グランパ，植物工場。

第2講　瓊瓊杵尊，天照大神，葦原中国，農業大県，ワーキングホリデー。

第3講　白村江の敗戦（663年），鎮西探題，企業人による応援団，合計特殊出生率。

第4講　国引き，国譲り，瓊瓊杵尊（ににぎのみこと），舟運（しゅううん）。

第5講　魏志倭人伝，域学連携，国境離島，地域起こし協力隊，水産業の維持。

第6講　大和朝廷，衆徒（しゅと），興福寺，勤労者1世帯 当たり実収入，ソックス，繊維業。

第7講　薩摩，大隅，熊襲（くまそ）・隼人，シラス，密貿易，合計特殊出生率，茶，養蚕業，国際物流拠点。

第8講　備後，安芸，石油化学コンビナート，公害，定住促進策。

第9講　岩宿（いわじゅく）遺跡，1人当たり県民所得（2011年度），太陽光発電，FIT。

第10講　園城寺（おんじょうじ），　近江商人，　1人当たり県民所得（2011年度），今浜，黒壁。

第11講　遠江，1人当たり県民所得（2011年度），人口動態，財政力。

第12講　古市，百舌鳥，難波津，遣明船，紅毛船，難波宮，大阪都構想，ヴァウチャー・システム。

第13講　武蔵国，太田道灌，特別区，農地バンク，キュウピーあい，NPO法人「たがやす」。

第14講　山背，丹波，丹後，賀茂氏，秦氏，土一気，伝統的工芸品，明智光秀，合計特殊出生率，待機児童，認可外保育園。

第15講　東大寺，伊勢神宮，後醍醐天皇，藤堂氏，安濃津，渡会県，真珠，レストラン「食」，「まごの店」，「せんぱいの店」。

第16講　周防，穴戸，大内氏，毛利氏，萩市，清末，豊浦，護美のリサイクル率，従業員一人当たり製造品出荷額等，鰒，ふく料理，空き家問題。

第17講　石城，石背，杉妻城，伊達政宗，相馬氏，松平氏，浜通り，中通り，会津，会津大学，蒲生氏。

第18講　常陸国，石岡，結城氏，佐竹氏，新治，一人当たり県民所得，蓮根，水菜，通信ケーブル，メロン，合計特殊出生率。

第19講　班田制，竜造寺氏，鍋島氏，薩長土肥，唐津焼，伊万里焼，有田焼，いのしし課，農作物被害，害獣駆除，産業振興，武雄方式，ジビエ料理。

第20講　甲斐，武田信玄，甲府勤番，柳沢吉保，八珍果，数値制御ロボット，ウイスキー，合計特殊出生率。

第21講　先史時代，相武，師長，鎌倉幕府北条早雲,，ペリー来航，産業観光，シャンプー，大和市，寺子屋。

第2部　社会システム

第1講　イングルハート，価値デイメンション，伝統的価値，世俗―合理的価値，生存価値，自己表現価値，儒教圏，欧州新教圏，英語圏，旧共産圏。

第2講
第1節 豊かさの中の貧困，国際均衡，国内均衡，均衡化への3つの目標，ミード報告，国際収支。
第2節 オリーン国際収支の発展段階説，未成熟の債権（債務）国，成熟した債権（債務）国，債務返済国，債権取り崩し国，弾力的アプローチ，マーシャル＝ラーナー条件，アソープション・アプローチ，購買力平価説，アセット・アプローチ，ヘクシャー・オリーンの定理，相互需要の原理，国際価値論。
第3節 マンデル＝フレミング・モデル，最適通貨圏理論，ポリシー・ミックス・モデル。
第4節 IS-LM分析，金融市場の均衡，財市場の均衡，IS曲線，LM曲線。
第5節 クズネッツ逆U字仮説，近代経済成長，クズネッツの波，投資率と限界算出・資本比率。
第6節 二重構造的発展，過剰労働論，転換点。
第7節 ポートフォリオ分離定理，トービンのq理論，限界q，平均q。
第8節 人的資本の経済要因，教育投資，人的資本分析，犯罪の経済学，ヴァウチャー・システム。
第9節 総資本営業利益率（ROA），総資本回転率，戦略なき投資，世界競争力報告，デファクトスタンダード，水平統合型生産システム，垂直統合型生産システム，アライアンス
第10節 日米修好通商条約，関税自主権，日英同盟，ガリオア・エロア協定，自由貿易協定（FTA），TTP（環太平洋経済連携協定），医薬品，乳製品，原産地規則，著作権，国有企業，ISDS条項，OECD，G20。

第3講
第1節 労働，仕事，労働経済学，労働力率，就業者，失業者，雇用者，M字カーヴ。FRBキーワード社会労働労働供給の3次元，無差別曲線，所得効果，代替効果，バック・ベンド。
第2節 労働供給の3次元，無差別曲線，所得効果，代替効果，バック・ベンド
第3節 派生需要，労働需要の3要素，生産量，生産技術，生産要素の相対価格，生産要素（資本，労働，土地），生産関数，限界生産力，完全競争市場。
第4節 特定技能1号，特定技能2号，人口オウナス，ガスト・アルバイター，日系ブラジル人。
第5節 失業者，フィリップス曲線，トレードオフ曲線，オークンの法則，UV曲線，潜在成長率，デフレ・ギャップ，自然失業率仮説。
第6節 最低賃金制度，春闘，労組（労働組合），トレード・ユニオン。
第7節 法定福利費，賃金体系。
第8節 経済的差別，差別的嗜好理論，アファーマティヴ・アクション。
第9節 非正規労働者，パートタイマー，フリーター，ニート，神への奉仕，召使の仕事，兵役，物質的生産過程以外で機能する労働。
第10節 女性労働率，男女雇用機会均等法，コース別管理，派遣契約，業務請負契約。
第11節 自営業者の減少，公的年金，定年制，ラジアー理論。

第4講
第1節 仏教，神道，神仏習合，神仏分離令，日本的霊性，浄土系，禅，鈴木大拙，主客未分，見性体験，悟道，無功用行，神通妙用，兼中到，一切法空，色即是空・空即是色，鬼窟裡の活計，無分別の分別・分別の無分別，即非の論理，儒

教，超越性，世俗化，荻生徂徠，古医方。

第2節　封建主義統治，高い教育水準，商業・金融の発達，交通網の整備，循環型環境システムの完成

第3節　近代化，政治的近代化，社会的近代化，文化的近代化，経済的近代化，前近代化的条件，近代経済成長の条件準備，ゲマインシャフト，ゲゼルシャフト

第4節　近代化，三角貿易，開国，中核，覇権，周辺

第5節　全要素生産性，技術革新．耐久消費財，円レート，貯蓄率

第6節　インフレ，GDE デフレータ，超過需要，インフレ的成長，マネーサプライ，狂乱物価，第4次中東戦争，過剰流動性，日本列島改造論，インフレ，石油価格高騰説，キャッチ・アップ

第7節　バブル，プラザ合意，前川レポート，財テク，ノンバンク，規律付け機能の緩み，ファンダメンタルズ，ワラント債，転換社債，四全総，リゾート法，モラル・ハザード，銀行離れ（ディスインターミディエーション），収益還元モデル，PER（株価収益率），バランス・シート

第8節　松方デフレ，大正デフレ，井上デフレ，ドッジ・デフレ，平成デフレ，資産デフレ，デフレ・スパイラル

第9節　輸出入依存度，国際収支，貿易収支，移転収支，資本収支，国際収支の天井．世界最大の債権国，IS バランス，中国，世界経済，世界貿易，EU，貿易特化係数，RCA，企業内取引

巻末付録　*245*

労働システム　参考文献（発行順）

①大宮五郎編『第三次産業化と雇用問題』日本労働協会，1980 年。
②江幡清『労働問題入門』日本労働協会，1983 年。
③笹島芳雄『日米欧の雇用と失業』東洋経済新報社，1984 年。
④神代和欣他編『現代ホワイトカラーの労働問題』日本労働協会，1988 年。
⑤小池和男『仕事の経済学』東洋経済新報社，1991 年。
⑥島田晴雄・清家篤『仕事と暮らしの経済学』岩波書店，1992 年。
⑦小野旭『労働経済学』東洋経済新報社，1994 年。
⑧中馬宏之『労働経済学』新世社，1995 年 2 月 10 日（3 刷 99.5.25）。
⑨樋口美雄『労働経済学』東洋経済新報社，1996 年 2 月 15 日（2011.3.9.13 刷）。
⑩神代和欣編著『労働経済論』八千代出版，1997 年。
⑪中馬宏之・樋口美雄『労働経済学』岩波書店，1997 年。
⑫古郡鞆子『働くことの経済学』有斐閣，1998 年 5 月 30 日（2004.1.20.6 刷）。
⑬大竹文雄『労働経済学入門』日本経済新聞社，1998 年。
⑭清家篤『労働経済』東洋経済新報社，2002 年 4 月 30 日（2015.8.7.8 刷）。
⑮黒坂佳央「オークンの法則が成り立っているか」『日本労働研究雑誌』No.501，2002 年。
⑯脇田茂『日本の労働経済システム』東洋経済新報社，2003 年 5 月 6 日。
⑰太田聰一・橘木俊詔『労働経済学入門』有斐閣，2004 年 10 月 10 日（新版 5 刷 15.12.25）。
⑱大橋勇雄・中村次朗『労働市場の経済学』有斐閣，2004 年 12 月 20 日（2 刷 08.2.10）。
⑲小池和雄『仕事の経済学（第 3 版）』東洋経済新報社，2005 年 3 月 10 日（7 刷 15.6.26）。
⑳大森義明『労働経済学』日本評論社，2008 年 3 月 20 日（7 刷 16.1.25）。
㉑笹島芳雄『労働の経済学』中央経済社，2009 年 3 月 31 日。
㉒大橋勇雄編著『労働需要の経済学』ミネルヴァ書房，2009 年 5 月 30 日。
㉓八代尚宏『労働市場改革の経済学』東洋経済新報社，2009 年 12 月 3 日。
㉔橘木俊詔編著『働くことの意味』ミネルヴァ書房，2009 年 12 月 10 日。
㉕野田和彦『雇用保障の経済分析』ミネルヴァ書房，2010 年 5 月 31 日（2 刷 11.2.10）。
㉖太田聰一『若年者就業の経済学』日本経済新聞出版社，2010 年 11 月 18 日（2 刷 11.4.5）。
㉗阿部正浩他編『キャリアのみかた－図でみる 109 のポイント』有斐閣，2010 年。
㉘小崎敏男他箸『キャリアと労働の経済学』日本評論社，2011 年 3 月 20 日（2 刷 16.2.20）。
㉙櫻井宏二郎『市場の力と日本の労働経済』東京大学出版会，2011 年 6 月 23 日。
㉚三谷直紀『労働供給の経済学』ミネルヴァ書房，2011 年 7 月 30 日。
㉛橘木俊詔『いま，働くということ』ミネルヴァ書房，2011 年 9 月 10 日。
㉜川口大司他『法と経済で読み解く雇用の世界』有斐閣，2012 年 3 月 5 日（新版 14.1.30）。
㉝橘木俊詔他『働くための社会制度』東京大学出版会，2012 年 3 月 19 日。
㉞松浦司編著『高齢者の労働市場分析』中央大学出版部，2014 年 1 月 25 日。

㉟玄田有史『危機と雇用』岩波書店，2015 年 2 月 25 日。

㊱村上由紀子『人材の国際移動とイノベーション』NTT 出版，2015 年 3 月 2 日。

㊲井出多加子『グローバル時代の日本の働き方』銀河書房，2015 年 9 月 15 日。

㊳総理府統計局『労働力調査年報平成 27 年』日本統計協会，2016 年 5 月。

㊴小池和男『「非正規労働」を考える』名古屋大学出版会，2016 年 5 月 30 日。

㊵山田久『失業なき雇用流動化』慶應義塾大学出版会，2016 年 5 月 30 日。

㊶吉川洋『人口と日本経済』中公新書 2388 中央公論新社，2016 年 8 月 25 日（8 刷 12.30）。

㊷厚生労働省編『労働経済白書（平成 28 年度版）』勝美印刷，2016 年 9 月 30 日。

㊸石原直『好服務是設計出来的(接客サービスのマネージメント)』東方出版社，16 年 10 月。

㊹水川浩之『雇用が変わる』レクシスネクシス・ジャパン，2016 年 10 月 15 日。

㊺永野仁『労働と雇用の経済学』中央経済社，2017 年 3 月 1 日。

㊻栗林世「日本経済の政策課題—労働市場に着目して—」『経済学論纂（中央大学）』第 57 巻第 5・6 合併号中野守教授古稀記念論文集，中央大学経済学研究会，2017 年 3 月 25 日，149-174 頁。

外国出典

① Clark, C.(1940) *The Conditions of Economic Progress*, MaCmillan(大川一司他訳『経済進歩の諸条件（上・下）』勁草書房，1953/1955)。

② Phllips, A.W.(1958) "The Relation Between Unemployment and the Rate of Money Wage Rates in the United Kingdam, 1861-1957", *Economica*, Vol.25, No.20, November.

③ Samuelson, P.A. & Solow, R.M.(1960) "Analytical Aspects of Anti-Inflation Policy", *American Economic Review*, Vol.L, No.2, May.

④ Becker, G.S.(1964) *Human Capital : A Theoretical and Empirical Analysis*, Columbia Univ. Press. （佐野陽子訳『人的資本』東洋経済新報社，1976 年)。

⑤ Hallaire, J.(1968) Part-Time Employment ; Its Extent and its Probrems, OECD.

⑥ Fleisher, B.M.(1970) *Labor Economics* , Prentice-Hall (水野朝夫他訳『労働経済学』総合労働調査所，1977 年)。

⑦ Doeringer, P.B. & Piore, M.(1971) *Internal Labor Markets and Manpower Analysis*, D C. Heath.(白木三秀監訳『内部労働市場とマンパワー分析』早稲田大学出版部，2007 年)。

⑧ Thurow, L. C. (1975), *Generating Inequality*, Basic Books. (小池和男他訳『不平等を生み出すもの』同文舘出版，1984 年)。

⑨ Samuelson, P.A. (1976) *Economics 10th Ed.*, McGraw-Hill, Inc. (都留重人訳『サミュエルソン経済学（上・下）（原書第 10 版)』岩波書店，1977 年)。

⑩ Lazear, E.P.(1979) "Why Is There Mandatory Retirement ? ", *Journal of Political Economy*, Vol.87, No.6.

⑪ Starr, G.(1981) *Minimum Wage Fixing*, ILO(労働省賃金時間部訳『世界の最低賃金制度』産業労働調査所，1989 年)。

⑫ Freeman R.F. and Medoff J.L. (1984) *What do Unions do?*, Basic Book Inc. (島田晴雄他訳『労働組合の活路』日本生産性本部，1987 年)。

⑬ Hamada, K.& Y.Kurosaka(1985) "The Relationship between Production and

Unemployment in Japan : Okun's Law in Comparative Perspective,"*European Economic Review* 25, 71-94.

⑭ Milgrom, P. & Roberts, J.(1992) *Economics, Organization and Management*, Prentice-Hall.

⑮ Krugman, Paul R.(1998) "It's Baaack:Japan's Slump and the Return of the Liquidity Trap,"*Brookings Papers on Economic Activity 2*, 137-87.

⑯ Ashenfelter, O.C. & D. Cards, (1999) eds., *Handbook of Labor Economics*(Vol.3A~3C), Elsevier.

⑰ Ehrenberg, R.G. & R. Smith, (2000), *Modern Labor Economics(7th edi.)*, Addison Wesley Longman, Inc.

⑱ Ciulla, J.B.(2000) *The Working Life : The Promise and Berayal of Modern Work*, The Crown Publishing Group(中嶋愛訳『仕事の裏切り―何故, 私達は働くのか』翔泳社, 2013 年)。

⑲ Borjas G.J. (2013) *Labor Economics*, McGraw-Hill Inc.

（経済統計）
①富山県統計課『経済指標の勘所』同県統計協会, 1961 年（1999 年増補改訂 20 版）。
②谷沢弘毅『経済統計論争の潮流』多賀出版, 1999 年 9 月 20 日。
③小巻泰之『入門経済統計』日本評論社, 2002 年 4 月 25 日。
④細野助博『政策統計』中央大学出版部, 2005 年 9 月 7 日。
⑤小林慎哉『経済統計で学ぶ景気の見方と経済予測』文眞堂, 2005 年 9 月 30 日。
⑥廣松毅『経済統計』新世社, 2006 年 2 月 10 日。
⑦梅田雅信他『経済統計の活用と論点（第 2 版）』東洋経済新報社, 2006 年 4 月 13 日。
⑧松井博『体系と見方公的統計の』日本評論社, 2008 年 8 月 20 日。
⑨手嶋龍一序, 本木書店編集部『世界統計白書（2008 年版）』本木書店, 2008 年 6 月 10 日。
⑩梅田雅信他『経済統計の活用と論点（第 3 版）』東洋経済新報社, 2009 年 12 月 3 日。
⑪木村武雄・江口充崇『経済統計分析手法』五絃舎, 2012 年 10 月 10 日。
⑫みずほ総合研究所『経済がわかる　論点 50 2015』東洋経済新報社, 2014 年 11 月 27 日。

（統計データ）
①総務省統計局『労働力調査年報』平成 27 年（2015）, 日本統計協会, 2016 年 5 月。
②全労連・労働総研編『国民春闘白書』2017 年データブック学習の友社, 2016 年 12 月 8 日。
③日本労働組合総連合会『連合白書』2017 年, コンポーズ・ユニ, 2016 年 12 月 28 日。
④経団連編『春季労使交渉・労使協議の手引き』2017 年版, 経団連出版 2017 年 1 月 17 日。
⑤経団連『経営労働政策特別委員会報告』2017 年度, 経団連出版 2017 年 1 月 17 日。
⑥日本生産性本部『2017 年版活用労働統計』同生産性労働情報センター, 17 年 1 月 23 日。
⑦日本労務研究会『労務年鑑 2017 年版』2017 年 2 月 28 日。
⑧厚生労働省政策統括官編『第 68 回労働統計年報平成 27 年』労務行政, 2017 年 3 月 30 日。
⑨厚生労働省編『世界の厚生労働 2017』情報印刷, 2017 年 4 月 1 日。

巻末付録　*249*

日本経済年表（1543 年～ 2015 年）

			首相	財務大臣（大蔵大臣・大蔵卿）	日本銀行総裁
※ 1872（明治 5 年）12 月 3 日の改暦以前は，日本史の事項に関しては陰暦表示。					
天文 12 年	1543	8 月ポルトガル人，種子島で鉄砲を伝来。			
天文 18 年	1549	7 月フランシスコ・ド・ザビエル，鹿児島で基督教を宣教。			
永禄 9 年	1566	西川仁右衛門が蚊帳［かや］の商売を開始。			
天正元年	1573	4 月織田信長，足利義昭降伏させ室町幕府滅亡。			
天正 18 年	1590	7 月豊臣秀吉，北条氏降伏し全国略統一。住友の業祖蘇我理右衛門が銅吹・銅細工を開始。			
慶長 5 年	1600	1 月英東印度会社設立（1602 年 3 /20 蘭東印度会社［世界初の株式会社］，1604 年仏東印度会社）。鴻池の始祖中新六が清酒作りを開始。			
慶長 8 年	1603	2 月徳川家康，征夷大将軍となり江戸に幕府を開く。			
慶長 14 年	1609	7 月蘭との貿易開始（1641 年に蘭商館を平戸から長崎へ移設）			
慶長 18 年	1613	9 月英東印度会社が平戸に商館開設。			
寛永 12 年	1635	5 月幕府，鎖国令の布告。［貿易は長崎平戸のみ日本人渡航帰国禁止］			
延宝元年	1673	三井越後屋呉服店（今の三越）			
天保 11 年	1840	6 /28 清国，阿片戦争（~42/8/2 9）林則除，阿片 2 万箱を没収焼却。			
嘉永 4 年	1851	1 / 11 清因。太平天国の乱（~64/ 7 /19）洪秀全			
嘉永 5 年	1852	6 月蘭商館長クルチウス，米国の開国要求を幕府に予告。			
嘉永 6 年	1853	6 / 3 ペリー軍艦 4 隻浦賀来航 10/ 16 クリミア戦争（~5 6/ 3 /30）浦賀造船所建設。			
嘉永 7 年（安政 1 年）	1854	5/25 日米和親条約締結（同様の条約，英 8/23，露 12/ 21，蘭 55 年 12/23 締結）			
安政 2 年	1855	パリ万博［5/ 1 5~ 1 1/ 15］			
安政 4 年	1857	薩摩藩，集成館建設。			
安政 5 年	1858	6 / 19 日米修好通商条約締結→領事裁判権，関税自主権無 9 / 7 安政の大獄。			
安政 6 年	1859	5 /28 神奈川・長崎・函館開港，露仏蘭米英に貿易許可。			
安政 7 年（万延 1）	1860	3/3 桜田門外の変　3/19 五品江戸廻し令。			
文久 2 年	1862	7/6 幕政改革　8/21 生麦事件			
文久 3 年	1863	5/10 馬関戦争　7/2 薩英戦争　8/18 公武合体派クーデター。			
文久 4 年（文治 1）	1864	6 /24 第一次長州征伐　8/5 四国連合艦隊下関砲撃。			
文治 2 年（慶應 1）	1865	5 /12 第二次長州征伐　9 /27 横須賀製鉄所起工　10/5 条約勅許，兵庫開港不可。			
慶應 2 年	1866	1 /21 薩長連合 5 月米価騰貴　5/13 改税約書。この頃一揆打ち壊し頻発。			
慶應 3 年	1867	5 月鹿児島紡績所設立。10/14 討幕密勅，10/14 大政奉還。12/ 7 兵庫開港 12/9 王政復古。			
慶應 4 年（明治 1 年）	1868	1/3 ～ 4 戊辰戦争　1/15　王政復古の大号令（明治維新政府樹立）　7 / 17 江戸を東京へ 9 / 8　明治と改元。11 月政府，納税に金札使用を許可。		初代大蔵卿	

250

明治2年	1869	3月東京遷都，7/8大蔵省設置，8/11民部と大蔵両省を合併。 9/17初代大蔵卿*1松平安永 10月民部省札発行 10/16第二代大蔵卿*2伊達宗城。東京招魂社(1879年靖国神社)設立。
明治3年	1870	7/10大蔵省，民部省分離 10月土佐藩開成館大阪商会(73年三菱商会)工部省設置近代工業を起す。
明治4年	1871	5/10新貨幣条例公布(円，銭，厘)，7/14廃藩置県 8/13第三代大蔵卿*3大久保利通 8月九十九商会，岩崎の私企業。(三菱創設)
明治5年	1872	5月新紙幣発行，藩札を含む旧紙幣と交換 10/14新橋・横浜間鉄道 11/4官営富岡製糸場 11/9国立銀行条例制定 12/5改暦 12/28徴兵の詔書，資生堂創業。
明治6年	1873	1/10徴兵令 1/13 7分利付外国公債240万ポンド，ロンドンで募集開始 6/11第一国立銀行設立(渋沢栄一頭取(75-)，7/28地租改正条例公布 10/25第四代大蔵卿*4大隈重信この年各地に徴兵反対等の一揆多発。
明治7年	1874	3/28秩禄公債証券制定。10/13大蔵省，会計年度[1～12月]を7月～翌6月に改定。大久保利通『勧業建白書』。
明治8年	1875	1/18三菱商会に上海横浜航路の開始を命令(最初外国航路)9/7家録の米給を止め金録へ。
明治9年	1876	3/31三井銀行認可 7/29三井物産認可 8/1国立銀行条例改正公布 8/5金録公債証書発行条例公布 10月秀英舎(大日本印刷) 12/1中外物価新報創刊(後の日本経済新聞)。
明治10年	1877	2/15西南戦争(～9/24)。第一回内国勧業博覧会。
明治11年	1878	7月金録公債証書発行開始。→インフレ昂進 12/12東京海上保険設立。この年，国立銀行の設立相次ぐ。
明治12年	1879	10/27徴兵令改正[常備軍3年，予備3年，後備4年の合計10年に兵役を延長]11/22安田銀行設立[後の富士銀行]。この年，士族に鐘紡機[英国より輸入]を無利息，10ヶ年賦で払下げ。
明治13年	1880	2/28第五代大蔵卿*5佐野常民，横浜正金銀行開業(後の東京銀行) 9/10釜石鉱山製鉄所高炉火入れ。工場払下概則を定め，官営工場の民営化。金銀正貨の海外流出激化，正貨準備高は紙幣流通高の5.7%となる。
明治14年	1881	7/8明治生命保険設立 8月植木枝盛，日本国憲法草案起草。10/11明治14年政変[御前会議で立憲政体の方針，開拓使官有物払下げ中止，大隈重信の参議罷免等を決定]10/12 1890年に国会開設旨の詔書 10/21第六代大蔵卿*6松方正義→松方財政開始 11/11日本鉄道(最初の私鉄)。
明治15年	1882	3月松方デフレ開始 5/3大阪紡績設立(初の大規模紡績，2交代徹夜，資本金25万円) 10/6日銀初代総裁*7吉原重俊。10/10日本銀行開業。
明治16年	1883	2月東京電燈設立免許(東京電力の前身)。

1 松平慶永 2 伊達宗城 3 大久保利通 4 大隈重信 5 佐野常民 初代蔵相 6 松方正義 7 吉原重俊 初代総裁

和暦	西暦	事項	首相	蔵相	日銀総裁
明治17年	1884	3/15秩禄公債の償還完了［地組条例制定］10/28会計年度を4/1からに改定。			
明治18年	1885	5月日銀最初の銀兌換券9/29岩崎弥太郎，日本郵船設立(資本金1500万円)12/22初代総理大臣*8伊藤博文①，蔵相*6松方正義 この年，松方デフレ農村恐慌進行。綿布産額，輸入額を凌駕，絹織産額，綿織産額を凌駕。	初代首相 8 伊藤博文①		
明治19年	1886	1/4不換紙幣の正貨兌換開始。3月帝国大学令。6月三重紡績設立。6月甲府，女工ストライキ。11月東京棉商社［後の鐘紡紡績］ この年，鉄道・紡績・鉱山業の起業相次ぐ，繊維工業中心の産業革命起点。			
明治20年	1887	3月所得税公布 4月東京倉庫(後の三菱倉庫) 6/7長崎造船所を三菱社へ払下。	10 黒田清隆		2代総裁 9 富田鉄之介
明治21年	1888	2/21第2代日銀総裁*9富田鉄之介 3月帝国生命(朝日生命の前身)設立。4/30第二代首相*10黒田清隆。5/10日本石油設立。			
明治22年	1889	2/11大日本帝国憲法公布 5月池貝工業7/4日本生命保険設立9/3日銀3代総裁*11川田小太郎12/24*12山県有朋首相①。この年，年末より恐慌状態。日本最初の経済恐慌(1890年)の開始。	12 山県有朋①		3代総裁 11 川田小一郎
明治23年	1890	1月足尾銅山の鉱毒で渡良瀬川の魚類多数死滅。 7/1第1回衆議院総選挙 11/25第一回通常議会(帝国議会)招集。この年，綿糸の国内生産輸入凌駕。釜石銑鉄が伊のグレゴリー銑鉄よりも優秀さを実証，需要急増。			
明治24年	1891	5/6*6松方正義首相①。5/11大津事件。7/30大阪紡績，綿糸初輸出12/18田中正造，衆議院へ初めて足尾鉱毒事件の質問書を提出。紡績業，印度綿を国内市場から駆逐。印綿直輸入開始。	6 松方正義①		
明治25年	1892	8/8*8伊藤博文②蔵相*13渡辺国武11月日本綿花(日綿実業の前身)	8 伊藤②	13 渡辺国武	
明治26年	1893	9/9鐘淵紡績等5社日本郵船と印度綿花輸入契約締結。11/7日本郵船，ボンベイ航路を開始。11/17三井銀行田中製作所を買収し，芝浦製作所と改称(機械工業の始まり)。商法一部施行に伴い企業の株式会社・合資会社・合名会社への改組相次ぐ。			
明治27年	1894	8/1日清戦争勃発(～1885年4月。 8/16軍事公債(5000万を限度)。器械製糸の生産高，座繰製糸を凌駕。		6 松方正義	
明治28年	1895	3/17蔵相*6松方正義 4/17日清講和条約調印 4/23三国干渉 8/27蔵相*13渡辺国武11月住友銀行『東洋経済新報』創刊。12月片倉組織。		13 渡辺	
明治29年	1896	3/10八幡製鉄所官制公布［97.6.1開業，中国山東省大冶鉄鉱が主原料)9/18*6松方正義②，蔵相*6松方正義9/25第一国立銀行営業満期，9/26より普通銀行(株)第一銀行10月東武鉄道 11/11第4代日銀総裁*14岩崎	6 松方②	6 松方(兼務)	4代総裁 14 岩崎弥之助

		弥之助。
一般編ベスト		①鐘淵紡績②大阪紡績③三重紡績
公益編ベスト		①日本鉄道②日本郵船③北海道炭礦鉄道
明治30年	1897	3/1 鴻池銀行（三和銀行の一前身）3/29 貨幣法公布（金本位制の成立，日清戦争の賠償金で金準備が整う）6/1 官営八幡製鉄所設立。8月日本勧業銀行設立。豊田佐吉，力織機発明。労働者の階級意識高揚，労働争議急増。綿糸の輸出，輸入額を超過。
明治31年	1898	1/12*8 伊藤博文③，蔵相 *15 井上馨。4/19 日銀，財界の金融逼迫救済の為，政府委託により，償金の一部で公債を買入（最初の市場操作）6/30* 4 大隈重信首相①，9/30 蔵相 *16 松田正久，10/20 第五代日銀総裁 *17 山本達雄。11/8 * 12 山県有朋②，蔵相 *6 松方正義。
明治32年	1899	2月鳥井商店（後のサントリー）森永太一朗，森永西洋菓子製造所設立（後の森永製菓）3/22 北海道拓殖銀行法公布 7/17 日本電気設立 9/26 台湾銀行（資本金500万円）営業
明治33年	1900	1月凸版印刷 10/19* 8 伊藤博文④，蔵相 * 13 渡辺国武
明治34年	1901	6/2 * 18 桂太郎首相①，蔵相 *19 曾禰荒助 6/22 住友家が，日本鋳鋼所を買収，住友鋳鋼所を開業（住友金属工業の一前身）。
明治35年	1902	1/30 日英同盟 3/27 日本興業銀行設立（特殊銀行）9/25 第一生命保険（最初の相互会社）11 月合名会社鈴木商店［金子直吉／高畑誠一］
明治36年	1903	10/20 第六代日銀総裁 *20 松尾臣善。新潟で石油会社設立盛ん。
明治37年	1904	2/10 日露戦争勃発（〜1905年9月）　4/1 たばこ専売法公布 5/10 ロンドン・ニューヨークで外債（6 分利付英貨公債 1000 万ポンド）募集。6/25 芝浦製作所設立（資本金 100 万円）12/6 三越呉服店設立（資本金 50 万円）
明治38年	1905	1/22「血の日曜日」事件　9/5 日露講和条約調印。9月鈴木商店，小林製鋼所を買収し神戸製鋼所設立。池貝工場，米国式旋盤を完全製作。
明治39年	1906	1/7 * 21 西園寺公望首相①，蔵相 *22 阪谷芳郎　3/31 鉄道国有化法　11/26 南満州鉄道設立。
明治40年	1907	1/21 東京株式相場暴落（日露戦争恐慌）長崎造船所スト 1/26 日清紡績　2/23 麒麟麦酒　9/8 旭硝子設立。東京自動車製作所，国産 1 号自動車製作。10 月箕面有馬電気軌道（阪急）。
明治41年	1908	7/14*18 桂太郎②，蔵相 * 18 桂太郎（兼務）。日本窒素肥料設立。
明治42年	1909	鈴木三郎助「味の素」販売。生糸輸出量，中国を抜き，世界第一へ。
明治43年	1910	2/1 横浜正金等 15 銀行，内国債借換の国債引受シンジケート団を結成。6/17 新潟鉄工所 7 月東京人造肥料が大日本人造肥料（日産化学の前身）。
明治44年	1911	2/21 日米新通商航海条約調印（関税自主権確立）　6/1 第 7 代総裁 23 高橋是清 8/30*21 西園寺公望②，蔵相

8 伊藤③　4 大隈重信①　12 山県②　8 伊藤④　18 桂太郎①　21 西園寺公望①　18 桂②

15 井上馨　16 松田正久　6 松方　13 渡辺　19 曾禰荒助　22 阪谷芳郎　18 桂（兼務）

17 山本達雄 5代総裁　20 松尾臣善 6代総裁

元号	西暦	できごと	首相	蔵相	総裁
		*24 山本達雄 11/28 大倉組設立。	21 西園寺②	24 山本達雄	23 高橋是清 7代総裁
明治45年（大正1）	1912	6/8 日本鋼管設立 7/30 明治天皇崩御，大正と改元 9/10 日本活動写真（日活の前身）9月久原工業。10/7 浅野セメント設立。11月岩井商店が株式会社へ（日商岩井）。12/21*18 桂太郎③，蔵相 *25 若槻礼次郎。	18 桂③	25 若槻礼次郎	
大正2年	1913	2/20*26 山本権兵衛①，蔵相 *23 高橋是清 2/28 第8代総裁 *27 三島弥太郎。3月伊藤譲が羊華堂（イトーヨーカドー）東北・北海道地方大凶作。	26 山本権兵衛①	23 高橋是清 25 若槻	27 三島弥太郎 8代総裁
大正3年	1914	4/16* 4 大隈重信②，蔵相 * 25 若槻礼次郎 6/26 東洋紡績（大阪紡績，三重紡績が合併）誕生。8/23 第一次世界大戦，日本，独に宣戦布告参戦 [7/28 墺，対セルビア宣戦布告] 9/14 生糸相場暴落 (1900.10を破る新安値)。	4 大隈②		
大正4年	1915	6/21 染料医薬品工業奨励法公布 [化学工業起] 保土ヶ谷曹達，電解ソーダ工場操業 8/10 蔵相 *27 武富時敏 貿易収支，出超へ。好景気到来。		27 武富時敏	
大正5年	1916	1月吉野造作「憲政の本義を説いてその有終の美を済すの途を論ず」『中央公論』大正デモクラシー 10/9 *28 寺内正毅首相，蔵相 *28 寺内正毅（兼務）12/16 蔵相 *29 勝田主計。	28 寺内正毅	28 寺内（兼務）29 勝田主計	
大正6年	1917	3/10 日本工業倶楽部 12/1 古河鉱業開業。12/25 大倉鉱業開業。貿易収支，未曾有の黒字。			
大正7年	1918	3月松下幸之助，松下電気器具製作所 8/2 シベリア出兵 8/3 富山県中新川郡の米騒動，全国に波及 9/29 * 30 原敬首相蔵相 *23 高橋是清 11/11 第一次大戦終了 [独，休戦協定に調印] 大戦中，電力事業未曾有の発展。	30 原敬	23 高橋	
大正8年	1919	3/13 第9代総裁 * 31 井上準之助。6/28 ベルサイユ条約 8/15 三菱銀行設立 12/24 大阪北港設立（住友商事の前身）大和運輸（ヤマト運輸の前身）創業。			31 井上準之助 9代総裁

一般編ベスト ①川崎造船所②三菱造船③久原鉱業
公益編ベスト ①南満州鉄道②日本郵船③大阪商船

元号	西暦	できごと	首相	蔵相	総裁
大正9年	1920	1/10 国際連盟発足 2/1 日立製作所設立（久原鉱業から分離・独立） 3/15 株式市場，株価暴落で戦後恐慌開始。			
大正10年	1921	1/10 三菱電機設立 3/8 ソ連ネップ採択 5/10 小松製作所 11/13*23 高橋是清首相，蔵相 *23 高橋是清（兼務）	23 高橋是清	23 高橋（兼務）	33 市来乙彦
大正11年	1922	2/6 ワシントン条約 6/12*32 加藤友三郎首相，蔵相 *33 市来乙彦。8/1 日本経済連盟会 12/30 ソ連発足 造船業界，海軍軍縮で32年まで不況。	32 加藤友三郎	33 市来乙彦	31 井上準之助
大正12年	1923	5/1 小田急 7/10 日本航空 8月独，マルク暴落 8/22 富士電機製造 9/1 関東大震災。9/2 * 26 山本権兵衛②，蔵相 *31 井上準之助 9/5 第10代総裁 * 33 市来乙彦 野田醤油大争議。この頃労働争議頻発。	26 山本②	31 井上準之助 29 勝田主計	33 市来乙彦 10代総裁
大正13年	1924	1/7 * 34 清浦奎吾首相，蔵相 *29 勝田主計。 6/11* 36 加藤高明首相① 蔵相 *37 浜口雄幸 12/13 東京婦人会等，婦人参政権獲得期成同盟会結成。	34 清浦奎吾 36 加藤高明①	37 浜口雄幸	
大正14年	1925	1/20 日ソ基本条約 [2/27 国交回復] 4/22 治安維持法公布。5/5 男子普通選挙実現 8/2*36 加藤高明② 12/1 野村証券 12/13 大船-横須賀間電化完。	36 加藤② 36 加藤高明①		
大正15年	1926	1/12 東洋レーヨン（東レの前身） 1/30 * 25 若槻礼次郎			

		本文

（昭和1） 首相① 3/17 日本レイヨン（ユニチカの前身）。3/30 郵便年金法公布 6/3 蔵相 *38 早速整爾 9/14 蔵相 *39 片岡直温 12/25 大正天皇崩御、昭和と改元。

昭和2年 1927 3/15 東京渡辺銀行破綻、金融恐慌 4/1 徴兵令廃止 4/5 鈴木商店破綻 4/20* 40 田中義一首相、蔵相 *23 高橋是清 5/10 第11代総裁 *31 井上準之助 6/2 蔵相 *41 三土忠道。

昭和3年 1928 6/12 第12代総裁 *42 土方久蔵。12月不二越鋼材（不二越の前身）設立。松永安左ェ門『電力統制私見』で第二次大戦後の電力事業再編成案提示。この年、為替相場の変動激化、横浜正金銀行の建値変更92回に及ぶ。

昭和4年 1929 7/2 * 31 井上準之助蔵相となる→井上財政開始。10/24 NY市場で大暴落→世界恐慌。10月米国生糸価格崩落。11/21 金輸出解禁令公布。

昭和5年 1930 2/22 鹿島組設立 7/2 *37 浜口雄幸首相、蔵相 * 31 井上準之助。世界恐慌で日本不況（～1932年）産業界で操短短縮［操短率：セメント鉄鋼50%，肥料40%等］。

昭和6年 1931 4/14* 25 若槻礼次郎②、6/9 満州事変勃発。12/13 * 38 犬養毅首相、蔵相 *23 高橋是清（金輸出禁止）→高橋財政開始。

昭和7年 1932 5.15事件 5/16 *43 斉藤実首相、6月満州銀行設立。豊田自動織機、特許を英プラット社へ譲渡。

昭和8年 1933 1/30 独、ヒットラー首相 3/9 米国ニューディール政策開始。3/27 国際連盟脱退 12/9 三和銀行 この年輸出増加続き、ソーシャル・ダンピングの国際的非難。この年、日本が綿布輸出量で、産業革命期以来、世界の首位であった英国を凌駕した。

昭和9年 1934 7/8 *44 岡田啓介首相、蔵相 *45 藤井真信、11/27 蔵相 *23 高橋是清 綿織物輸出額、生糸輸出額を凌駕。海軍、航空機の機体・発動機の国産化を民間に命令。製鉄大合同、日本製鉄設立。（八幡、富士等5製鉄）

昭和10年 1935 6/4 第13代総裁 *46 深井英五。7/15 貿易収支、黒字になる 19年以来17年振り 日本アルミニウム設立。

昭和11年 1936 2.26事件 3/9 *47 広田弘毅首相、蔵相 *48 馬場鍈一。10月人絹糸生産高（2億7,336万ポンド）米国を抜き世界第一位。

昭和12年 1937 年度予算30億のうち軍事費14億。5/1 企画庁設置（10/25 企画院） 2/2 *49 林鉄十郎首相、蔵相 *50 結城豊太郎 2/9 14代総裁 *51 池田成彬 6/4 *52 近衛文麿首相①、蔵相 *53 賀屋興宣 7/7 日中戦争開始 7/27 第15代総裁 * 50 結城豊太郎。8/27 トヨタ自動車工業設立（資本金1200万円）（豊田自動織機自動車部独立） 9/10 戦時統制経済法の諸法律公布 12/7 盧溝橋事件 12/13 日本軍、南京占領、大虐殺（南京大虐殺）。

昭和13年 1938 1/16 企画院、物資動員計画作成。4/1 国家総動員法公布（5/5 施行）、国民健康保険法公布。9月大昭和製紙（昭和製紙等が合併）。

首相	蔵相	銀行総裁
25 若槻①	38 早速整爾 39 片岡直温	
40 田中義一	23 高橋是清 41 三土忠道	11代総裁 31 井上準之助
		12代総裁 42 土方久徴
	31 井上準之助	
37 浜口雄幸	31 井上準之助	
25 若槻② 38 犬養毅	23 高橋是清	
43 斉藤実		
44 岡田啓介	45 藤井真信 23 高橋是清	13代総裁 46 深井英五
47 広田弘毅	48 馬場鍈一	
49 林鉄十郎 52 近衛文麿	50 結城豊太郎 53 賀屋興宣	14代総裁 51 池田成彬 15代総裁 42 結城豊太郎

昭和14年　1939

1/5 *54 平沼騏一郎首相, 蔵相 *55 石渡壮太郎　4/12 米穀配給統制法　4月日本発送電。電気庁設置　5/12 ノモンハン事件　6/1 昭和電工設立。7/1 東京芝浦電気設立　7/8 国民徴用令公布　8/23 独ソ不可侵条約　8/30 *56 阿部信行首相, 蔵相 *57 青木一男　9/1 第2次世界大戦勃発(独, ポーランドへ侵入)。

昭和15年　1940

1/16 *58 米内光政首相, 蔵相 *59 桜内幸雄　3/29 改正所得税法公布(源泉徴収方式)　6月仏, 独に降伏　7/22 *52 近衛文麿②, 蔵相 *60 河田烈　9/23 北部仏印進駐　9/27 日独伊三国同盟　10/12 大政翼賛会　11/23 大日本産業報告会創設。

一般編ベスト　①日本製鉄②三菱重工業③王子製紙
公益編ベスト　①南満州鉄道②日本発送電③東京電燈

昭和16年　1941

7/18 *52 近衛文麿③, 蔵相 *61 小倉正恒。7/25 対日資産凍結。8月昭和石油　8/1 米国の対日石油全面禁輸　8/18 *62 東条英機首相, 蔵相 *63 賀屋興宣　12/8 対米英宣戦(マレー半島上陸, 真珠湾攻撃)。

昭和17年　1942

2/21 食糧管理法公布(7/1施行)。3月宇部興産。

昭和18年　1943

10/31 軍需会社法公布(12/17施行)(前金で政府が発注)　12/1 学徒出陣。

昭和19年　1944

1/18 三菱重工等150社, 軍需会社に指定　2/19 蔵相 *55 石渡壮太郎　3/18 第16代総裁 *64 渋沢敬三　3/20 東京海上火災保険設立(資本金800万円)　6/30 学童疎開　7/1 ブレトン・ウッズ経済会議(〜7/22 IMF体制成立)　7/22 *65 小磯国昭首相。この年, 海上輸送崩壊, 軍需生産麻痺。

昭和20年　1945

2/21 蔵相 *66 津島寿一　2/4 ヤルタ会談, 3/9(〜3/10)東京大空襲　4/7 *67 鈴木貫太郎首相, 蔵相 *68 広瀬豊作　8/14 ポツダム宣言受諾(翌日終戦)　8/17 *69 東久邇宮稔彦首相, 蔵相 *66 津島寿一　9/2 降伏文書に調印。9/6 トルーマン大統領「降伏後に於ける米国の初期対日方針」を承認, マッカーサー元帥に指令, 10/9 *70 幣原喜重郎首相, 蔵相 *64 渋沢敬三, 17代総裁 *71 新木栄吉　10/23 読売新聞争議(〜12/11, 生産管理闘争)　10/24 国連正式成立　11/6 財閥解体　12/2 自発的解散に抵抗した岩崎小弥太死去　12/9 農地改革　12/27 ブレトン・ウッズ協定発効[IMF・世界銀行発足]この年, 生産荒廃インフレ昂進・食糧欠乏等経済的混乱の極みと国民生活の窮乏激化。

昭和21年　1946

2/17 金融緊急措置令[新円切替]　2/18 日銀券発行残高618億2,400万円(旧円での最高1945年8/5の2倍)　3/16 GHQ, 引揚げに関する覚書(対外邦人700万の引揚げを指令)。5/7 東京通信工業(現ソニー)設立　5/19 食糧メーデー　5/22 *72 吉田茂首相①, 蔵相 *73 石橋湛山　6/1 第18代総裁 *74 一万田尚登　8/1 日本労働組合総同盟結成。8/12 経済安定本部　10/1 全炭・東芝スト突入「10月闘争」10/21 自作農創設特別措置法(12/29

歴代首相・蔵相・総裁

首相	蔵相	蔵相	総裁
54 平沼騏一郎	55 石渡壮太郎	57 青木一男	
56 阿部信行			
58 米内光政	59 桜内幸雄	60 河田烈	
52 近衛②③			
62 東条英機	61 小倉正恒	63 賀屋興宣	
65 小磯国昭	55 石渡荘太郎		64 渋沢敬三　16代総裁
69 東久邇宮稔彦王	68 広瀬豊作	66 津島寿一	71 新木栄吉　17代総裁
67 鈴木貫太郎		64 渋沢敬三	
70 幣原喜重郎			
72 吉田茂①	73 石橋湛山		74 一万田尚登　18代総裁

施行)公布　11/3 日本国憲法公布　12/27 傾斜生産方式の採用決定。

昭和22年	1947	1月井植歳男が三洋電機製作所を設立。1月復興金融公庫開業 1/31 マ元帥、「2.1 スト」中止を命令。3 /10*75 芦田均首相、蔵相 *76 北村徳太郎 3/12 トルーマン・ドクトリン、3/31 財政法公布(赤字国債発行禁止)、4/1 日銀法改正公布(5/3 施行)4/7 労働基準法 4/14 独占禁止法公布 5/11 経済安定本部令公布 5/19 経団連 5/26 日本貿易会 6/5 マーシャルプラン 7/1 公正取引委員会発足 7/4 第1回経済白書(財政も企業も赤字)7 /7「1800 円」ベースの新物価体系 10/11 闇米犯を裁いた山口判事、栄養不足で死亡。10/15*72 吉田茂② 10/19 蔵相 *77 泉山三六。	75 芦田均	76 北村徳太郎
昭和23年	1948	1/6 ロイヤル米陸軍長官「日本を全体主義に対する防壁にする」と演説。　4/1 ソ連、ベルリン封鎖　4/6 ドレーバー調査団、対ソ戦略で軍事工場の温存を決定　6/23 昭和電工事件　7/22 政令 201 号、9 月本田技研 12 /18 GHQ、経済安定 9 原則発表。	72 吉田②	77 泉山三六
昭和24年	1949	2/26 *72 吉田茂③、蔵相 *78 池田勇人　3/7 ドッジ経済安定 9 原則の声明 4/1GHQ、ガリオア・エロアの覚書 4/4NATO 成立、4/7 単一レート実施(1 ドル＝330 円)7/1 国鉄、組合に 9 万人の解雇通告(7/5 下山事件　7/15 三鷹事件)　8/26 シャープ勧告。	72 吉田③	78 池田勇人
昭和25年	1950	2/9 米国でマッカーシー旋風(赤狩り)開始　3/1 自由党結成　6 / 25 朝鮮戦争→特需景気。　7 / 11 日本労働組合総評議会(総評)結成 7/17 株式市場未曾有の盛況 7/24 企業レッドパージ(9/1 公務員の)　8/10 警察予備隊　10/7 ドッジ来日、ディスインフレ政策堅持　11/21 ドッジ資金運用部制度改正　11/24 電気事業再編成令 11/ 30 トルーマン大統領、朝鮮戦争で「原爆の使用もありうる」発言。		
昭和26年	1951	2/1 日本輸出入銀行開業 3/10 総評、第二回大会(左翼優位)　3/31 資金運用部資金法公布　4/11 マ元帥解任 5/14 対日ガリオア援助中止　6/4 証券投資信託法 7/31 日本航空　9/8 サンフランシスコ条約調印(印度不参加)		
昭和27年	1952	1/16 復興金融金庫解散(4/20 日本開発銀行)　8/1 安本、経済審議庁へ改組 8/14IMF・世銀加盟 10/30 * 72 吉田茂④、蔵相 *79 向井忠晴。	72 吉田④	79 向井忠晴
昭和28年	1953	1/20 日経連、労働協約基準案　2/26 朝鮮特需で 9 億ドル突破。　3/3 三井造船、スイス社からガスタービン技術導入認可される　3/31 信越化学、GE より技術導入 5/21*72 1 吉田茂⑤、蔵相 *73 小笠原三九郎、5/11 IMF 幹事会で 1 ドル =360 円を決定。　6 /17 川崎製鉄千葉、第 1 高炉火入れ(戦後初の鉄鋼一貫工場の新設)　7/27 朝鮮戦争休戦協定。	72 吉田⑤	73 小笠原三九郎
昭和29年	1954	2/23 造船疑獄事件[自由党幹事長佐藤栄作、同政調会長池田勇人造船業界から巨額の政治資金を受け取る]→検察庁、佐藤逮捕請求→犬養法相指揮権発動 3/8 米国と		

相互防衛協定 (MSA)，余剰農産物購入協定 (5/1 発効) ［援助金で米国余剰農産物購入を強要］。
11 月神武景気 (～ 1957 年 6 月)　12 月税制調査会設置　12/10*80 鳩山一郎首相①，蔵相 *74 一万田尚登　12/11 第 19 代総裁 *71 新木栄吉。

年号	西暦	記事	首相	蔵相	代総裁
			80 鳩山一郎①	74 一万田尚登	71 新木栄吉 19 代総裁
昭和 30 年	1955	1/28 炭労・私鉄等 6 単産で初の春闘。　2/14 日本生産性本部設置 (3/1 正式発足)　3 /19*80 鳩山一郎②　5/14 ワルシャワ条約機構　7/20 経済企画庁発足 (経審庁改組) 9/10 ガット議定書発効　10/25 八幡製鉄，初の世銀より鉄鋼借款協定 (NY で 530 万ドル)。　11/22 * 80 鳩山一郎③。	80 鳩山②　80 鳩山③		
昭和 31 年	1956	4/16 日本道路公団　5/9 フィリピン賠償協定 (1980 億借款供与)　6/7 金融制度調査会設置公布，　7/17 経済白書「もはや戦後ではない」　10/19 日ソ国交回復　10/24 ハンガリー動乱　10/29 スエズ戦争　11/30 20 代総裁 *81 山際正道　12/18 国連日本加盟承認。　12/23 * 82 石橋湛山首相，蔵相 *83 池田勇人　船舶建高 175 万総トンで造船世界一となる，以後 1962 年迄の 7 年間世界一。	82 石橋湛山	83 池田勇人	81 山際正道 20 代総裁
昭和 32 年	1957	2/25 *84 岸信介首相①　7/10 蔵相 *74 一万田尚登 7/23 鍋底景気　9/1 八幡製鉄戸畑工場で一貫生産　12/17 新長期経済計画決定 (58-62 年)。	84 岸信介①	74 一万田尚登	
昭和 33 年	1958	1/1 EEC 発足　2/4 日印通商協定，初の円借款　2/5 山下太郎アラビア石油 (配分日本 44%)　6 月岩戸景気 (～ 1962 年 10 月)　6/12* 84 岸②，蔵相 *85 佐藤栄作 6/18 戦後初の公定歩合引下げ (8.4 → 7.67)　12/1 壱万円札発行。	84 岸②	85 佐藤栄作	
昭和 34 年	1959	10/1 第二世銀　12/30 財投融資の為外債発行，政府エネルギー政策転換 (石炭→石油)。			
昭和 35 年	1960	1/5 東証最高値　1/16 日米新安保条約　7/19 *83 池田勇人首相①，蔵相 86 水田三喜男　12/8 *83 池田②，12/27 国民所得倍増計画 (61 ～ 70 年度)。	83 池田勇人①	86 水田三喜男	
昭和 36 年	1961	5/3 国鉄，新幹線建設資金 8 千万ドル世銀より借款 9/30 OECD 発足。			
昭和 37 年	1962	1/9 ガリオア・エロア返済協定調印。 5/10 新産業都市建設促進法公布。7 月転換期論争　7/5 全国総合計画閣議決定。 7/10 世界最大タンカー日章丸 (13 万トン) 進水。7/18 蔵相 *87 田中角栄。	83 池田②	87 田中角栄	
昭和 38 年	1963	3/31 中小企業近代化促進法公布，4 月バナナ等 25 品目自由化，7 月新産業都市工業整備特別地域指定　7/20 中小企業基本法公布　8/31 砂糖化粧品等 25 品目自由化 11/9 三井三池炭鉱で死者 458 人を出す大爆発事故 12/8*83 池田③。	83 池田③		
昭和 39 年	1964	4/1 IMF8 条国へ移行。 4/28 OECD 加盟。10/1 新幹線開業 10 月経済審議会，中期経済計画 (64-68 年度) 答申 10/10 東京五輪　11/9 *85 佐藤栄作①　12 月国民年金制度実施　12/17 日銀 21 代総裁 88 宇佐美洵 [三菱銀頭取]。	85 佐藤栄作①		88 宇佐美洵 21 代総裁
昭和 40 年	1965	5/28 田中角栄蔵相，日銀法 25 条発動して，山一証券を			

救済［日銀特融］→証券取引法改正 (業者の免許制へ)
6/3 名神高速道路全線開通，蔵相 *89 福田赳夫　10/1 乗用車輸入自由化決定　11/19 戦後初の赤字国債発行 (2,590 億円) を閣議決定　12/17 竹島を含め漁業水域決定。

昭和41年	1966	1/29 赤字国債発行。2/11 日銀，債券の無条件オペ実施。2/15 大蔵省 65 年貿易収支で戦後初の輸出超過と発表。8/17 主婦連，ユリア樹脂食器の有害性を指摘。8/22 アジア開発銀行設立。11 月いざなぎ景気 (～ 1970 年 7 月)　12/3 蔵相 *86 水田三喜男　12/16 交通事故死 1 万人突破。12/20 東京地裁，結婚退職制は違憲，住友セメント女子社員勝訴。

昭和42年　1967
2/2 日銀，戦後初の国債買いオペ 653 億円実施。2/17 *85 佐藤②　4/25 武器輸出三原則　5/24 朝日訴訟 (月 600 円の生活保護が憲法 25 条の健康で文化的な最低限度の生活に該当するかどうか) 原告死亡で訴訟終了と最高裁。6/6 政府，資本自由化決定。7/1 第一次資本自由化実施。7/1EC 発足。　7/14 三池炭鉱の一酸化炭素中毒患者家族，鉱内座り込み。10/4 7 月末で総人口 1 億人突破。

昭和43年　1968
1/1 ジョンソン大統領，緊急ドル防衛策発表　3/17 金プール 7 ヶ国会議，金の二重価格制度決定。6/10 経済企画庁，本年西独を抜き GNP 自由世界 2 位と発表。　6/10 大気汚染法公布 (12/1 施行)，11/30 蔵相 *89 福田赳夫。

昭和44年　1969
3/6 八幡製鉄と富士製鉄，合併調印 (45.3.31. 新日本製鉄発足)　3 月外貨準備 30 億ドル突破，外貨持ち出し制限緩和。5 月新全総決定。5/23 初の公害白書。労働争議戦後最高。12/17 第 22 代総裁 *90 佐々木直。

昭和45年　1970
1 月米減反決定　1/14* 85 佐藤③　2/3 核の不拡散条約調印を決める　3/14 日本万国博開幕 (来場者 6,000 万人)　6/24 日米繊維交渉決裂　7/18 光スモッグ発生 (杉並区)　7 月いざなぎ景気 57 ヶ月で終わる。　8/25 国鉄監査委員会，69 年度の国鉄，破産寸前と報告。9/17NY 市場で日本初のソニー上場。　9/22 米上院，大気汚染防止法 (通称マスキー法) 自動車業界の反対を押し切って可決。

昭和46年　1971
1/1 ウイスキー輸入自由　4/1 自動車等 6 業種，資本自由化　7/5 蔵相 *86 水田三喜男　8/15 ニクソン・ショック，日本，変動相場制へ　12/18 ワシントン 10 ヶ国蔵相会議 (スミソニアン体制)　12/19 1 ドル 308 円の固定相場へ。

昭和47年　1972
2/3 札幌五輪　5/15 沖縄，27 年振り本土復帰。7/7*87 田中角栄首相①，蔵相 * 91 植木庚子郎　7/14 日本列島改造論　9/29 日中国交正常化　10/11 本田，75 年排気ガス規制値クリア　12/22 * 87 田中②，蔵相 *92 愛知揆一。

一般編ベスト　①新日本製鉄②三菱重工業③日本鋼管
公益編ベスト　①東京電力②関西電力③中部電力

昭和48年　1973
2/14 再び変動相場制へ，3 月スミソニアン体制崩壊。経済社会基本計画閣議決定 (73-78 年度)　9/14 東京ラウンド始まる。10/19 石油危機　11/ 25 蔵相 * 89 福田赳夫

右欄（蔵相・日銀総裁）：

蔵相	日銀総裁
89 福田赳夫	
86 水田三喜男	
85 佐藤②	
89 福田赳夫	
85 佐藤③	90 佐々木直　22 代総裁
86 水田三喜男	
87 田中角栄①　87 田中②	91 植木庚子郎　92 愛知揆一　89 福田赳夫

11/13 金の二重価格制廃止　11/1 金大中政治決着。

年		出来事	首相	蔵相	総裁
昭和49年	1974	1/7 首相、東南亜で反日デモ　3/16 政府、石油製品の新価格体制への移行と生活関連物資の価格凍結を決定。4月大店法施行（売場 1500m² 以上）　7/16 蔵相 *93 大平正芳　12/9 椎名裁定で *94 三木武夫首相。12/17 第23代総裁 * 95 森永貞一郎。	94 三木武夫	93 大平正芳	95 23代総裁 森永貞一郎
昭和50年	1975	1/16 IMF暫定委、SDRを国際通貨制度の中心に据え、金の公定価格廃止　2/14 政府、不況対策。完全失業者百万人越える。3/7 戦後初の実質GNP成長率マイナス　4月大店法改正（売場 500m² 以上）で規制強化。11月ランブイエ（第一回）先進国首脳会議　12/25 赤字国債			
昭和51年	1976	2/4 ロッキード・ショック　3/26 超LSI技術研究組合（300億円の補助金で国際水準まで技術向上）。　12/24 * 89 福田赳夫首相、蔵相 * 96 坊秀男。ヤマト運輸、宅急便サーヴィス事業化開始。	89 福田赳夫	96 坊秀男	
昭和52年	1977	3月 米ソ二百海里漁業専管水域実施　5/27 独禁法改正案成立　11/28 蔵相 *97 村山達雄　11/4 政府、第三次全国総合開発計画決定。		97 村山達雄	
昭和53年	1978	4/12 東京ラウンド　5/15 構造不況対策法成立。7/24 1ドル、200円突破　8/12 日中平和友好条約調印（中国覇権第3国問題）　12/7 *93 大平正芳首相①、蔵相 *98 金子一平　A級戦犯14名、靖国神社に合祀。	93 大平正芳	98 金子一平	
昭和54年	1979	1/1 米中国交回復（米、台湾と断交）　3/13 EMS（欧州通貨制度）　5/16 CD（譲渡性預金）自由化。6/26 OPEC原油の大幅値上げ決定。新経済社会7ヶ年計画閣議決定（79-85年度）　10月省エネルギー法施行。11/9 *94 大平②、蔵相 *99 竹下登、12/17 第24代総裁 * 100 前川春雄。	93 大平②	99 竹下登	100 24代総裁 前川春雄
昭和55年	1980	1月政府、石油消費7%節約具体策決定。1月新経済社会7ヶ年計画成長率を5.5%へ修正。5月自動車生産世界一（日本1,104万台、米国800万台）　7/17 *101 鈴木善幸首相、蔵相 *102 渡辺美智雄　7/9 昭和58年度予算概算要求枠で前年比5%削減（マイナス・シーリング）　9/17 第2次石油危機　9月IMF、世界経済の病状悪化を警告。	101 鈴木善幸	102 渡辺美智雄	
昭和56年	1981	2/18 レーガン大統領「経済再生計画」を発表　5/1 対米自動車輸出自主規制で日米合意。　7/3 波債務猶予7月第二次臨調が行革第一次答申提出。			
昭和57年	1982	6/11 経済審議会「2000年の日本」発表。南北サミット（関発と協力に関する国際会議）　8/20 メキシコの破産（800億ドル）　11/27 *103 中曾根首相①、蔵相 *99 竹下登。	103 中曽根康弘①	99 竹下登	
昭和58年	1983	3月 OPEC、初の原油値下げ決定（29ドルへ）、6/6 国債残高100兆円の大台突破（79年50兆円）　12/17 第25代総裁 * 104 澄田智　12/27 * 103 中曾根②。1980年代経済社会の展望と指針（83-90年度）。	103 中曾根②		104 25代総裁 澄田智
昭和59年	1984	4/7 日米農産物交渉合意　5/12 日米円、ドル委員会、我国金融開放策で合意。　8/10 国鉄再建管理委、初めて分割・民営化の方向性示す緊急提言。　9/3 世界の金融機関番付で日本の郵便局3,500億ドルで断然トップ。			

260

年号	西暦	内容			
昭和60年	1985	1/30 OPEC, 基準原油制度廃止。1/28 貿易不均衡問題で日米次官級(MOSS協議開始) 5/28 竹下蔵相, 我国の対外資産が85年中に英国を抜き世界一。 6/21 中曾根首相, 分割・民営化に反対した仁杉巌国鉄総裁更迭。 9/22 G5プラザ合意［ドル高是正の為の協調介入］(1ドル＝240円前後)。			
一般編ベスト **公益編ベスト**		①トヨタ自動車②松下電器産業③野村證券 ①東京電力②日本電信電話③関西電力			
昭和61年	1986	4/7 前川レポート 4/26 チェルノブイリ原発で大規模事故 7/22 *103 中曾根③ 蔵相 *105 宮澤喜一 10月この頃, 急速な円高による不況感(円高不況) 11月国鉄改革法成立(自公民党の賛成で) 12/19 老人保険法成立。	103 中曽根③	105 宮澤喜一	
昭和62年	1987	1/5 政府, NTT株売却 1月円, 1ドル＝150円突破 4/1 JR発足 4/16 一人当たりGNP米国を抜く(日本18,100ドル, 米国17,700ドル) 6/26 外貨準備高686億2千万ドルで西独を抜き世界一。 9/11 ガリオア・エロア債務返済発効 9/26 G5, G7, ルーブル合意(1ドル＝150円)。 10/19 NY株式市場大暴落(ブラック・マンデー) 11/6 *99 竹下登首相 12/25 日ソ漁業交渉妥結(入漁料17億円)。	99 竹下登		
昭和63年	1988	1/22 世界とともに生きる日本経済運営5ヶ年計画(88～92年) 6/17 リクルート未公開株譲渡事件発覚(川崎市助役1億円の売買益取得) 6/20 日米牛肉・オレンジ自由化最終合意。 7/5 リクルート問題で中曽根前首相, 安倍自民党幹事長, 宮沢蔵相の各秘書が関係していたことが明確化。 7/11 バーゼル合意(銀行の自己資本率8%の国際基準決定, 93年3月期決算より適用) 8/25 竹下首相訪中し李鵬首相に8,100億円の第三次円借款約束。 9/30 英国製ブルバード欧州輸出 12/9 蔵相 *99 竹下登(兼務), 12/24 蔵相 *97 村山達雄 12/24 税制抜本改革関連法成立。		99 竹下(兼務) 97 村山達雄	
昭和64年 (平成1)	1989	1/7 昭和天皇崩御。翌日平成と改元 3/5 オゾン層保護ロンドン会議 4/1 消費税導入。 6/3 *106 宇野宗佑首相。 6/4 天安門事件 8/10*107 海部俊樹首相①, 蔵相 *108 橋本龍太郎。 12月日本企業対米進出工場1000ヶ所突破。 12/17 第26代総裁 *109 三重野康, 12/29 東証平均株価2万3,848円71銭(史上最高値の89年末比40%値下げ)バブル崩壊。	106 宇野宗佑 107 海部俊樹①	108 橋本龍太郎	109 26代総裁 三重野康
平成2年	1990	1/10 新日鉄, 千億の国内ワラント債発行 2/18* 107 海部② 3/22 債券・円・株価のトリプル安 3月地価高騰, 全国に。 3/27 大蔵省, 金融機関の土地関連融資の総量規制を通達 8/2 イラク, クウェート侵攻 10/3 東西独統一。	107 海部②		
平成3年	1991	1/17 多国籍軍, 湾岸戦争(～2/28), 3/3 停戦協定締結, 日本は自衛隊派遣拒否の代わりに130億ドル支払う。 4/1 牛肉・オレンジ輸入自由化 5/3 地価税公布 6/27 金融機関への窓口措置廃止 9/17 国連, 南北朝鮮加盟承認 10/14 蔵相 *107 海部俊樹 10/22 景気が戦後最長		107 海部(兼務)	

の「いざなぎ景気」と並んだと発表。11/5 *105宮沢喜一首相①，蔵相 * 106 羽田孜　12/11 EC 諸国，マーストリヒト条約合意　12/21 CIS 発足 (ソ連 69 年の歴史に幕)。

| 平成4年 | 1992 | 5/23 米ロ等と START 調印。　5/30 国連安保理，セルビア制裁　6/2 ハムレット・ショック。6/3 地球サミット (リオデジャネイロ，〜6/14)　英・伊，ERM から離脱。6/19 国連平和維持活動 (PKO) 公布 (8/10 施行)　6/25 経済審，実質成長率 3.5%「生活大国 5 ヶ年計画」答申，閣議決定。6/26 子会社方式の銀行・証券の相互参入承認 (93.4.1 施行)　11/ 20 米・EC 農業交渉で合意，ウルグアイ・ラウンド進展に弾み　12/11*105 宮沢②蔵相 * 107 林義郎　12/29 米露 STARTII 合意。 |

| 平成5年 | 1993 | 1/1 EC12 ヶ国，市場統合。6/21 定期預金金利完全自由化。7/10 日米「包括経済協議」合意。8/9 38 年振り，非自民政権 *108 細川護熙首相，蔵相 * 109 藤井裕久。　11/1 EU 条約発効　12/15 ウルグアイ・ラウンド，最終協定採択 7 年に及ぶ交渉に幕 (95.1.1 発効)　12/24 国税庁 92 年度企業交際費 6 兆円。 |

| 平成6年 | 1994 | 1/1 NAFTA 発効，EEA 発足　1/29 政治改革 4 法案成立 (小選挙区 300 等)　4/28*106 羽田孜首相，総務庁，3 月完全失業者 208 万人　5/20 公共料金の引上げ，年内凍結。　6/23 円 1 ドル= 100 円突破。6/30* 110 村山富市首相①，蔵相 * 111 武村正義　10/17 流動性預金金利自由化　12 / 11 露軍チェチェン侵攻。　12/17 27 代総裁 * 112 松下康雄　12 月メキシコ通貨危機。 |

| 平成7年 | 1995 | 1/1 WTO 発足 (ガットを改組)　1/17 阪神淡路大震災　3/20 地下鉄サリン事件　4/19 円最高値 79.75 円を記録。8/8 *110 村山②。　8/17 中国地下核実験。11 月新食糧法施行　12/19 住専処理策を閣議決定 (財政資金 6,850 億円投入)。12/1 構造改革の為の経済社会計画閣議決定。国際司法裁判所，原爆使用は，人道上の犯罪行為 (日本は，米国・中国とともに反対票を投じた)。 |

| 平成8年 | 1996 | 1 月消費者物価指数，初の前年比下落。　1/11*108 橋本龍太郎首相*蔵相 * 109 久保亘　1/19 住専不良債権 9 兆円。　1/25 持株会社解禁　3/1 アジア欧州首脳会議 (〜3/2 バンコック)　3/20 英狂牛病　3/25EU. 英国産牛肉製品全面禁輸。　9/2 整理回収銀行設立　11/7*108 橋本②，蔵相 *111 三塚博。 |

| 平成9年 | 1997 | 4/1 消費税 5% へ。　6 月 EU，アムステルダム条約合意　6/11 (持株会社を解禁した) 改正独禁法 (日銀の独立性と透明性を高めた) 改正日銀法成立。　7/1 香港，中国に返還。　7/2 タイ，通貨バーツ変動相場制へ (アジア通貨危機，8/14 インドネシア，マレーシア　波及)　9/11 *108 橋本③ 11/17 北海道拓殖銀行破綻。11/22 山一証券破綻　12/1 温暖化防止京都会議 (〜12/11)。 |

| 平成10年 | 1998 | 1/28 三塚蔵相，大蔵省腐敗で辞任。　1/30 蔵相 * 112 |

首相	蔵相	日銀総裁
105 宮澤喜一①	106 羽田孜	
05 宮澤	107 林義郎	
08 細川護熙	109 藤井裕久	
06 羽田孜 10 村山富一	111 武村正義	1127 代総裁 松下康雄
10 村山②		
08 橋本龍太郎①	109 久保亘	
08 橋本②	111 三塚博	
08 橋本③	112 松永光	

年	西暦	事項			
		松永光 2/2 クリントン大統領，30 年振り黒字予算 2/5 独，失業者 482 万人 (1 2.6%) で戦後最悪。 3/20 第 28 代総裁＊113 速水優 4/1 外国為替取引全面自由化，早期是正措置導入。 5/19 仏，法定労働時間を週 35 時間制決定。 5/27 大規模小売店舗立地法 6/5 金融システム改革 4 法成立。6/22 金融監督庁発足 (00. 7. 1 金融庁に改組) 7/17 金融監督庁，97 年度不良債権 87 兆円。7/30＊ 114 小渕恵三首相①，蔵相＊ 105 宮沢喜一。8/17 露通貨危機 9/28 独，社民党シュレーダー首相 (16 年のコール政権幕) 10/12 金融再生関連法成立。10/23 日本長期信用銀行の特別公的管理。11/16 過去最大 23 兆 9 千億円金融支援。12/13 日本債券信用銀行の特別公的管理。	114 小渕恵三①	105 宮澤喜一	11328代総裁速水優
平成 11 年	1999	1/1EU の単一通貨ユーロ誕生 1/14＊114 小渕② 2/12 ゼロ金利スタート (2000. 8.11 迄) 3/16NY 市場 1 万ドル超 3/27 日産自動車，36.8％の資本出資を受けて，ルノー傘下を発表。6/23NEC と日立製作所 D-RAM 事業で提携合意。 9/30 国内初臨界事故 10/5＊114 小渕③。	114 小渕②		
平成 12 年	2000	2/1 99 年の平均失業率 4.7％で最悪 (アメリカを越える) 3/18 台湾総統選挙，民進党の陳水扁当選，50 年に渡る国民党支配に幕。 4/1 介護保険制度導入，地方分権一括法施行。4/5＊115 森喜朗首相① 4/7 移動電話が固定電話の加入台数を超過。6/29 雪印乳業食中毒事件。7/4 ＊115 森② 9/4 日露首脳会議，クラスノヤルスク合意反故に。9/29 第一勧業富士，興銀の国内初金融持株会社みずほホールディング発足。11/6 イトーヨーカ堂とセブンイレブンの「新型銀行」の予備免許申請 12/5＊115 森③。	114 小渕③／115 森喜朗①／115 森②		
平成 13 年	2001	1/6 中央省庁再編 3/21 量的緩和政策実施。4/26＊116 小泉純一郎首相①，財務相 ＊117 塩川正十郎 8/28 失業率，1953 年の調査開始以来初の 5.0 ％，9/11 同時多発テロ。9/18 公定歩合，史上最低の 0.10％へ。10 月米国，有力企業の不正経理発覚[エンロン] 12/11 中国，WTO へ加盟。	115 森③／116 小泉純一郎①	117 塩川正十郎財務大臣	
		一般編ベスト ①トヨタ自動車 ②松下電器産業 ③日立製作所 公益編ベスト ①東京電力 ②関西電力 ③東日本旅客鉄道			
平 14 年	2002	1/1 ユーロ流通開始。1/3 アルゼンチン，初の IMF 融資債務不履行 (1/16IMF，返済期限を 1 年延期) 1/15 三和，東海銀行が合併 UFJ 銀行へ。1/29 ブッシュ米大統領，北朝鮮，イラン・イラクを「悪の枢軸」。 2/14 シャープ，亀山市に液晶テレビ工場建設発表 (国内生産回帰)。 2/28 最高裁，24 時間勤務で「仮眠も労働時間」の初判断，日銀，買いオペ月 5 千億円から 1 兆円へ増額，3/3 スイス，国連加盟，佐藤工業が会社更生法 (負債総額 4,499 億円)。 3/7 第二地銀の中部銀行破綻。3 月期 [YKK 海外生産比率 86 ％，ミネビア同 89％ (日本の平均 1 6.7%)]4 月ペイオフ一部解禁，5 月経団連と日経連が新日経連へ。6 /24 財務省，01 年末国債残高過去最高 607 兆。6 月完全失業率，過去最高 5.5 ％。8 /8 人事院，国家公務員給与で初の下げ勧告 (月平均 2.03 ％減) 8/9 企業会計審，			

			116小泉②		11829代総裁福井俊彦

「減損会計」を 06 年 3 月期に強制導入決定 (国際会計基準の採用)。9/17 小泉首相, 北朝鮮訪問し, 初の日朝首脳会談。9/30* 116 小泉② 10/3 政府・与党総合デフレ対策決定 (金融再生プログラム), 10/15 北朝鮮による拉致被害者 5 人帰国。11/8 中国・胡錦濤体制発足。11 月日経平均株価, バブル崩壊後最安値 (8,300 円) 12/25 三井住友, わかしお銀行の吸収合併案 (03.3/17 合併)

平成 15 年 2003 1/14 首相, 靖国参拝, 中韓反発。2/10 独仏白, 米のイラク戦争支援拒否。 3/20 米英, イラク戦争開始 (〜 5/1)。第 29 代総裁 * 11 8 福井俊彦。3/26 初のホームレス全国調査 (1 〜 2 月 25,296 人) 4/1 日本郵政公社発足 (06.1.23 日本郵政株式会社) 4/2 産業再生機構発足。4/22 最高裁, オリンパス社員の発明対価認める。9/22 * 116 小泉③, 財務相 *119 谷垣禎一 10/24 小泉首相, 民営化に反対の藤井治芳日本道路公団総裁解任。11/19 *116 小泉④ 12/9 自衛隊イラク派兵を閣議決定 (戦後初の海外戦場への派兵)

	116小泉③	119谷垣禎一

平成 16 年 2004 1/21 横浜地裁, 海外親会社からストック・オプション利益を「給与所得」と認定 (東京高裁も)。1/22 トヨタ自動車, 販売台数で米フォード社を抜いて世界 2 位。1/29 発明対価裁判で会社側敗訴相次ぐ (日立, 1/30 日亜化学, 2/24 味の素企業内発明対価) 1/31 衆院, 自衛隊のイラク派兵を与党単独で可決。2/6 露, チェチェン問題でテロ相次ぐ。3/11 三菱ふそう, タイヤ脱落事故は設計欠陥が原因を認める。3/12 墨と自由貿易協定で合意 (05.4.1 発効)。3/14 プーチン露大統領, 再選。3/23 三菱東京 FG, アコムと資本・業務提携 (メガバンク初の消費者金融を傘下に)。3/29NATO, 東欧 7 カ国とバルト三国が加盟し, 26 ヵ国体制に。4/8 イオン, 売上高で, イトーヨーカドーを抜き小売業首位に。5/7 福田康夫官房長官, 年金未納問題で引責辞任。5/22 首相, 北朝鮮訪問, 首脳会議 (拉致家族 5 人帰国)。6/18 政府, イラク派兵の多国籍軍に自衛隊参加を決定。6/21 東北文化学園大学, 学校法人で初の民事再生法申請。7/14 文科省, 就労目的の中国留学生を受入れた酒田短大に解散命令。 8/12 三菱東京 FG, UFJFG, 経営統合合意 (05.10.1 三菱 UFJFG 発足。3 大メガバンク誕生)。9/10 政府, 郵政民営化の基本方針閣議決定 (07.4.1 から事業分社化, 持株会社傘下) 9/10 ニート初推計 52 万人『労働経済白書 04』。10/1 G'7 原油高騰で原油増産と消費抑制を要請, 価格安定化で合意 (ワシントン)。従前の OPEC 主導原油価格形成から投機資金が大量に流動する価格変動メカニズムに変質。12/26 インドネシアのスマトラ島沖で巨大地震 (死者 15 万人以上)。

	116小泉④	

平成 17 年 2005 1/11 日亜化学工業・元社員, 青色発色ダイオード発明訴訟で 8 億円で和解。2/16 京都議定書発効。3/22 仏,

| | | 週35時間労働制の弾力運用適用法案成立（3/10 全土で100万人超のデモ）。4/1 ペイオフ全面解禁。4/25 JR西日本，福知山線無理なダイヤ編成で死者107人脱線事故。5/2 カネボウ粉飾決算を認めた有価証券報告書5期分を財務省に再提出。監査法人不信。6/30 中国外貨準備高（香港を含む）が日本を凌駕，世界最大に。7/5 衆院，郵政民営化法案，5票差で可決（8/8 参院否決，10/14 衆院選挙後の参院で可決成立）。7/7 ロンドンで死者50人超のホーム・グロウン・テロ。7/21 中国，人民元対ドルレートを2%切上げて，8.11元に。8/29 ジャスダック，システム障害で売買で半日停止。9/1 ヨーカドー・セブンイレブン・デニーズ3社，持株会社セブン＆アイHD。9/14 米航空会社3位デルタ航空・4位ノースウエスト航空規制緩和による競争と原油高で倒産。9/28 三共と第一製薬持株会社，第一三共設立し，経営統合。10/1 道路公団民営化　11/17 国交省，姉歯建築設計事務所の耐震偽造を公表。11/22 韓国鉄鋼最大手ポスコ，東証に上場。　12/2　東京外為市場，円相場が2年7ヶ月振りの一時1ドル120円の円安水準。12/16 北米産牛肉，2年振り輸入再開（06.1.20 危険部位混入で再び禁輸）。12/27　日本の人口初めて減少（総務省発表）。 | | |
| 平成18年 | 2006 | 1/1 東京三菱・UFJ銀，合併し，三菱東京UFJ銀行発足。1/23 東京地検特捜部，証券取引法違反容疑でライブドア堀江貴文社長を逮捕。3/9 日銀，量的緩和を解除（01.3.19〜）4/23 日米政府，在沖縄米海兵隊のグアム移転経費で合意（59%の60億9千万ドル日本負担）。6/5 景気上昇指標発表。6/13 日銀総裁，投資ファンド「村上ファンド」に1千万円の出資判明。6/23 早大，松本和子理工学部教授の国補助金の不正受給・私的流用を公表。6/25 世界鉄鋼最大手の蘭ミタル社，二位のアルセルロール（ルクセンブルク）の買収合意（アルセール・ミタル発足）。7/1 滋賀県知事選で新幹線駅建設費地元負担反対の嘉田由紀子，現職を破って当選。7/2 全国銀行協会，加盟126行の06年3月期決算で税引利益（4.2兆円，前期比3.2倍）が過去最高（銀行過去最高の利益）→不良債権処理一服感。8/3 岐阜県，県庁ぐるみで裏金づくり判明（10/30 逮捕者，19億円の内現職職員分10億円返還）。9/9 日本，フイリッピンとのEPAに署名（08.12.11 発効，看護師等の受入も含む）。9/18 露政府，三井物産，三菱商事・シェルの石油・天然ガス開発計画「サハリン2」の環境の認可取消，事業の一部中止命令（12/21 露企業へ74.5億ドルで売却合意，07.4.18 正式売却）。9/22 阪大，杉野明雄教授がデータ捏造・改竄した論文を共著者に無断で発表，共著者が自殺していたことを公表。9/26 安倍晋三内閣発足。財務相尾身幸次，日銀総裁福井俊彦。10/6 厚労省，20超の地方労働局で不正経理手法による裏金作り発覚。10/6 国際石油開 | 120 安倍晋三 ① | 121 尾身幸次 |

発，イラン・アザデガン油田開発権限縮小（75→10%）でイランと合意。11/1 政府主催タウンミーティングが内閣府によるヤラセ行為が発覚。11/21 太田弘子経財相，02年2月から戦後最長の景気拡大局面との月例経済報告（いざなぎ超え）。12/21 政府税制会長の本間正明阪大教授，公務員宿舎に愛人と入居発覚，引責辞任。

平成19年 2007 1/1 土地価格，91年以来16年振りに上昇（国交省公示地価，ミニバブル）。　1/5 日本方式の新幹線，開業（1/28中国2路線も）1/11 中国，06年国内新車販売台数が日本を凌駕し，世界二位に。1/11 食品偽装，相次ぐ（不二家，赤福等）。2/19 波蘭，捷克，米弾道ミサイル防衛システムの配備受入（4/26露，欧州兵力削減凍結）。2/21 日銀，政策金利引上げ（0.25→0.5%，06年7月以来のゼロ金利解除）。3/6 北海道夕張市，財政再建団体に移行（6.15地方自治体財政健全化法成立）。3/24 キヤノン，派遣社員や請負労働者を正社員等の直接雇用に切り替えと発表（偽装請負）。3/31 06年度完全失業率は4.1%と9年振りの低水準に（総務省発表，4/30 98年3月以来の4%割れ）。4/3 社保庁，年金記録漏れを発表。5/1 外国企業に自社株を対価にした日本企業買収に道を開く三角合併解禁。6/25 財務省，06年度末「国の借金」が834兆円と過去最高を更新。7/26 サブプライムローン問題で世界株式市場急落。7/29 第21回参議選，自民惨敗。自民敗戦責任取らず。8/27 安倍改造内閣発足。額賀福志郎財務相。9/17 欧州第一審裁判所，EUの米マイクロソフト社への独禁法違反の制裁金（4億9,720万ユーロ）は妥当の判決（10.22 マイクロソフト同意）。9/26 福田康夫内閣発足。額賀財務相再任。　10/1 日本郵政グループ，スタート。12/13 EU各国，EU新基本条約（リスボン条約）に調印（09.12.1発効）。12/31 トヨタ・グループ，生産台数949万台で自動車世界第一位。12月中国が日本の最大貿易国に。（2007年貿易統計）

	内閣総理大臣	財務大臣	日銀総裁
平成19年 2007	120 安倍② / 123 福田康夫①	122 額賀福志郎 / 122 額賀	

平成20年 2008 1/1 キプロス・マルタ，ユーロ導入（ユーロ圏15ヵ国に拡大）。1/2 NY原油先物市場，1バーレル100ドル突破。1/22 米，政策金利を引き下げ（4.23→3.50）。1/30 中国「天洋食品」製餃子農薬（メタミドホス）混入事件発覚（2.28 中国公安省，中国での混入を否定，10.3.26 元従業員逮捕）。3/12 参院，日銀総裁案件を相次いで否決（3.19-4.9 戦後初の日銀総裁空席）。3/13 東京外為市場，12年振りに100円突破の円高進む（3.13—99円）。4/1 75歳以上を分離した後期高齢者医療制度，発足。4/9 白川方明，第30代日銀総裁に就任。4/30 完全失業率，7ヶ月振りに4%台（総務省）。5/7 露第3代大統領メドヴェージェフ就任。6/13 中国・台湾，直行便で合意（29-台湾，中国元との通貨交換を解禁）。8/2 福田改造内閣発足。財務相伊吹文明。8/8 第29回五輪北京大会。8/8 旧ソ連の露とジョージア（グルジア），武力衝突。8/12 露メ大

	内閣総理大臣	財務大臣	日銀総裁
平成20年 2008	123 福田②	125 伊吹文明	2430代総裁 白川方明

統領，軍事作戦終了宣言（5日間戦争）。8/16 露・ジョージア両国は EU 議長国仏サルコジ大統領の仲介で停戦合意。8月，南オセチア，アブハジアの独立を承認する大統領令に署名。→1991年ソ連崩壊で独立した15ヵ国が相互保証した領土保全を放棄。欧米，旧ソ連諸国の対露不信が増幅された。9/12 NY 石油先物市場，1バーレル100ドル割れ。9/15 米証券第四位リーマン・ブラザーズ，経営破綻（米連邦破産法11条適用）。リーマンの北米部門は英銀大手バークレイズが買収。欧州・亜細亜中東部門と印度の IT 拠点を野村 HD が買収。9/24 麻生内閣発足。首相麻生太郎，財務・金融相中川昭一。10/6 世界同時株安進行。10/6 アイスランド，通貨急落で国家破産の危機（全銀行を政府管理下に）。10/8 欧州中銀，政策金利引き下げ（4.25→3.75%）。10/20 政府，景気の一段の減速を指摘した10月の月例経済報告を発表，この頃大量の派遣切り始まる。10/27 東証，日経平均株価7162円余で5年振り最安値更新。10/31 日銀，政策金利を7年振りに引き下げ（0.5→0.3%）。各国利下げ相次ぐ。12/31 年越派遣村（〜09.1.4., 日比谷公園489人宿泊）。

| 平成21年 | 2009 | 1/1 スロヴァキア，ユーロ導入（ユーロ圏16ヵ国体制）。1/3 イスラエル軍，パレスチナ自治区ガザへ地上部隊の侵攻。1/5 上場株式の電子化。1/7 露，ウクライナ経由の欧州むけ天然ガスを完全停止。1/20 バラク・オバマ，黒人初の米大統領（44代）就任。3/14 G20（2011年から年1回の定例化，G8より格上の最上位の国際経済の会合，財務相・中央銀行総裁会議）5/15 追加的景気対策として，「エコポイント制」スタート（10.3.31）。5/21 裁判員制度，開始（8.3 裁判開始）。6/1 米 GM 社，破産法11条適用を申請（実質国有化，7/10 破産手続き完了，新 GM 社誕生）。6/5 三菱自工，世界初の量産電気自動車発売。6/14 大阪地裁特捜部，障害者団体証明書偽造で村木厚子厚労省局長を逮捕。7/31 完全失業率，53年4月調査開始以来最悪の5.7%。8/30 第45回衆院選，民主党圧勝，政権交代へ。9/1 消費者庁発足。9/16 鳩山由紀夫民主・社民・国民3党連立内閣発足。首相鳩山由紀夫，財務相藤井裕久。9/17 岡田克也外相，米核持ち込み「密約」調査を命令。10/16 企業再生支援機構，業務開始。10/28 独，11年振り保守中道政権成立（メルケル首班）。11/25 アラブ首長国，政府系持株会社の資金返済繰延を要請（ドバイ・ショック，1ドル84円まで急騰，14年振りの高値）。12月中国，09年輸出額が独を抜いて世界一位。 |

| 平成22年 | 2010 | 1/1 社会保険庁，日本年金機構に改組。1/1 EU 初代大統領にベルギーのヘルマン・ファン・ロンパイ就任。1/7 藤井財務相辞任，後任に菅直人。1/11 チリ，南米初の OECD 加盟国（31番目）。1/19 日航，東京地裁に会社再生法申請（負債総額2.3兆円，2/20 東証上場廃止，11/ |

126 麻生太郎
127 中川昭一
128 鳩山由起夫
129 藤井裕久
130 菅直人
132 与謝野馨経済財政担当相

30 再生計画認可，日航破綻）。1/24 沖縄県名護市長選，普天間飛行場の県外移設を主張する稲嶺進，当選。2/3 熊本県，県営荒瀬ダム撤去を決定（初めての大規模ダム撤去）。2/11EU，ギリシャ財政危機を表明（3.25 ユーロ圏首脳会議，IMF との協議支援策で合意，欧州信用不安）4/1 第一生命，株式会社に転換し，東証に上場。6/4 鳩山内閣，総辞職。6/8 菅直人内閣発足。財務相野田佳彦。7/11 第 22 参院選，民主敗北。7/25 インターネット内部告発サイト「ウイキリークス」米公文書公開開始。8/12 東京外為市場，15 年振り 85 円割れの円高進行。8/15 露，穀物地帯の旱魃で穀物禁輸。8/16WTO，EU の IT 関税を協定違反と認定。9/8 海保，尖閣諸島沖で，中国漁船拿捕（9.25 那覇地検船長を釈放）9/10 日本振興銀行（旧台湾銀行），東京地裁に民事再生法申請（ペイオフ初発動）。9/12 BIS，国際的銀行の自己資本比率 7％ 以上引上げ決定（13 年段階的導入，19 年完全実施）9/14 民主党代表選，菅再選（9.17 菅改造内閣発足）9/21 最高裁，大阪地検特捜部前田恒彦主任検事を証拠捏造で逮捕（検察捏造事件）。10/5 日銀，包括的金融緩和を決定（4 年振りにゼロ金利復活）。日銀，政策金利を引き下げ（0.1% 前後→0～0.1% 程度のゼロ金利）10/27 事業仕分け第 3 弾，特別会計対象に実施（～ 30），11/4 海保職員，インターネットに尖閣沖拿捕映像を流出させた。11/28 EU-IMF，アイルランド救済に 850 億ユーロ緊急融資。12/16 中国，レアアースの輸出関税 25% 引き上げ発表（11.1.1 実施）。

平成 23 年	2011	1/14 菅直人改造内閣，与謝野馨経済財政担当相。1/20 中国，2010 年 GDP 名目値，日本を抜き世界二位に。2/3 新日鉄と住友金属，12 年 10 月を目処に経営統合。2/5 新 START 発動。米露が 7 年以内に配備戦略核弾頭数を核軍縮史上最低に制限。2/8 米運輸省，トヨタ自動車の「電子制御システム」に欠陥はないと結論。3/11 東日本大地震 (M9.0)。3/11 東京電力福島第一原発事故。4/28 オバマ大統領，アフガニスタン駐留米軍のペトレアス司令官を CIA 長官とする人事を発表。5/1 米軍による国際テロ組織アルカイダの指導者ウサマ・ビンラディン容疑者殺害発表。7/9 南スーダン独立。7/17 サッカーの女子日本チーム，ワールド・カップ初優勝。7/23 中国浙江省温州市で高速鉄道事故，40 名死亡。程なくして事故現場は証拠隠滅のためか跡形なく埋められた。8/23 リビアのカダフィ政権崩壊。9/2 野田佳彦が第 95 代首相，安住淳財務相。10/11 キエフ地区裁判所 露との天然ガス取引をめぐる職権乱用罪に問われたウクライナのティッモシェンコ前首相に禁錮 7 年の実刑判決。10/22 大阪府の橋下知事が辞職し，11 月の大阪市長選への鞍替え出馬を表明。12/4 露下院選で，プーチン与党（統一露）はかろうじて過半数維持。12/17 北朝鮮の金日成総書記死去。		
平成 24 年	2012	3/4 露大統領，プーチンが 4 年振り復帰。4/1 アウン		

130 菅直人①　131 野田佳彦

130 菅②

130 菅③

131 野田佳彦　133 安住淳財務相

サンスーチー，ミャンマー国会議員に当選。4/11 北朝鮮，金正恩体制に。6/21 欧州債務危機の震源地，ギリシャに緊縮派政権。7/7 野田首相が尖閣諸島の国有化表明。7/10 韓国最高検が金融機関から不正資金の受け取り容疑で李明博大統領の実兄の李相得元国会議員を逮捕。8/10 韓国の李大統領は日韓両国が領有を主張する島根県の竹島（韓国名・独島）に上陸。8/20 内戦のシリヤで取材中のジャーナリスト山本美香さん銃撃死。10/8 ノーベル医学・生理学賞に iPS 細胞開発の山中伸弥京都大教授。11/6 米大統領，オバマ再選。11/15 中国共産党習近平体制に。12/19 韓国大統領選，朴槿恵（くね）。12/16 第 46 回衆議院選，自公が政権奪還。12/26 第 96 代首相に安倍晋三，第二次安倍晋三内閣発足。麻生太郎財務相。

| 平成 25 年 | 2013 | 1/4 東証大発会で日経平均終値 1 万 0,688 円 11 銭，東日本大震災前の水準に。1/17 アルジェリア軍の掃討作戦で，日本人 10 名死亡。3/20 黒田日銀総裁就任。4/4 日銀の金融政策決定会合で資金供給量を 2 年間で 2 倍に増やす新たな量的緩和へ転換。5/5 東京外為市場で円急落，4 年振りに 1 ドル =100 円に。5/27 世界文化遺産を目指す「武家の古都・鎌倉」の推薦を取り下げに，文化庁決定。7/3 エジプト初の自由選挙で選出されたモルシ大統領が，拘束され，軍によるクーデターで 1 年で崩壊。7/10 ソフトバンク，米携帯電話 3 位スプリント・ネクストの買収。売上高で世界 3 位の携帯会社誕生。7/18 米デトロイト市が財政破綻。負債総額 180 億ドル以上で，米自治体破綻で過去最高。7/21 第 23 回参院選，自公で過半数，衆参両院のねじれ解消。7 24 オバマ大統領，次期駐日大使にキャロライン・ケネディを指名。8/9 国債と借入金，政府短期証券を合計した日本国の借金残高が 6 月末で，1000 兆円突破。9/7 豪州で政権交代，アボット首相就任。9/9 シリアのアサド大統領，露提案の化学兵器を国際管理下にすることを受諾（無策の米国も渋々この案を追随した）。10/1 消費税率を 14 年 4 月 1 日に 5 ％から 8 ％に引き上げを閣議決定。10/9 米大統領，14 年 2 月ジャネット・イエレン連邦準備委員会副議長の議長昇格を承認。12/9 北朝鮮張成沢［ちょう・そんてく］国防副委員長失脚（13 日国家転覆罪で死刑，即日執行）。12/18 東電，福島第一原発の 5，6 号機の廃炉を取締役会決議。同原発の 6 基全て廃炉に。12/25 安倍首相，沖縄県の仲井真弘知事に米軍普天間飛行場の県内移設に向けた基地負担軽減策を説明。12/27 沖縄県知事，政府申請の名護市辺野古沿岸部埋め立てを承認。 |
| 平成 26 年 | 2014 | 1/1 年間 100 万円までの投資で得た儲けの課税を免除される「少額投資非課税制度」開始（NISA）。1/13 サントリー HD が米酒造大手ビーム社を約 160 億ドルで買収。1/19 名護市長選，移設反対派の無所属の稲嶺進が再選。 |

134 城島光力

120 安倍③

126 麻生財務相

13531 代総裁 黒田東彦

		1/29 トヨタ自動車，グループの 13 年の世界生産台数が 1,011 万台で過去最高，世界初。2/7 露でソチ冬季五輪開幕。2/9 東京都知事選，舛添要一が，細川元首相らを破り当選。2/22 ヤヌコヴィッチ・ウクライナ大統領失脚。3/2 米政府高官，露がクリミア半島を実効支配と言明。3/6 オバマ大統領，露とウクライナ一部政府当局者と組織を対象に米国への渡航禁止命令。3/8 マレイシア航空，アンダマン海上空で消息断つ。3/16 クリミア半島の露編入の住民投票で 96.7%。3/19 ユニクロの非正規社員 3 万人の内半数を正社員に。3/23 大阪市長選で橋下徹再選。3/31 蘭ハーグの国際司法裁判所は，日本の南極海の調査捕鯨を国際捕鯨取締法違反と認定。4/1STAP 細胞の論文問題で，小保方晴子研究員の画像の捏造と改竄等を不正だと，最終報告（理化学研究所）。4/1 消費税率 5 ％から 8 ％へ。4/16 韓国旅客船「セウオール号」高校生 300 名以上が死亡・行方不明者を含む沈没事故。5/25 ウクライナ大統領選，ポロシェンコ当選。5/26 エジプト大統領選，シン前国防相当選。6/16 露のガスプロム，ウクライナの天然ガス代金滞納で，ガス供給停止。6/29 イラク北部制圧したスンニー派過激派「イスラム国」を宣言。7/8 イスラエル軍，パレスチナ自治区ガザを空爆。7/9 ベネッセ HG 顧客情報 760 万件流出と発表。7/17 マレイシア航空機，紛争中のウクライナドネック上空で撃墜され乗客・乗員 298 名全員死亡。7/22 日本マクドナルド，中国産鶏肉の期限切れ問題で販売停止。7/29 中共は周永康元政治局常務委員を汚職疑惑で調査。8/10 トルコで初の大統領選，エルドアン首相当選。8/16 米ミズリー州ファーガソンの白人警官による黒人青年射殺事件で大規模衝突。8/19 広島市北部で土砂崩れや土石流で 70 名以上死亡。9/3 安倍内閣改造，自民党役員人事実施。党幹事長に谷垣氏。9/27 御嶽山が噴火，57 名死亡。10/20 インドネシアで 10 年振り政権交代，ジョゴ大統領。11/4 米中間選挙で与党民主党上下両院で歴史的惨敗。野党共和党下院の多数派維持，上院過半数奪回。11/16 沖縄県知事選で移設反対派翁長勇志前那覇市長が 3 選を目指した現職仲井眞ら三氏を破り初当選。11/18 安倍首相消費税率の 10 ％への引き上げを 17 年 4 月へ延期し，21 日の衆院解散を表明。12/4NY 外為市場で円が対ドルで急落，7 年 4 ヶ月振りで 1 ドル =120 円台に。12/14 第 47 回衆院選で自公で定数の三分の二超を確保。12/17JR 東海，27 年に開業目途のリニア新幹線の建設着工。12/23 NY 株式市場，ダウ平均で初の 1 万 8 千ドル超に。12/24 安倍首相が第 97 代首相に。	120 安倍④	
平成 27 年	2015	1/1 相続税，非課税枠 4 割減。1/1 自治体のインフラ（保育園，文化会館等）統合に交付金。1/1 リトアニアユーロ圏入り（19 ヵ国体制）。1/20 中国実質 GDP 2014 年 7.4% 増（過去 24 年間で最低）。IMF によると，2014 年購買価平価ベースで世界の 16% を占め，米国を凌駕して	120 安倍⑤	126 麻生太郎

いる。2/4 一人当たりの 2014 年現金給与総額は月額 31 万 7 千余円で，前年比 0.8% 増だが，実質 2.5% 減。2/6 上場企業，2015 年 3 月期（4 ～ 12 月），7 年ぶり最高益。2/11 キャノン，スウエーデンの監視カメラ大手アクシスコミュニケーションを 3,300 億円で買収。2/16 完全失業率 2014 年 12 月は 3.4% で 17 年振り低水準。2/24 再生エネルギー買収価格（キロワット時），太陽光発電 27 円に（下げ幅最大）。3/3 毎月勤労統計 1 月，前年同月比 0.8% 増（基本給 24 万 275 円）。伸び率は 15 年振り最高。3/18 大阪都構想，5/17 実施の住民投票で可否決定。3/24 中国国有化学大手，中国化工集団，伊タイヤ大手ピレリ社を 9,200 億円で買収。4/22 日経平均株価，2 万円台に。5/12 半導体大手ルネサス・エレクトロニクス設立 5 年で初黒字。5/13 経常黒字，震災後初の増。旅行収支 55 年振り黒字。5/18 大阪都構想住民投票で僅差で否決。5/22AIIB 亜細亜インフラ投資銀行 57 ヵ国参加，出資額 1,000 億ドルで発足。5/24 米国，TPP の前提となる TPA 法案，上院可決。下院の攻防が本格化。5/24 二階自民党総務会長，中国習主席と面談，首相親書渡す。5/27 円，7 年ぶりに 1 ドル 123 円に。5/29 日経平均株価 27 年振りに 2 万 0551 円に。6/1 レアアース，中国輸出税撤廃。6/2 年金情報 125 万件流失（日本年金機構）。6/4 米政府関係者 400 万人分の情報流失。6/6 衆院，憲法審査会で与党推薦を含む憲法学者 3 氏が安保関連法案の集団的自衛権行使は違憲と明言。6/22(1965 日韓基本条約調印，12 月自民・民社の賛成多数で可決成立。日本は半島に残した公的・私的資産の全てを放棄した上で，有償借款 2 億ドル，無償借款 3 億ドル，商業借款 3 億ドルという莫大な援助。当時の韓国の国家予算は 3.5 億ドル）。7/21 米国「ボルカー・ルール」適用。金融機関が自己勘定での証券売買やヘッジファンドへの出資等の禁止という金融規制。

〔参考文献〕
①相沢幸悦『日銀法 25 条発動』中公新書，1995 年。
②富山県統計調査課編『経済指標のかんどころ 2002 年改訂 22 版』富山県統計協会。
③内閣府経済社会総合研究所編『経済要覧編成 14 年版 (2002)』財務省印刷局。
④中山伊知郎他編『日本経済事典』1973 年。
⑤日本銀行金融研究所『日本金融年表 (明治元年 ~ 平成 4 年)』1996 年。
⑥『日本経済新聞』。
⑦読売新聞『読売年鑑』各年版 (1986 年版，137 頁)。
⑧歴史学研究会編『机上版日本史年表第 4 版』岩波書店，2001 年。
⑨山崎広明他編『日本経営史の基礎知識』有斐閣ブックス，2004 年。
⑩矢部洋三他編『現代日本経済史年表 1868-2006』日本経済評論社，2008 年。
⑪辛島幸夫『バランスシートによる日本経済分析改訂版』シーエーピー出版，2008 年，
　21 頁。

全世界会社名鑑 2016（所属企業数少ない国・人口の少ない国順 ,: 売上上位 500 社 , 単位億ドル , 米誌フォーチュン）

国名 会社名（日本名）（設立年） 備考 （下段英語名）（株式上場年月）	（人口 2016）所属企業数 売上高 （世界順位 , 国内順位）	英語名 業種 （業界世界順位）	純利益 （総資産）	本社地 （社員数）
1. ルクセンブルク アルセロール・ミタル（2006~） ARCELOR MITTAL	**（53 万人）1 社** 567 億ドル 世界 156 位・国内 1 位	LUXEMBOURG 鉄鋼業 世界 1 位（2014）	7.79 億ドル 751 億ドル	ルクセンブルク 19.8 万人
2. ノルウェー スタトイル (1972~) STATOIL	**（504 万人）1 社** 458 億ドル 207 位・1 位	NORWAY 石油・天然ガス	29 億ドル 1045 億ドル	スタバンガー 2.05 万人
3. フィンランド ノキア （1865~） NOKIA	**（542 万人）1 社** 261 億ドル 415 位・1 位	FINLAND 通信機器	8.47 億ドル 473 億ドル	エスポー 10.2 万人
4. デンマーク A・P・モラー・マースク (1904~) MAERSK GROUP	**（561 万人）1 社** 354 億ドル 298 位 /1 位	DENMARK 海運・海洋関連	19.3 億ドル 611 億ドル	コペンハーゲン 8.7 万人
5. イスラエル テヴァ製薬企業 (1901~) TEVA PHARMACEUTICAL INDUSTRIES	**（819 万人）1 社** 219 億ドル 496 位・1 位	ISRAEL 製薬業	3.29 億ドル 928 億ドル	Petach Tikva 5.69 万人
6. アラブ首長国連邦 エミレーツ・グループ (1985~) EMIRATES GROUP	**（934 万人）1 社** 227 億ドル 480 位 /1 位	U.A.E. 政府系投資機関	3.4 億ドル 330 億ドル	ドバイ 6.47 万人
7. ベルギー アンハイザー・ブッシュ・インベブ (2008~) ANHEUSER-BUSCH INBEV	**（1110 万人）1 社** 459 億ドル 206 位 /1 位	BELGIUM ビール	12.4 億ドル 2583 億ドル	ルーヴェン 20.6 万人
8. サウジアラビア SABIC(サウジアラビア基礎産業会社)(1976~) SABIC	**（2882 万人）1 社** 354 億ドル 299 位 /1 位	SAUDI ARABIA 石油化学	47.5 億ドル 844 億ドル	リヤド 3.5 万人
9. マレーシア ペトロナス (1974~) PETRONAS	**（2971 万人）1 社** 494 億ドル 184 位 /1 位	MALASIA 石油	40.9 億ドル 1345 億ドル	クアラルンプール 5.1 万人
10. ベネズエラ・ボリバル共和国 メルカンテル金融サービス (1976~) MERCANTIL SERVICIOS FINANCIEROS	**（3040 万人）1 社** 244 億ドル 442 位 /1 位	VENEZUELA 金融	20.0 億ドル 1486 億ドル	カラカス 0.88 万人
11. タイ PTT（タイ石油公社）(1978~) PTT	**（6701 万人）1 社** 487 億ドル 192 位 /1 位	THAILAND エネルギー	26.8 億ドル 623 億ドル	バンコク 2.4 万人
12. トルコ コチ HG(ホールヂング) KOC HOLDING	**（7493 万人）1 社** 234 億ドル 463 位 /1 位	TURKY 商社	11.4 億ドル 250 億ドル	イスタンブール 9.54 万人
13. インドネシア ペルタミナ (1957~) PERTAMINA	**（2 億 6058 万人）1 社** 364 億ドル 289 位 /1 位	INDONESIA 石油	31.4 億ドル 472 億ドル	ジャカルタ 2.7 万人

巻末付録　273

14. メキシコ	**(1億2233万人) 2社**	**MEXICO**		
PEMEX メキシコ石油公社 (1938~)	577 億ドル	石油	102 億ドル	メキシコシティ
PEMEX	152 位 /1 位		1131 億ドル	12.5 万人
アメリカ・モビル (1947~)	522 億ドル	通信	4.6 億ドル	メキシコシティ
AMERICA MOVIL	176 位 /2 位		735 億ドル	19.4 万人
15. シンガポール	**(541 万人) 3 社**	**SINGAPORE**		
トラフィグラ・グループ	980 億ドル	商品取引・物流	7.5 億ドル	シンガポール
TRAFIGURA GROUP	54 位 /1 位		412 億ドル	0.41 万人
ウィルマーク・インターナショナル	414 億ドル	食品	9.7 億ドル	シンガポール
WILMAR INTERNATIONAL	239 位 /2 位		370 億ドル	9 万人
フレックス (1983~)	238.6 億ドル	電子機器	3.1 億ドル	シンガポール
FLEX	455 位 /3 位		125 億ドル	20 万人
16. スウェーデン	**(957 万人) 3 社**	**SWEDEN**		
ボルボ (1927 年 ~)	352 億ドル	自動車	15.3 億ドル	ヨーテボリ
VOLVO	301 位 /1 位		439 億ドル	8.9 万人
エリクソン (1876~)	260 億ドル	通信機器	20.0 億ドル	ストックホルム
LM ERICSSON	419 位 /2 位		311 億ドル	11.1 万人
H&M ヘネス アンド モリッツ (1947~)	226 億ドル	アパレル	21.9 億ドル	ストックホルム
H&M HENNES & MAURITZ	482 位 /3 位		106 億ドル	11.4 万人
17. アイルランド	**(462 万人) 4 社**	**IRELAND**		
ジョンソン・コントロール (1885~)	376 億ドル	ビル設備・	8.6 億ドル	コーク
JOHNSON CONTROOLS INTERNATIONAL	272 位 /1 位	自動車部品	632 億ドル	20.9 万人
アクセンチュア (1989~)	347 億ドル	経営コンサルタント	41.1 億ドル	ダブリン
ACCENTURE	305 位 /2 位		206 億ドル	38.4 万人
CRH	299 億ドル	建材	13.7 億ドル	ダブリン
CRH	363 位 /3 位		333 億ドル	8.6 万人
メドトロニック (1949~)	288 億ドル	医療機器	35.3 億ドル	ダブリン
MEDRONIC	377 位 /4 位		997 億ドル	9.8 万人
18. ロシア	**(1億4283万人) 4 社**	**RUSSIA**		
ガスプロム (1989~)	913 億ドル	ガス	142 億ドル	マスクヴァ (莫斯科)
GAZPROM	63 位 /1 位		2772 億ドル	46.7 万人
ルクオイル (1991~)	708 億ドル	石油	30.9 億ドル	マスクヴァ
LUKOIL	102 位 /2 位		821 億ドル	10.5 万人
ロスネフチ (1993~)	565 億ドル	石油	27.0 億ドル	マスクヴァ
ROSNEFT OIL	158 位 /3 位		1807 億ドル	29.5 万人
ズベルバンク（旧郵便局）(1841~)	421 億ドル	銀行	80.7 億ドル	マスクヴァ
SBERBANK	232 位 /4 位		4157 億ドル	32.5 万人
19. 台湾	**(2331 万人) 6 社**	**TAIWAN**		
鴻海精密工業 (1974~)	1351 億ドル	金型・電子部品	46 億ドル	新台北市
HON HAI PRECISION INDUSTRY	27 位 /1 位		804 億ドル	72.6 万人
ペガトロン（和碩総合科技）	358 億ドル	電子機器	5.9 億ドル	台北
PEGATRON	296 位 /2 位		137 億ドル	19.6 万人
台湾積体電路工業 (TSMC)(2007~)	293 億ドル	電子機器	102 億ドル	新竹 (Hsinchu)
TAIWAN SEMICONDUCTOR MANUFACTURING	369 位 /3 位	半導体世界 3 位	585 億ドル	4.6 万人
広達電脳クアンターコンピューター (1988~)	277 億ドル	電算機	4.6 億ドル	桃園 (Taoyuan)
QUANTA COMPUTER	390 位 /4 位		182 億ドル	9.2 万人

キャセイ生命保険（国泰人寿保険）	262 億ドル	保険	9.3 億ドル	台北
CATHAY INSURANCE	411 位 /5 位		1724 億ドル	3.6 万人
コンパル電子（仁宝電脳工業）(1984~)	237 億ドル	電算機	2.5 億ドル	台北
COMPAL ELECTRONICS	458 位 /6 位		107 億ドル	6.4 万人
20. 豪州（オーストラリア）	**(2334万人) 7社**	**AUSTRALIA**		
ウェスファーマーズ (1914~)	480 億ドル	小売・エネルギー	2.9 億ドル	パース
WESFARMAERS	198 位 /1 位		303 億ドル	22.0 万人
ウールワース	439 億ドル	小売	8.9 億ドル	ベラビスタ
WOOLWORTHS	218 位 /2 位		174 億ドル	20.5 万人
豪州・コモンウェルス銀行(1911-政府銀行として)	322 億ドル	銀行	67.1 億ドル	シドニー
COMMONWEALTH BANK OF AUSTRALIA	333 位 /3 位		6945 億ドル	4.5 万人
BHP ビリトン（2001~）	309 億ドル	鉱業	63.8 億ドル	メルボルン
BHP BILITON	350 位 /4 位		1189 億ドル	2.6 万人
ウェストパック（1817~）	277 億ドル	銀行	54.7 億ドル	シドニー
WESTPAC BANKING	391 位 /5 位		6420 億ドル	3.5 万人
NAB（ナショナル・豪州銀行）(1858~)	269 億ドル	銀行	2.5 億ドル	ドックランズ
NATIONAL AUSTRALIA BANK	405 位 /6 位		5949 億ドル	3.4 万人
ANZG（豪州・ニュージーランド銀行）(1835- 英国で)	260 億ドル	銀行	41.9 億ドル	ドックランズ
AUSTRALIA & NEW ZEALAND BANKING GROUP	418 位 /7 位		6999 億ドル	4.6 万人
21. イタリア	**(6099万人) 7社**	**ITALIA**		
ゼネラリ保険 (1831~)	952 億ドル	保険	23 億ドル	トリエステ
ASSICURAZIONE GENERALI	57 位 /1 位世界 9 位		5496 億ドル	7.3 万人
伊電力公社	780 億ドル	電力	28.4 億ドル	ローマ
ENEL(Ente Nationale per L'Energia Elettrica)	84 位 /2 位		1640 億ドル	6.2 万人
伊炭化水素公社（エニ)(1953~)	626 億ドル	石油	16.1 億ドル	ローマ
ENI(Ente Nationale Idrocarburi)	132 位 /3 位		1313 億ドル	3.3 万人
ポステイタリアネ（旧郵便局）	366 億ドル	郵便	6.8 億ドル	ローマ
POSTE ITARIANE	285 位 /4 位		2037 億ドル	13.6 万人
インテーザ・サンパオロ (2007~)	362 億ドル	銀行	34.4 億ドル	チューリン
INTESA SANPAOLO	292 位 /5 位		7647 億ドル	8.9 万人
ウニクレジット (1998~)	325 億ドル	金融	130 億ドル	ミラノ
UNICREDIT GROUP	328 位 /6 位		9064 億ドル	11.7 万人
テレコムイタリア(1964-, テレコム 1994~)	219 億ドル	通信	19.9 億ドル	ミラノ
TELECOM ITARIA	493 位 /7 位		742 億ドル	6.1 万人
22. ブラジル	**(2億36万人) 7社**	**BRAZIL**		
ブラジル石油（ペトロブラス）(1953~)	814 億ドル	石油	48.3 億ドル	リオデジャネイロ
PETROBRAS	75 位 /1 位		2469 億ドル	6.8 万人
インベスチィメントス・イタウ (1945~)	668 億ドル	金融	66.6 億ドル	サンパウロ
ITAU UNIBANKO HOLDING	113 位 /2 位		4159 億ドル	9.4 万人
ブラジル銀行 (1808~)	580 億ドル	銀行	20.1 億ドル	ブラジリア
BANCO DO BRASIL	151 位 /3 位		4264 億ドル	10.0 万人
ブラデスコ銀行 (1943~)	574 億ドル	銀行	51.2 億ドル	オサスコ
BANCO BRADESCO	154 位 /4 位		3664 億ドル	9.4 万人
JBS(1953~)	488 億ドル	食品	1.0 億ドル	サンパウロ
JBS	191 位 /5 位		316 億ドル	23.7 万人
ヴァーレ (1942~)	293.63 億ドル	資源開発	39.8 億ドル	リオデジャネイロ
VALE	370 位 /6 位		990 億ドル	7.3 万人

ウルトラパール (1958~)	221億ドル	（持株会社）	4.4億ドル	サンパウロ
ULTRAPAR HOLDINGS	487位/7位	エネルギー関連	74億ドル	1.5万人
23. インド	**(12億5214万人) 7社**	**INDIA**		
インド石油	535億ドル	石油	29.6億ドル	ニューデリー
INDIAN OIL	168位/1位		421億ドル	3.4万人
リライアンス・インダストリーズ(1966~)	464億ドル	エネルギー・化学	44.5億ドル	ムンバイ (旧カルカッタ)
RELIANCE INDUSTRIES	203位/2位		1088億ドル	14.0万人
インドステイト銀行 (1806~)	445億ドル	銀行	0.36億ドル	ムンバイ
STATE BANK OF INDIA	217位/3位		5305億ドル	27.8万人
タタ自動車 (1945~)	403億ドル	自動車	11.1億ドル	ムンバイ
TATA MOTORS	247位/4位		421億ドル	7.9万人
ラジェッシュ・エクスポーツ	361億ドル	宝飾品製造	1.8億ドル	ベンガルル
RAJESH EXPORTS	295位/5位		37.1億ドル	328人
バーラット・ペトロリアム	303億ドル	石油	13.0億ドル	ムンバイ
BHARAT PETROLEUM	360位/6位		168億ドル	1.3万人
ヒンドウスタン石油	281億ドル	石油	12.2億ドル	ムンバイ
HINDUSTAN PETROLEUM	344位/7位		123億ドル	1.04万人
24. スペイン	**(4692万人) 9社**	**SPAIN**		
サンタンデール銀行 (1991~)	828億ドル	銀行	68.8億ドル	マドリッド
BANCO SANTANDER	73位/1位		1兆4122億ドル	18.5万人
テレフォニカ (1924~)	575億ドル	通信	26.1億ドル	マドリッド
TELEFONICA	153位/2位		1303億ドル	12.7万人
BBVA (ビルバオ・ビスカオ・アルヘンタリア銀行) (1988~)	436億ドル	銀行	38.4億ドル	ビルバオ
BANCO BILBAO VIZCAYA ARGENTARIA	223位/3位		7718億ドル	13.4万人
ACS (1997~)	369億ドル	建設	8.3億ドル	マドリッド
ACS	281位/4位		351億ドル	11.7万人
レプソル YPF (1986~)	344億ドル	石油	19.1億ドル	マドリッド
REPSOL	306位/5位		683億ドル	2.4万人
イベルドローラ (1992~)	323億ドル	電力	29.9億ドル	ビルバオ
IBERDROLA	332位/6位		1125億ドル	2.83万人
ガスナチュラル	260億ドル	ガス	14.8億ドル	バルセロナ
GAS NATURAL FENOSA	417位/7位		496億ドル	1.72万人
マフレグループ	257.5億ドル	保険	8.5億ドル	マドリッド
MAFRE GROUP	426位/8位		715億ドル	3.7万人
インディテックス	257.3億ドル	アパレル	34.8億ドル	アルテイスコ
INDITEX	428位/9位		212億ドル	16.2万人
25. カナダ	**(3518万人) 11社**	**CANADA**		
マニュライフ・ファイナンシャル (1887~)	402億ドル	保険	22.0億ドル	トロント (オンタリオ州)
MANULIFE FINANCIAL	250位/1位	生命保険世界4位	5374億ドル	3.45万人
パワー・コーポレーション	382億ドル	保険	8.5億ドル	モントリオール (ケベック州)
POWER CORP. OF CANADA	266位/2位		3153億ドル	3.02万人
マグナ・インターナショナル (1957~)	364億ドル	自動車部品	20.3億ドル	オーロラ (オンタリオ州)
MAGNA INTERNATIONAL	290位/3位	世界5位	225億ドル	15.5万人
ジョージ・ウェストン (1882~)	362億ドル	食品加工・販売	4.1億ドル	トロント (オンタリオ州)
GEORGE WESTON	293位/4位		282億ドル	19.5万人
カナダ・ロイヤル銀行 (1864~)	349億ドル	銀行	78.3億ドル	トロント (オンタリオ州)
ROYAL BANK OF CANADA	304位/5位		8807億ドル	7.55万人

アリマンタシオン・クッシュ・タール	341 億ドル	小売	11.9 億ドル	ラバル (ケベック州)
ALIMENTATION COUCHE-TARD	311 位 /6 位		123 億ドル	10.5 万人
トロント・ドミニオン銀行 (T1855-, D1871-。TD1955-)	208 億ドル	銀行	66.4 億ドル	トロント (オンタリオ州)
TORONTO DOMINION BANK	351 位 /7 位		8782 億ドル	8.12 万人
エンブリッジ (1970~)	260 億ドル	エネルギー	15.6 億ドル	カルガリー (アルバータ州)
ENBRIDGE	416 位 /8 位		640 億ドル	0.77 万人
ノヴァスコティア銀行 (1832~)	258 億ドル	銀行	53.6 億ドル	トロント (オンタリオ州)
BANK OF NOVA SCOTIA	424 位 /9 位		6688 億ドル	0.91 万人
ブルックフィールド資産管理会社	244 億ドル	資産運用	16.5 億ドル	トロント (オンタリオ州)
BROOKFIELD ASSET MANAGEMENT	441 位 /10 位		1598 億ドル	5.57 万人
オネックス	229 億ドル	持株会社	1.3 億ドル	トロント (オンタリオ州)
ONEX	474 位 /11 位		429 億ドル	16.1 万人
26. スイス	**(807 万人) 14 社**	SWITZERLAND		
グレンコア・インターナショナル (1974~)	1738 億ドル	資源商社	13.7 億ドル	バール (登記ジャージー) (英国)
GLENCORE (ロンドン市場上場)	16 位 /1 位		1246 億ドル	9.31 万人
ネスレ (1866~)	908 億ドル	食品	86.5 億ドル	べべ
NESTLE (スイス市場上場)	64 位 /2 位		1298 億ドル	32.8 万人
チューリッヒ保険グループ (1872~)	672 億ドル	保険	32.1 億ドル	チューリッヒ
ZURICH INSURANCE GROUP (スイス市場上場)	112 位 /3 位		3826 億ドル	5.2 万人
ロシュ (1896~)	534 億ドル	医薬品・化学	97.1 億ドル	バーゼル
ROCHE GROUP (非上場)	169 位 /4 位		756 億ドル	9.4 万人
ノバルティス (1758~)	494 億ドル	医薬品・化学	67.1 億ドル	バーゼル
NOVARTIS (NY 市場上場)	186 位 /5 位		1301 億ドル	11.8 万人
スイス再保険 (スイス・リー) (1863~)	437 億ドル	保険	35.5 億ドル	チューリッヒ
SWISS RE	220 位 /6 位		2150 億ドル	1.40 万人
UBS (スイスユニオン銀行) (1854-、08年公的資金導入)	362 億ドル	金融	32.5 億ドル	チューリッヒ
UBS GROUP (スイス市場上場)Union Bank of Switzerland	291 位 /7 位		9202 億ドル	5.93 万人
ABB(1891~)	338 億ドル	重電・プラント	18.9 億ドル	チューリッヒ
ABB	314 位 /8 位		394 億ドル	13.2 万人
CHUBB (チャブ)	314 億ドル	保険	41.3 億ドル	チューリッヒ
CHUBB	342 位 /9 位	損害保険世界 5 位	597 億ドル	3.1 万人
クレディスイス (1850~)	305 億ドル	金融	27.5 億ドル	チューリッヒ
CREDIT SUISS GROUP	354 位 /10 位		8069 億ドル	4.71 万人
ミグロ (1925~)	281 億ドル	小売	6.9 億ドル	チューリッヒ
MIGROS GROUP	385 位 /11 位		625 億ドル	7.77 万人
コープ (1969~)	276 億ドル	小売	48.2 億ドル	バーゼル
COOP GROUP	392 位 /12 位		183 億ドル	7.34 万人
ラファージュホルシム (2015~)	273 億ドル	セメント	18.1 億ドル	ホナ
LAFARGEHOLCIM	398 位 /13 位		685 億ドル	9.09 万人
アデコ	251 億ドル	人材派遣	7.9 億ドル	グラットブルク
ADECCO GROUP	434 位 /14 位		106 億ドル	3.3 万人
27. オランダ	**(1675 万人) 14 社 +1 社 (英国との二重国籍)**	NETHERLANDS		
ロイヤル・ダッチ・シエル (1907~)	2400 億ドル	石油	45.7 億ドル	ハーグ
ROYAL DUTCH SHELL	7 位 /1 位		4112 億ドル	8.9 万人
エクソール (1927~)	1548 億ドル	投資会社	6.5 億ドル	アムステルダム
EXOR GROUP	20 位 /2 位		1861 億ドル	30.2 万人

巻末付録　*277*

エアバス・グループ (2000~)	736 億ドル	航空機・航空防衛機器	11 億ドル	ライデン
AIRBUS GROUP	94 位 /3 位		1172 億ドル	13.3 万人
エイゴン (1983~)	587 億ドル	保険	4.8 億ドル	ハーグ
AEGON	147 位 /4 位	世界 12 位	4486 億ドル	2.93 万人
ING グループ (1991~)	552 億ドル	金融	55.0 億ドル	アムステルダム
ING GROUP	163 位 /5 位	保険世界 1 位	8882 億ドル	5.19 万人
アホールド・デレーズ (2016~)	549 億ドル	小売	9.1 億ドル	ザーンダム
ROYAL AHOLD DELHAIZE	165 位 /6 位		382 億ドル	22.5 万人
ルイ　ドリュフュス (1916~)	498 億ドル	農産品取引・加工	3.0 億ドル	ロッテルダム
LOUIS DREYFUS	182 位 /7 位		198 億ドル	1.74 万人
ライオンデルバゼル・インダストリーズ(2007~)	291 億ドル	化学	38.3 億ドル	ロッテルダム
LYONDELLBASELL INDUSTRIES	374 位 /8 位		234 億ドル	1.3 万人
フィリップス (1891~)	290 億ドル	電機	16.0 億ドル	アムステルダム
ROYAL PHILIPS	375 位 /9 位		340 億ドル	11.4 万人
アクメア	264 億ドル	保険	4.2 億ドル	ザイスト
ACHMEA	409 位 /10 位		980 億ドル	1.49 万人
ハイネケン (1864~)	230 億ドル	ビール	8.6 億ドル	アムステルダム
HEINEKEN HOLDING	468 位 /11 位		414 億ドル	7.35 万人
ラボバンク (1972~)	229.91 億ドル	銀行	8.2 億ドル	ユトレヒト
RABOBANK GROUP	472 位 /12 位		6987 億ドル	4.00 万人
アルティス (2001~)	229.56 億ドル	通信	17.2 億ドル	アムステルダム
ALTICE	473 位 /13 位		848 億ドル	4.97 万人
ランドスタッド (1960~)	228 億ドル	人材派遣	6.5 億ドル	ディーメン
RANDSTAD　HOLDING	477 位 /14 位		96.2 億ドル	3.22 万人
28. 韓国	**(4926 万人) 15 社**	SOUTH KOREA		
サムソン電子 (1969~)	1739 億ドル	電機・半導体	193 億ドル	スワン
SANUSUNG ELECTRONICS	15 位 /1 位	半導体世界一 (17)	2171 億ドル	32.5 万人
現代自動車 (1967~)	807 億ドル	自動車	46.5 億ドル	ソウル
HYUNDAI MOTOR	78 位 /2 位		1480 億ドル	12.9 万人
SK (ハイニックス)(1953~)	725 億ドル	持株会社	6.5 億ドル	ソウル
SK HOLDINGS	95 位 /3 位	半導体世界4位	853 億ドル	8.4 万人
韓国電力公社 (1982~)	515 億ドル	電力	60.7 億ドル	Jeollanam-do
KOREA ELECTRIC POWER	177 位 /4 位		1472 億ドル	4.3 万人
LG 電子 (1958~)	477 億ドル	電機	0.66 億ドル	ソウル
LG　ELECTNICS	201 位 /5 位		313 億ドル	7.5 万人
ポスコ (1968~)	456 億ドル	鉄鋼	11.6 億ドル	ソウル
POSCO	208 位 /6 位	世界 5 位 （2014)	663 億ドル	3.17 万人
起亜自動車 (1944~)	454 億ドル	自動車	23.7 億ドル	ソウル
KIA MOTOR	209 位 /7 位		421 億ドル	5.13 万人
ハンファ (1952~)	406 億ドル	持株会社	4.2 億ドル	ソウル
HANWHA	246 位 /8 位		1282 億ドル	4.9 万人
現代重工業 (1972~)	338 億ドル	造船・プラント	4.6 億ドル	蔚山 (ウルサン)
HYUNNDAI HEAVY INDUSTRIES	313 位 /9 位		407 億ドル	3.0 万人
現代モービス (1977~)	329 億ドル	自動車部品	26.1 億ドル	ソウル
HYUNDAI MOBIS	323 位 /10 位		345 億ドル	2.94 万人
サムスン生命保険 (1957~)	262 億ドル	保険	17.7 億ドル	ソウル
SAMSUNG LIFE INSURANCE	413 位 /11 位		2191 億ドル	0.52 万人

ロッテ・ショッピング (1979~)	254 億ドル	小売	1.44 億ドル	ソウル
LOTTE SHOPPING	431 位 /12 位		347 億ドル	2.63 万人
サムスン物産 (1938~)	242 億ドル	商社・建設	0.92 億ドル	ソウル
SAMSUNG C & T	442 位 /13 位		368 億ドル	1.38 万人
LG ディスプレ (2008~)	228 億ドル	液晶パネル	7.8 億ドル	ソウル
LG DISPLAY	479 位 /14 位		206 億ドル	4.90 万人
GS カルテックス (1967~)	222 億ドル	石油	12.2 億ドル	ソウル
GS CALTEX	486 位 /15 位		159 億ドル	2949 人
29. 英国	6313万人) 23社+1社 (和蘭との二重国籍)	**BRITAIN**		
BP(旧英国石油) (1905~)	1866 億ドル	石油	1.15 億ドル	ロンドン
BP	12 位 /1 位	世界 3 位	2633 億ドル	7.35 万人
リーガル・アンド・ゼネラル (1836~)	1052 億ドル	保険	16.9 億ドル	ロンドン
LEGAL & GENERAL GROUP	49 位 /2 位		5779 億ドル	8939 人
プルーデンシャル (1848~)	969 億ドル	保険	25.9 億ドル	ロンドン
PRUDENTIAL	56 位 /3 位	世界 13 位	5812 億ドル	2.36 万人
香港上海銀行 （HSBC) (1865~)	753 億ドル	銀行	24.7 億ドル	ロンドン
HSBC HOLDINGS	88 位 /4 位	世界 3 位	2 兆 3749 億ドル	24.1 万人
アビバ (2000~)	746 億ドル	保険	9.4 億ドル	ロンドン
AVIVA	90 位 /5 位	世界 8 位	5440 億ドル	2.95 万人
テスコ (1919~)	743 億ドル	小売	0.52 億ドル	ウェルウィンガーデンシティ
TESCO	92 位 /6 位	世界 3 位	570 億ドル	34.2 万人
ロイズ・バンキング・グループ (1765 ロイズ銀行 ~)	652 億ドル	銀行	27.8 億ドル	ロンドン
LLOYDS BANKING GROUP	121 位 /7 位		1 兆 0102 億ドル	7.04 万人
ボーダフォン (1985~)	586 億ドル	通信	69.0 億ドル	ニューベリー
VODA FONE GROUP	149 位 /8 位	携帯契約数世界 2 位	1654 億ドル	11.1 万人
SSE (スコチッシュ・サザン・エナギー) (1943~)	378 億ドル	電力	20.8 億ドル	パース
SSE	269 位 /9 位		298 億ドル	2.11 万人
グラクソ・スミスクライン (1999~)	376 億ドル	医薬品	12.3 億ドル	グレンフォード
GLAXOSMITHKLINE	273 位 /10 位		729 億ドル	9.93 万人
バークレイズ (1728~)	367 億ドル	金融	28.0 億ドル	ロンドン
BARCLAYS	284 位 /11 位		1 兆 4986 億ドル	11.9 万人
セントリカ (1812~)	365 億ドル	電力・ガス	22.5 億ドル	ウィンサー
CENTRICA (2009 年フランス電力による買収)	286 位 /12 位		270 億ドル	3.82 万人
J. セインズベリー (1869~)	341 億ドル	小売	4.9 億ドル	ロンドン
J.SAINSBURY	310 位 /13 位		246 億ドル	11.8 万人
リオ・テイント グループ (1873~)	337 億ドル	鉱業	46 億ドル	ロンドン
RIO TINTO GROUP (曾ては豪州との二重国籍会社だった)	316 位 /14 位		892 億ドル	5.1 万人
BT(旧英国電信電話会社)(1969~)	313 億ドル	通信	24.8 億ドル	ロンドン
BT GROUP (1984 年に民営化 ,91 年正式名 BT に)	346 位 /15 位		529 億ドル	10.6 万人
コンパス (1941~)	278 億ドル	給食	14.0 億ドル	チャートセイ
COMPASS GROUP	387 位 /16 位		136 億ドル	52.7 万人
オールド・ミューチュアル (1845~)	259 億ドル	保険	7.6 億ドル	ロンドン
OLD MUTUAL	422 位 /17 位		2119 億ドル	6.85 万人
スタンダード・ライフ (1828~)	252 億ドル	保険	4.9 億ドル	エジンバラ
STANDARD LIFE	432 位 /18 位		2353 億ドル	6302 人
インターナチオナル・エアライン・グループ (2011~)-|BA+ イベリア航空|	249 億ドル	航空	21.3 億ドル	ハーモンズロース
INTERNATIONAL AIRLINES GROUP	435 位 /19 位		286 億ドル	6.33 万人

BAE(British Aerospace & Electronics Systems)	240 億ドル	航空防衛機器	12.3 億ドル	ロンドン
BAE SYSTEMS（1999 年合併設立）	452 位 /20 位		283 億ドル	7.6 万人
アストロ・ゼネカ (1999~)	230 億ドル	医薬品	34.9 億ドル	ケンブリッジ
ASTRAZENECA	470 位 /21 位		625 億ドル	5.97 万人
ナショナル・グリッド (1995~)	220 億ドル	ガス・電力	101 億ドル	ロンドン
NATIONAL GRID	491 位 /22 位		823 億ドル	2.21 万人
ウィリアムモリソンスーパーマーケット (1899~)	217 億ドル	小売	4.0 億ドル	ブラットフォード
WM.MORRISON SUPERMARKETS	498 位 /23 位		116 億ドル	7.72 万人
ユニリバー (1930~)	582 億ドル	食品・家庭用品	57.3 億ドル	ロンドン
UNILEVER （和蘭との二重国籍会社）	150 位 /（9 位相当）		595 億ドル	16.8 万人
30. フランス	**(6429 万人) 29 社**	**FRANCE**		
アクサ (1982~)	1437 億ドル	保険	64.4 億ドル	パリ
AXA	25 位 /1 位	世界 3 位	9415 億ドル	9.77 万人
トタル (1924~)	1279 億ドル	石油	61.9 億ドル	クルブヴォア
TOTAL	30 位 /2 位		2309 億ドル	10.2 万人
Banque Nationale de Paris(パリ国立銀行) パリバ (1848~)	1090 億ドル	銀行	85.1 億ドル	パリ
BNP PARIBAS	43 位 /3 位		1904 億ドル	18.4 万人
カルフール (1959~)	871 億ドル	小売	8.2 億ドル	ブーローニュ=ビヤンクール
CARREFOUR	67 位 /4 位		515 億ドル	38.4 万人
クレディ・アグリコル (1885~)	802 億ドル	銀行	39.1 億ドル	パリ
CREDIT　AGRICOLE	80 位 /5 位		1 兆 6075 億ドル	7.08 万人
フランス電力（EDF）(1946~)	787 億ドル	電力	31.5 億ドル	パリ
ELECTRICITE DE FRANCE	82 位 /6 位		2970 億ドル	15.4 万人
エンジー (1888~)	736 億ドル	エネルギー	4.5 億ドル	クルブヴォア
ENGIE	93 位 /7 位		1671 億ドル	15.3 万人
BPCE(2009~)	705 億ドル	金融	44.1 億ドル	パリ
GROUPE BPCE	104 位 /8 位		1 兆 3027 億ドル	10.2 万人
ソシエテ・ジェネラル (1864~)	693 億ドル	銀行	42.8 億ドル	パリ
SOCIETE GENERALE	108 位 /9 位		1 兆 4577 億ドル	15.1 万人
プジョー (1882~)	597 億ドル	自動車	19.3 億ドル	パリ
PEUGEOT	140 位 /10 位		4761 億ドル	17.5 万人
オーシャン・ホールディングス	588 億ドル	小売	6.5 億ドル	クロア
AUCHAN HOLDING	146 位 /11 位		3853 億ドル	34.2 万人
ルノー (1898~)	566 億ドル	自動車	37.8 億ドル	ブーローニュ=ビヤンクール
RENAULT	157 位 /12 位		1076 億ドル	12.4 万人
フィナティス	481 億ドル	小売	6.8 億ドル	パリ
FINATIS	197 位 /13 位		462 億ドル	23.2 万人
CNP 保険	478 億ドル	保険	13.2 億ドル	パリ
CNP ASSURANCES	200 位 /14 位		4420 億ドル	5035 人
オランジュ (1994~)	452 億ドル	通信	32.4 億ドル	パリ
ORANGE	210 位 /15 位		998 億ドル	15.5 万人
サンゴバン (1665~)	432 億ドル	建材・ガラス	14.4 億ドル	クルブヴォア
SAINT・GOBAIN	225 位 /16 位		461 億ドル	17.2 万人
バンシ (1899~)	427 億ドル	建設	27.7 億ドル	リュエーユ=マルメゾン
VINCI	227 位 /17 位	世界 4 位	716 億ドル	18.3 万人
クリスチャンディオール (1946~)	421 億ドル	高級服飾	17.4 億ドル	パリ
CHRISTIAN DIOR	234 位 /18 位		698 億ドル	12.0 万人

サノフィ (2004~)	413 億ドル	医薬品	52.0 億ドル	パリ
SANOFI	240 位 /19 位		1103 億ドル	11.3 万人
ブイグ (1952~)	352 億ドル	建設	8.0 億ドル	パリ
BOUYGUES	300 位 /20 位	世界 6 位	367 億ドル	11.7 万人
Societe nationale des Chemins de fer francais)	337 億ドル	鉄道	5.6 億ドル	サンデニーズ
SNCF MOBILITES （仏国鉄） (1938~)	317 位 /21 位		399 億ドル	19.3 万人
ロレアル (1909~)	285 億ドル	化粧品	34.3 億ドル	クリシー
L'OREAL	379 位 /22 位		375 億ドル	8.9 万人
エールフランス KLM(2004~)	279 億ドル	航空	8.7 億ドル	パリ
AIR FRANCE-KLM GROUP	386 位 /23 位		241 億ドル	8.2 万人
シュナイダー・エレクトリック	273 億ドル	電機	19.3 億ドル	リュエー二=マルメゾン
SCHNEIDER ELECTRIC(1836~)	399 位 /24 位		441 億ドル	14.3 万人
ベオリア・アンヴィロヌマン	269 億ドル	エネルギー・環境事業	4.2 億ドル	パリ
VEOLIA ENVIRONNEMENT	404 位 /25 位		400 億ドル	15.6 万人
ラポスト （旧郵便局） (1576~)	257 億ドル	郵便	9.3 億ドル	パリ
LA POSTE	427 位 /26 位		2575 億ドル	24.0 万人
ダノン （1919~)	242 億ドル	食品飲料	19.0 億ドル	パリ
DANONE	446 位 /27 位		463 億ドル	9.91 万人
ミシュラン (1863~)	231 億ドル	タイヤ	18.5 億ドル	クレルモンフェラン
MICHELIN	466 位 /28 位		267 億ドル	10.5 万人
ソデクソ (1966~)	224 億ドル	給食	7.0 億ドル	イシ=レ=ムリノー
SODEXO	484 位 /29 位		157 億ドル	42.5 万人
31. ドイツ	**(8272 万人) 29 社**	**GERMANY**		
フォルクス・．ヴァーゲン (1937~)	2402 億ドル	自動車	59.3 億ドル	ヴォルフスブルク
VOLKSWAGEN （国民車の意）	6 位 /1 位	世界 3 位	4321 億ドル	62.6 万人
ダイムラー (1883~)	1694 億ドル	自動車	94.2 億ドル	シュットガルト
DAIMLER	17 位 /2 位	世界 12 位	2562 億ドル	28.2 万人
アリアンツ (1890~)	1221 億ドル	保険	76.1 億ドル	ミュンヒエン
ALLIANZ （同盟の意）	34 位 /3 位		9320 億ドル	14.0 万人
Bayrische Motorenwerke AG(1916~)	1041 億ドル	自動車	75.8 億ドル	ミュンヒエン
BMW （ベーエムヴェー） GROUP	52 位 /4 位	世界 14 位	1988 億ドル	12.4 万人
ジーメンス (1847~)	884 億ドル	電機・金融	60.5 億ドル	ミュンヒエン
SIEMENS	66 位 /5 位	世界 5 位	1412 億ドル	35.1 万人
ロバート・ボッシュ (1886~)	808.6 億ドル	自動車部品	21.5 億ドル	シュットガルト
ROBERT BOSCH	76 位 /6 位	世界 1 位	863 億ドル	38.9 万人
ドイチェテレコム (1995~)	808.3 億ドル	通信	29.5 億ドル	ボン (旧西独首都)
DEUTSCHE TELEKOM	77 位 /7 位	世界 4 位	1565 億ドル	22.1 万人
ユニパー (2010~)	744 億ドル	エネルギー	35.5 億ドル	ジュッセルドルフ
UNIPER	91 位 /8 位		515 億ドル	1.28 万人
ミュンヒエン再保険 (1880~)	686 億ドル	保険	28.5 億ドル	ミュンヒエン
MUNICH RE GROUP	109 位 /9 位		2824 億ドル	4.3 万人
ドイチェポスト （旧郵便局） (1995~)	657 億ドル	郵便・金融	29.1 億ドル	ボン
DEUTSCHE POST DHL GROUP	117 位 /10 位		403 億ドル	45.9 万人
メトロ (1879~)	648 億ドル	小売	6.6 億ドル	ジュッセルドルフ
METRO	123 位 /11 位	世界 4 位	280 億ドル	19.6 万人
BASF(1865~)	630 億ドル	化学	44.8 億ドル	ルードヴィッヒスハーフェン
BASF	126 位 /12 位	世界 1 位	806 億ドル	10.9 万人

巻末付録 *281*

バイエル (1863~)	525 億ドル	医薬品	50.1 億ドル	レーフェルクーヘン
BAYER	174 位 /13 位	世界 14 位	867 億ドル	11.5 万人
ドイチェ銀行 (1870~)	488 億ドル	銀行	15.5 億ドル	フランクフルトアムマイン
DEUTSCHE BANK	189 位 /14 位	世界 5 位	1 兆 6774 億ドル	9.97 万人
Rheinisch-Westfalisches Elektriziatswerk	482 億ドル	エネルギー	62.4 億ドル	エッセン
RWE(エルヴェーエー) (1898~)	195 位 /15 位		805 億ドル	5.86 万人
ドイチェ鉄道 (1994~)	448.49 億ドル	鉄道	7.6 億ドル	ベルリン
DEUTSCHE BAHN	212 位 /16 位		597 億ドル	30.6 万人
コンチネンタル (1871~)	448.41 億ドル	タイヤ	30.9 億ドル	ハーノーファー
CONTINENTAL	213 位 /17 位	世界 3 位	381 億ドル	22.0 万人
ティッセン・クルップ (1999~)	435 億ドル	鉄鋼	3.2 億ドル	エッセン
THYSSENKRUPP	224 位 /18 位		394 億ドル	15.6 万人
エーオン (2000~)	422 億ドル	エネルギー	93.4 億ドル	エッセン
E.ON	231 位 /19 位		671 億ドル	4.3 万人
ツェット・エフ フリードリッヒハーフェン (1915~)	388 億ドル	自動車部品	9.4 億ドル	フリードリッヒハーフェン
ZF FIEDRICHSHAFEN	263 位 /20 位		307 億ドル	13.6 万人
タランクス	351 億ドル	保険	10.0 億ドル	ハーノーファー
TALANX	302 位 /21 位		1651 億ドル	2.0 万人
ルフトハンザ (1953~)	350 億ドル	航空	19.6 億ドル	ケルン
LUFTHANSA GROUP	303 位 /22 位		365 億ドル	10.7 万人
エデカ (1898~)	341 億ドル	小売	3.5 億ドル	ハンブルク
EDEKA ZENTRALE	309 位 /23 位		69.2 億ドル	35.1 万人
DZ（デーツェット）銀行	326 億ドル	銀行	16.2 億ドル	フランクフルトアムマイン
DZ BANK(2001~)	327 位 /24 位		5372 億ドル	2.8 万人
フレゼニウス (1912~)	321 億ドル	医療サービス	17.6 億ドル	バートハンブルク
FRESENIUS	335 位 /25 位		489 億ドル	23.2 万人
フェニックス・ファーマハンデル	269 億ドル	医薬品卸売	1.3 億ドル	マンハイム
PHOENIX PHARMAHANDEL (1994~)	403 位 /26 位		92.9 億ドル	2.66 万人
ザップ (1972~)	243 億ドル	ソフトウェア	40.3 億ドル	バルドルフ
SAP	443 位 /27 位		466 億ドル	8.41 万人
ヘレウス・ホールディング (1851~)	237 億ドル	非鉄	原文 : 無	ハナオ
HERAEUS HOLDING	457 位 /28 位		49.8 億ドル	1.23 万人
TUI（トウイ）(2002~	216 億ドル	旅行	11.5 億ドル	ハーノーファー
TUI	499 位 /29 位		162 億ドル	6.67 万人
32. 日本 (1億2729万人) 51社 (1995年は141社あった) **JAPAN**				
トヨタ自動車 (1937~)	2546 億ドル	自動車	168 億ドル	愛知県豊田市
TOYOTA MOTOR(49.5 上場)	5 位 /1 位	世界 1 位 2010	4375 億ドル	36.4 万人
ホンダ (1948~)	1291 億ドル	自動車	56 億ドル	都港区南青山
HONDA MOTOR(57.12 上場)	29 位 /2 位	世界 8 位	1701 億ドル	21.1 万人
日本郵政(2006~) (傘下のかんぽ生命,非上場世界2位)	1229 億ドル	郵便・金融	2.67 億ドル	都千代田区霞が関
JAPAN POST HOLDINGS(15.11 上場)	33 位 /3 位		2 兆 6313 億ドル	24.8 万人
日産自動車 (1933~)- (株主 43.4% ルノー自動車)	1081 億ドル	自動車	61 億ドル	横浜市西区高島
NISSAN MOTOR(51.1 上場)	44 位 /4 位		1653 億ドル	13.7 万人
NTT（日本電信電話 ,1985~)	1051 億ドル	通信	73 億ドル	都千代田区大手町
NIPPON TELEGRAPH & TELEPHONE(87.2 上場)	50 位 /5 位		1907 億ドル	27.4 万人
日立製作所 (旧久原鉱業 ,1920~)	845 億ドル	電機	21 億ドル	都千代田区丸の内
HITACHI(49.5 上場)	71 位 /6 位		867 億ドル	30.3 万人

ソフトバンク・グループ (1981~)	828 億ドル	通信	131 億ドル	都港区東新橋
SOFTBANK GROUP(94.7 上場)	72 位 /7 位		2211 億ドル	6.8 万人
イオン (1926~)	757 億ドル	小売	1.03 億ドル	千葉市美浜区中瀬
AEON(74.9 上場)	87 位 /8 位		782 億ドル	27.4 万人
ソニー (1946~)	701 億ドル	電機	6.76 億ドル	都港区港南
SONY(58.12 上場)	105 位 /9 位		1585 億ドル	12.8 万人
パナソニック (旧松下電器産業,1935~)	677 億ドル	電機	13.7 億ドル	大阪府門真市大字門真
PANASONIC (49.5 上場)	110 位 /10 位		537 億ドル	25.7 万人
日本生命保険 (非上場,1889~)	673 億ドル	保険	27.8 億ドル	大阪市中央区今橋
NIPPON LIFE INSURANCE	111 位 /11 位		6504 億ドル	8.5 万人 (連結)
丸紅 (1949~)	657 億ドル	商社	14.3 億ドル	都中央区日本橋
MARUBENI(50.7 上場)	116 位 /12 位		619 億ドル	3.9 万人
JXTG ホールディングス (2010~)	636 億ドル	石油	14.7 億ドル	都千代田区大手町
JXTG HOLDINGS （10.4 上場)	127 位 /13 位		597 億ドル	2.6 万人
第一生命保険 (2010~)	595 億ドル	保険	21.3 億ドル	都千代田区有楽町
DAI-ICHI HOLDINGS(10.4 上場)	142 位 /14 位		4666 億ドル	6.2 万人
三菱商事 (1950~)	593 億ドル	商社	40.6 億ドル	都千代田区丸の内
MITSUBISHI(54.6 上場)	145 位 /15 位		1414 億ドル	7.7 万人
三菱 UFJ フィナンシャルグループ (2001~)	551 億ドル	金融	85 億ドル	都千代田区丸の内
MITSUBISHI UFJ FINANCIAL GROUP(01.4 上場)	164 位 /16 位		2 兆 7223 億ドル	11.5 万人
セブン＆アイ・ホールディングス (2005~)	538 億ドル	小売	8.9 億ドル	都千代田区二番町
SEVEN & I HOLDINGS(05.9 上場)	167 位 /17 位		492 億ドル	5.4 万人
東京電力 (1951~) (原発事故後、一時公的管理下に)	494 億ドル	電力	12.2 億ドル	都千代田区内幸町
TOKYO ELECTRIC POWER(51.8 上場)	185 位 /18 位		1102 億ドル	4.2 万人
MS&AD(三井住友あいおい同和) インシュアランス GHs(2008~)	492 億ドル	保険	19.4 億ドル	都中央区新川
MS & AD INSURANCE GROUP HOLDINGS(08.4 上場)	188 位 /19 位		1905 億ドル	4.0 万人
東京海上 Hs(2002~)	482 億ドル	保険	25.2 億ドル	都千代田区丸の内
TOKIO MARINE HOLDINGS(02.4 上場)	193 位 /20 位		2029 億ドル	3.8 万人
三井住友 FG(2002~, 銀行合併はわかしお銀行が存存銀行)	473 億ドル	銀行	65.2 億ドル	都千代田区丸の内
SUMITOMO MITUI FINANCIAL GROUP(02.12 上場)	202 位 /21 位		1 兆 7753 億ドル	7.7 万人
伊藤忠商事 (1949~)	446 億ドル	商社	32.5 億ドル	大阪市北区梅田
ITOCHU (50.7 上場)	215 位 /22 位		729 億ドル	11.0 万人
KDDI (旧国際電信電話公社) (1984~)	438 億ドル	通信	50.4 億ドル	都千代田区飯田橋
KDDI(93.9 上場)	219 位 /23 位	世界 10 位	562 億ドル	3.5 万人
新日鐵住金 (1950~)	427 億ドル	鉄鋼	12.0 億ドル	都千代田区丸の内
NIPPON STEEL & SUMITOMO METAL(50.10 上場)	228 位 /24 位	世界 2 位	651 億ドル	10.0 万人
デンソー (1949~)	417 億ドル	自動車部品	23.7 億ドル	愛知県刈谷市昭和町
DENSO(51.12 上場)	236 位 /25 位	世界 2 位	462 億ドル	15.4 万人
富士通 (1935~)(PC子会社は中国レノボが 51% 出資)	416 億ドル	電算機半導体	8.1 億ドル	都港区東新橋
FUJITSU(49.5 上場)	237 位 /26 位	世界 4 位	286 億ドル	15.5 万人
住友生命保険 (非上場) (1907~)	409 億ドル	保険	5.1 億ドル	大阪市中央区城見
SUMITOMO LIFE INSURANCE	242 位 /27 位		3083 億ドル	4.2 万人
三井物産 (1947~)	402 億ドル	商社	28.2 億ドル	都千代田区丸の内
MITSUI(49.5 上場)	249 位 /28 位		1032 億ドル	4.2 万人
三菱電機 (1921~)	391 億ドル	電機	19.4 億ドル	都千代田区丸の内
MITSUBISHI ELECTRIC(49.5 上場)	262 位 /29 位		375 億ドル	13.8 万人

住友商事 (1919~)	368億ドル	商社	15.7億ドル	都中央区晴海
SUMITOMO(49.8上場)	282位/30位		696億ドル	7.0万人
三菱重工業 (1950~)	361億ドル	造船・機械	8.0億ドル	都港区港南
MITSUBISHI HEAVY INDUSTRIES(50.5上場)	294位/31位		492億ドル	8.2万人
明治安田生命保険 (非上場) (1881~)	357億ドル	保険	8.0億ドル	都千代田区丸の内
MEIJI YASUDA LIFE INSURANCE	294位/32位		492億ドル	8.2万人
アイシン精機 (1949~)	328億ドル	自動車部品	11.6億ドル	愛知県刈谷市朝日町
AISIN SEIKI(52.7上場)	324位/33位	世界4位	299億ドル	9.9万人
大和ハウス工業 (1947~)	324億ドル	住宅	18.6億ドル	大阪市北区梅田
DAIWA HOUSE INDUSTRY(61.9上場)	330位/34位	国内1位	319億ドル	6.0万人
SOMPOホールディングス (2010~)	315億ドル	保険	15.3億ドル	都新宿区西新宿
SOMPO HOLDINGS(10.4上場)	340位/35位	損保国内3位	1070億ドル	4.7万人
キャノン (1937~)	321億ドル	精密機械	13.8億ドル	都大田区下丸子
CANON (49.5上場)	347位/36位	事務機器国内1位	440億ドル	19.7万人
三菱ケミカルホールディングス (2005~)	311億ドル	化学	14.4億ドル	都千代田区丸の内
MITSUBISHI CHEMICAL HOLDINGS(05.10上場)	349位/37位		400億ドル	6.9万人
SUBARU (旧富士重工業) (1953~)	306.9億ドル	自動車	26.0億ドル	都渋谷区恵比寿
SUBARU (60.3上場)	352位/38位	国内5位	247億ドル	3.6万人
ブリジストン (1931~)	306.7億ドル	タイヤ	24.4億ドル	都中央区京橋
BRIDGESTONE(61.10上場)	353位/39位	世界1位	319億ドル	14.3万人
JFEホールディングス (旧日本鋼管等) (2002~)	305億ドル	鉄鋼	6.2億ドル	都千代田区内幸町
JFE HOLDINGS(02.9上場)	356位/40位	粗鋼世界9国内2位	389億ドル	6.0万人
みずほFG (2003~)	303億ドル	銀行	55.7億ドル	都千代田区大手町
MIZUHO FINANCIAL GROUP(03.3上場)	357位/41位	国内2位	1兆7997億ドル	5.9万人
マツダ (1920~)	96億ドル	自動車	8.6億ドル	広島県安芸郡府中新地
MAZDA MOTOR(49.5上場)	367位/42位	国内8社中8位	226億ドル	4.8万人
スズキ (1920~)	292億ドル	自動車	14.7億ドル	静岡県浜松市南区高塚町
SUZUKI MOTOR(49.5上場)	373位/43位	国内4位軽自2強	279億ドル	6.2万人
メディパルホールディングス (1923~)	282億ドル	医薬品卸売	2.6億ドル	都中央区八重洲
MEDIPAL HOLDINGS(95.9上場)	381位/44位		136億ドル	1.5万人
関西電力 (1951~)	277億ドル	電力	12.9億ドル	大阪市北区中之島
KANSAI ELECTRIC POWOER(51.7上場)	389位/45位	国内2位	615億ドル	3.2万人
JR東日本 (1987~)	265億ドル	鉄道	25.6億ドル	都渋谷区代々木
EAST JAPAN RAILWAY(93.10上場)	408位/46位	国内1位	710億ドル	8.5万人
住友電気工業 (1911~)	259億ドル	自動車	9.9億ドル	大阪市中央区北浜
SUMITOMO ELECTRIC INDUSTRIES(49.5上場)	420位/47位	国内4位電線1位	260億ドル	24.8万人
出光興産 (1940~)	258億ドル	石油	8.1億ドル	都千代田区丸の内
IDEMITSU KOSAN(06.10上場)	423位/48位	元売国内1位	237億ドル	9139名
NEC(登記社名 日本電気)(1899~)	245億ドル	電算機半導体	2.5億ドル	都港区芝
NEC(49.5上場)	437位/49位	通信インフラ国内1位	240億ドル	10.7万人
中部電力 (1951~)	240億ドル	電力	10.5億ドル	名古屋市東区東新町
CHUBU ELECTRIC POWER(51.8上場)	451位/50位	国内3位	485億ドル	3.0万人
アルフレッサHs (2003~)	235億ドル	医薬品医療機器卸売	2.8億ドル	都千代田区大手町
ALFRESA HOLDINGS(03.9上場)	461位/51位	医薬卸売国内2位	112億ドル	1.3万人

33. 中国 (13億8556万人) 109社 (2012年は85社) China

国家電網公司 (過半国家所有) (非上場)	3151億ドル	電力	95.7億ドル	北京 (Beijing)
STATE GRID (2006~)	世界順位2位/国内順位1位		4898億ドル	92.6万人

中国石油化工集団 (シノペック) (香港市場上場)	2675 億ドル	石油化学	12.5 億ドル	北京 (Beijing)
SINOPEC GROUP(過半国家所有)(2000~)	3 位 /2 位	世界 4 位	3107 億ドル	71.3 万人
中国石油天然ガス集団 (ペトロチャイナ) (香港上場) (1999~)	2625 億ドル	石油天然ガス	18.6 億ドル	北京
CHINA NATIONAL PETROLEUM (過半国家所有)	4 位 /3 位	世界 5 位	5856 億ドル	151.2 万人
中国工商銀行 (過半国家所有) (香港市場上場) (1984~)	1476 億ドル	銀行	418 億ドル	北京
INDUSTRIAL & COMMERCIAL BANK IF CHIN	22 位 /4 位	世界 1 位	4732 億ドル	46.1 万人
中国建築工程総公司 (CSCEC) (非上場) (2007~)	1445 億ドル	建設	24.9 億ドル	北京
CHINA STATE CONSTRUCTIN ENGINEERING	24 位 /5 位	世界 3 位	2012 億ドル	26.3 万人
中国建設銀行 (香港市場上場) (1954~)	1350 億ドル	銀行	348 億ドル	北京
CHINA CONSTRUCTIN BANK	28 位 /6 位	世界 2 位	3 兆 165 億ドル	36.2 万人
中国農業銀行 (香港市場上場) (1979~)	1172 億ドル	銀行	276 億ドル	北京
AGRICULTURAL BANK OF CHINA	38 位 /7 位	世界 4 位	2 兆 8160 億ドル	50.1 万人
中国平安保険集団 (有限) (香港市場上場) (1988~)	1165 億ドル	保険	93.9 億ドル	深圳 (Shenzhen)
PING AN INSURANCE	39 位 /8 位	世界 18 位	8024 億ドル	31.8 万人
上海汽車集団株式会社 (gufen youxian gongsi)	1138 億ドル	自動車	48.1 億ドル	上海 (Shanghai)
SAIC MOTOR (上海市場上場) (1995~)	41 位 /9 位		849 億ドル	9.7 万人
中国銀行 (香港市場上場)	1137 億ドル	銀行	247 億ドル	北京
BANK OF CHINA(1912~)	42 位 /10 位	世界 6 位	2 兆 6115 億ドル	30.8 万人
中国移動通信集団 (チャイナモバイル) (香港市場上場) (1997~)	1071 億ドル	通信	96.1 億ドル	北京
CHINA MOBILE COMMUNICATIONS	47 位 /11 位		2464 億ドル	46.3 万人
中国人壽保険集団公司 (香港市場上場)	1048 億ドル	保険	1.6 億ドル	北京
CHINA LIFE INSURANCE(2003~)	51 位 /12 位	世界 16 位	4830 億ドル	14.3 万人
中国鉄道建設工程	969 億ドル	建設	9.2 億ドル	北京
CHINA RAILWAY ENGINEERING	55 位 /13 位		1088 億ドル	29.2 万人
中国鉄道建設公司 (CRCC) (香港市場上場)	948 億ドル	建設	11.9 億ドル	北京
CHINA RAILWAY CONSTRUCTION (2007~)	58 位 /14 位	世界 1 位	1099 億ドル	33.6 万人
東風汽車集団 (香港市場上場)	861 億ドル	自動車	14.1 億ドル	武漢 (Wuhan)
DONGFENG MOTOR(1969~)	68 位 /15 位		593 億ドル	18.9 万人
ファーウェイ (華為技術) (非上場) (1987~)	785 億ドル	通信機器	55.7 億ドル	深淵 (Shenzhen)
HUAWEI INVESTMENT & HOLDINGS	93 位 /16 位		638 億ドル	18.0 万人
中国華潤総公司 (1938~)	757 億ドル	多様化	25.8 億ドル	香港 (Hong Kong)
CHINA RESOURCES NATIONAL	86 位 /17 位		1582 億ドル	42.0 万人
太平洋建設集団	746 億ドル	建設	31.6 億ドル	(Nanjing)
PACIFIC CONSTRUCTION GROUP	89 位 /18 位		481 億ドル	36.2 万人
中国南方電網 (2002~)	712 億ドル	電力	23.2 億ドル	広州 (Guangzhou)
CHINA SOUTHERN POWER GRID	100 位 /19 位		991 億ドル	30.2 万人
中国兵器装備集団	711 億ドル	航空防衛機器	5.8 億ドル	北京 (Beijing)
CHINA SOUTH INDUSTRIES GROUP	101 位 /20 位		518 億ドル	23.2 万人
中国交通建設集団 (CCCC)(2006~)	707 億ドル	建設	14.3 億ドル	北京 (Beijing)
CHINA COMMUNICATIONS CONSTRUCTION	103 位 /21 位	世界 5 位	1467 億ドル	15.2 万人
中国人民保険集団 (有)	667 億ドル	保険	21.4 億ドル	北京
PEOPLE'S INSURANCE CO. OF CHINA	114 位 /22 位		1341 億ドル	18.8 万人
中国海洋石油総公司 (1982~)	658 億ドル	石油	17.5 億ドル	北京
CHINA NATIONAL OFFSHORE OIL	115 位 /23 位		1665 億ドル	10.0 万人
中国郵政集団公司 (1997~)	656 億ドル	郵便	49.8 億ドル	北京 (以前は石家荘)
CHINA POST GROUP	119 位 /24 位		1 兆 2216 億ドル	94.1 万人

巻末付録　*285*

中国五鉱集団 (1950~)	655 億ドル	非鉄	4.4 億ドル	北京
CHINA MINMETALS	120 位 /25 位		1093 億ドル	21.2 万人
中国第一汽車集団公司 (1953~)	647 億ドル	自動車	4.1 億ドル	長春 (Changchun)
CHINA FAW GROUP	125 位 /26 位		547 億ドル	12.2 万人
天津市物資集団公司 (1993~)	633 億ドル	流通	1.4 億ドル	天津 (Tianjin)
TEWOO GROUP	129 位 /27 位		347 億ドル	1.73 万人
中国電信 (2002~)	623 億ドル	通信	17.6 億ドル	北京
CHINA TELECOMMUNICATIONS	133 位 /28 位		1158 億ドル	41.3 万人
中国兵器工業集団 (1988~)	613 億ドル	防衛機器	8.5 億ドル	北京
CHINA NORTH INDUSTRIES GROUP	135 位 /29 位		531 億ドル	23.4 万人
中糧集団（COFCO）(1949~)	612 億ドル	商社	2.0 億ドル	北京
COFCO	136 位 /30 位		720 億ドル	10.1 万人
北京汽車集団 (1953~)	611 億ドル	自動車	12.6 億ドル	北京
BEIJING AUTOMOTIVE GROUP	137 位 /31 位		577 億ドル	13.4 万人
安邦保険集団 (2004~)	607 億ドル	保険	38.8 億ドル	北京
ANBANG INSURANCE GROUP	139 位 /32 位		4300 億ドル	4.07 万人
中国中化集団公司 (SINOCHEM) (1999~)	595 億ドル	化学	4.6 億ドル	北京
SINOCHEM GROUP	143 位 /33 位		574 億ドル	6.05 万人
山東魏橋創業集団	561 億ドル	綿紡織	12.1 億ドル	浜州 (Shandong)
SHANDONG WEIQIARD PIONEERING GROUP	159 位 /34 位		316 億ドル	13.5 万人
中国航空工業集団 (2008~)	553 億ドル	航空防衛機器	4.6 億ドル	北京
AVIATION INDUSTRY CORP. OF CHINA	162 位 /35 位		1248 億ドル	45.7 万人
海航集団 (2000~)	530 億ドル	航空	2.7 億ドル	Haikou City
HNA GROUP	170 位 /36 位		1730 億ドル	22.0 万人
交通銀行 (1908~)	529 億ドル	銀行	101 億ドル	上海 (Shanghai)
BANK OF COMMUNICATIONS	171 位 /37 位		1兆2091億ドル	9.5 万人
中国中信集団 (1979~)	528 億ドル	金融	32.3 億ドル	北京
CITIC GROUP	172 位 /38 位		9382 億ドル	20.1 万人
正威国際集団 (1995~)	496 億ドル	非鉄	11.9 億ドル	(Shengzhen)
AMER INTERNATIONAL GROUP	183 位 /39 位		184 億ドル	1.78 万人
中国電力投資 (2011~)	488 億ドル	電力	10.5 億ドル	北京
POWERCHINA	90 位 /40 位		868 億ドル	18.7 万人
中国医薬集団公司 (2003~)	478 億ドル	医薬品	13.2 億ドル	北京
SINOPHARM	199 位 /41 位		367 億ドル	10.6 万人
中国宝鋼集団（有）(2016~)	466 億ドル	金属	4.4 億ドル	上海 (Shanghai)
CHINA BAOWU STEEL GROUP	204 位 /42 位		1067 億ドル	16.9 万人
NOBLE 集団 (1986 創設 ~)	465 億ドル	商社	0.087 億ドル	香港 (Hong Kong)
NOBLE GROUP(1987 設立 ~)	205 位 /43 位		122 億ドル	1000 名
中国化工集団 (1984~)	451 億ドル	化学	0.179 億ドル	北京
CHEMCHINA	211 位 /44 位		543 億ドル	11.0 万人
招商銀行 (1987~)	445 億ドル	銀行	93.4 億ドル	(Shengzhen)
CHINA MERCHANT BANK	216 位 /45 位		8550 億ドル	7.04 万人
河鋼集団 (2008~)	437.6 億ドル	鉄鋼	1.46 億ドル	(Shijiazhuang)
HBIS GROUP	221 位 /46 位		518 億ドル	12.5 万人
中国華信能源 (2002~)	437.4 億ドル	エネルギー	7.4 億ドル	上海
CEFC	222 位 /47 位		225 億ドル	2.96 万人

聰想（レノボ）（香港株式市場上場）	430億ドル	パソコン	5.3億ドル	北京
LENOVO GROUP(1984~)	226位/48位	世界4位	10271億ドル	5.2万人
中国興業銀行 (1988-)	426億ドル	銀行	81億ドル	福州 (Fuzhou)
INDUSTRIAL BANK	230位/49位		8757億ドル	5.62万人
中国船舶重工 (1999~)	421.9億ドル	造船	4.8億ドル	北京
CHINA SHIPBUILDING INDUSTRY	233位/50位		692億ドル	18.2万人
広州汽車集団 (2000~)	415億ドル	自動車	5.5億ドル	広州 (Guangzhou)
GUANGZHOU AUTOMOBILE INDUSTRY GROUP	238位/51位		302億ドル	7.59万人
中国聨合網絡通信株式会社 (有) (1994~)	412億ドル	通信	0.232億ドル	上海
CHINA UNITED NETWORK COMMUNICATIONS	241位/52位		886億ドル	25.3万人
上海浦東発展銀行 (1992~)	406億ドル	銀行	79.9億ドル	上海
SHANHAI PUDONG DEVELOPMENT BANK	245位/53位		8428億ドル	5.28万人
中国アルミニウム（チャルコ）(2001~)	402.78億ドル	非鉄	2.8億ドル	北京
ALUMINUM CORP. OF CHINA	248位/54位		750億ドル	12.1万人
中国民生銀行 (1996~)	402.34億ドル	銀行	72.0億ドル	北京
CHINA MINSHENG BANKING	251位/55位		8483億ドル	5.87万人
中国太平洋保険 (1991~)	401億ドル	保険	18.1億ドル	上海
CHINA PACIFIC INSURANCE(GROUP)	252位/56位		1468億ドル	9.70万人
中国建材集団	393億ドル	建材	0.745億ドル	北京
CHINA NATIONAL BUILDING MATERIAL GROUP	259位/57位		812億ドル	22.8万人
京東集団 (2004~)	391億ドル	ネット通販	5.7億ドル	北京
JD.COM	261位/58位		230億ドル	12.0万人
恒力集団 (1994~)	378億ドル	繊維	8.2億ドル	(Suzhou City)
HENGLI GROUP	268位/59位		148億ドル	6.14万人
中国華能集団 (1989~)	375億ドル	電力	0.85億ドル	北京
CHINA HUANENG GROUP	274位/60位		1443億ドル	14.3万人
神華集団 (1995~)	373億ドル	石炭	19.1億ドル	北京
SHENHUA GROUP	276位/61位		1409億ドル	20.2万人
緑地控股集団 (1992~)	372億ドル	不動産	10.8億ドル	上海
GREENLAND HOLDING GROUP	277位/62位		1054億ドル	3.98万人
ジャーデイン・マセトン (1832~)	370億ドル	商社	25.0億ドル	香港 (Hong Kong)
JARDINE MATHESON	279位/63位		715億ドル	43.0万人
中国　万科企業	344億ドル	不動産	31.6億ドル	(Shenzhen)
CHINA　VAHKE	307位/64位		1195億ドル	5.82万人
中国能源建設集団 (2014~)	339億ドル	エネルギー	4.2億ドル	北京
CHINA ENERGY ENGINEERING GROUP	312位/65位		441億ドル	16.9万人
中国中車集団 (2015~)	337億ドル	鉄道車両	17.0億ドル	北京
CRRC	318位/66位		486億ドル	18.3万人
長江和記実業 (2015~)	334億ドル	小売他	42.5億ドル	香港 (Hong Kong)
CK HUTCHISON HOLDINGS	319位/67位		1307億ドル	29.0万人
翼中能源集団 (2008~)	333億ドル	エネルギー	1.53億ドル	(Xingtai)
JIZHONG ENERGY GROUP	320位/68位		308億ドル	12.7万人
新興際華集団 (1946~)	331億ドル	鉄鋼	4.4億ドル	北京
XINXING CATHAY INTERNATIONAL GROUP	322位/69位		187億ドル	5.94万人
陝西延長石油集団 (1905~)	326億ドル	石油	0.226億ドル	西安 (Xi'an)
SHAANXI YANCHANG PETROLEUM(GROUP)	326位/70位		455億ドル	13.4万人

中国光大集団 (1983~)	324 億ドル	金融	18.7 億ドル	北京
CHINA EVERBRIGHT GROUP	329 位 /71 位		6277 億ドル	6.14 万人
中国機械工業集団（有）(1997~)	322 億ドル	機械	5.0 億ドル	北京
SINOMACH	334 位 /72 位		391 億ドル	11.5 万人
中国航天科技集団 (CAC)(1999~)	320 億ドル	中国宇宙開発・	19.9 億ドル	北京
CHINA AEROSPACE Corporation	336 位 /73 位	航空防衛機器	557 億ドル	17.0 万人
陝西煤業化工集団 (2004~)	319 億ドル	石炭	2.5 億ドル	西安 (Xi'an)
SHAANXI COAL & CHEMICAL INDUSTR	337 位 /74 位		641 億ドル	12.3 万人
中国恒大集団 (1996~)	318 億ドル	不動産	23.6 億ドル	広州 (Guangzhou)
CHINA EVERGRANDE GROUP	338 位 /75 位		1943 億ドル	8.92 万人
江西銅業集団 (1979~)	316 億ドル	非鉄	0.204 億ドル	(Guixi)
JIANGXI COPPER	339 位 /76 位		161 億ドル	2.54 万人
中国保利集団 (1999~)	315.0 億ドル	不動産	7.4 億ドル	北京
CHINA POLY GROUP	341 位 /77 位		956 億ドル	7.64 万人
浙江吉利控股集団 (1986~)	314.2 億ドル	自動車	12.6 億ドル	(Hangzhou)
ZHEJIANG GEELY HOLDINGS GROUP	343 位 /78 位		297 億ドル	6.07 万人
物産中大集団 (1992~)	311 億ドル	貿易	3.24 億ドル	(Hangzhou)
WUCHAN ZHONGDA GROUP	348 位 /79 位		110 億ドル	1.81 万人
中国航天科工集団 (1999~)	305.81 億ドル	防衛機器	14.4 億ドル	北京
CHINA AEROSPACE SCIENCE & INDUSTRY	355 位 /80 位		369 億ドル	14.8 万人
中国電子信息産業集団 (CEC) (1965~)	300 億ドル	電子・情報通信	3.2 億ドル	北京
CHINA ELECTRONICS	362 位 /81 位		365 億ドル	14.4 万人
中国船舶工業集団 (1998~)	298.7 億ドル	造船	3.6 億ドル	北京
CHINA STASTE SHIPBUILDING	364 位 /82 位		407 億ドル	6.8 万人
抄鋼集団 (1975~)	298.6 億ドル	鉄鋼	3.5 億ドル	張家港 (Zhangjiagang)
JIANGSU SHAGANG GROUP	365 位 /83 位		237 億ドル	3.5 万人
中国遠洋海運集団 (2016~)	297 億ドル	海運	14.8 億ドル	上海
CHINA COSCO SHIPPING	366 位 /84 位		947 億ドル	0.6 万人
国家電力投資集団公司 (2015~)	294 億ドル	電力	4.3 億ドル	北京
STATE POWER INVESTMENT	368 位 /85 位		1260 億ドル	12.7 万人
山東能源集団（有）(2011~)	292 億ドル	石炭	0.392 億ドル	済南 (Jinan)
SHANDONG ENERGY GROUP	372 位 /86 位		398 億ドル	17.9 万人
大連万達集団 (1988~)	284 億ドル	不動産	1.1 億ドル	北京
DALIAN WANDA GROUP	380 位 /87 位		1527 億ドル	15.5 万人
中国華電集団公司 (2002~)	282 億ドル	電力	3.6 億ドル	北京
CHINA HUADIAN	382 位 /88 位		1121 億ドル	10.7 万人
AIA 集団 (1919~)	281 億ドル	保険	41.6 億ドル	香港
AIA GROUP	383 位 /89 位		1850 億ドル	2.0 万人
中国国電集団公司 (2002~)	273 億ドル	軍事情報・システム	2.6 億ドル	北京
CHINA GUODIAN	397 位 /90 位		1146 億ドル	12.4 万人
中国電子科技集団（有）(2002~)	272 億ドル	電子	16.1 億ドル	北京
CHINA ELECTRONICS TECHNOLOGY GROUP	400 位 /91 位		358 億ドル	15.8 万人
大同煤鉱集団 (1949~)	256 億ドル	石炭	2.1 億ドル	大同 (Datong)
DATONG COAL MINE GROUP	430 位 /92 位		400 億ドル	6.2 万人
山西焦煤集団 (2001~)	251 億ドル	石炭	0.10 億ドル	太原 (Taiyuan)
SHANXI COKING COAL GROUP	433 位 /93 位		392 億ドル	20.9 万人

中国航空油料集団公司 (1990~)	245億ドル	航空燃料	3.2億ドル	北京
CHINA NATIONAL AVIATION FUEL GROUP	439位/94位		60.9億ドル	1.17万人
陽泉煤業集団 (1950~)	242億ドル	石炭	0.111億ドル	陽泉 (Yangquan)
YANGQUAN COAL INDUSTRY GROUP	445位/95位		307億ドル	14.6万人
山西潞鉱業集団	240.8億ドル	石炭	1.06億ドル	長治 (Changzhi)
SHANXI LUAN MINING GROUP	448位/96位		290億ドル	9.56万人
美的集団 (1968~)	240.6億ドル	家電	22.1億ドル	仏山 (Foshan)
MIDEA GROUP	450位/97位		245億ドル	12.6万人
中国大唐集団公司 (2002~)	238億ドル	電力	2.43億ドル	北京
CHINA DATANG	454位/98位		1016億ドル	9.7万人
陽光金控股集団 (2002~)	236億ドル	金融	1.59億ドル	福州 (Fuzhou)
YANGO FINANCIAL HOLDING	459位/99位		242億ドル	1.02万人
阿里巴巴集団 (アリババグループ)	235億ドル	電子商取引	64.8億ドル	杭州 (Hangzhou)
ALIBABA GROUP HOLDING(1999~)	462位/100位	世界1位	735億ドル	5.00万人
碧桂園控股 (1992~)	230億ドル	不動産	17.3億ドル	仏山 (Foshan)
COUNTRY GARDEN HOLDINGS	467位/101位		851億ドル	9.44万人
山西普城無煙煤鉱業集団 (1958~)	228億ドル	石炭	0.03億ドル	普城 (Jincheng)
SHANXI JINCHENG ANTHRACITE COAL MINING	476位/102位		329億ドル	13.5万人
騰訊控股 (テンセント) (1998~)	228億ドル	IT	61.8億ドル	深圳 (Shenzhen)
TENCENT HOLDINGS	478位/103位		569億ドル	3.87万人
蘇寧雲商集団 (1990~)	223億ドル	家電量販	1.06億ドル	南京 (Nanjing)
SUNING COMMERCE GROUP	485位/104位		197億ドル	6.03万人
厦門 (あもい) 建発集団 (1980~)	221.4億ドル	貿易・不動産	2.8億ドル	厦門 (Xiamen)
XIAMEN C&D	488位/105位		217億ドル	1.83万人
中国通用技術集団控股 (1998~)	221.1億ドル	エンジニアリング	4.1億ドル	北京
CHINA GENERAL TECHNOLOGY	490位/106位		208億ドル	3.85万人
厦門国貿控股集団 (1995~)	219.2億ドル	貿易・不動産	0.35億ドル	厦門 (Xiamen)
XIAMEN ITG HOLDING GROUP	494位/107位		121億ドル	1.84万人
新疆広匯実業投資集団 (1989~)	219.1億ドル	エネルギー・物流	2.5億ドル	(Urumai)
XINJIANG GUANGHUI INDUSTRY INVESTMENT	495位/108位		319億ドル	6.56万人
新華人寿保険 (1996~)	217.9億ドル	保険	7.43億ドル	北京
NEW CHINA LIFE INSURANCE	497位/109位		1006億ドル	5.43万人
34. 米国　(3億2005万人) 132社 (2012年は133社)　**U.S.A.**				
ウォールマート・ストアーズ (1945~)	4858億ドル	小売業	136億ドル	ベントンヴィル (AR)
WAL-MARTSTORES	世界1位/米国1位	世界1位	1988億ドル	230万人
バークシャー・ハサウェイ (1889~)	2236億ドル	投資	240億ドル	オマハ (NE)
BERSHIRE HATHAWAY	8位/2位	損保世界1位	6208億ドル	36.7万人
アップル (1977~)	2156億ドル	電子機器	456億ドル	キュッパチーノ (CA)
APPLE	9位/3位		3216億ドル	11.6万人
エクソン・モービル (1870~)	2050億ドル	石油	78億ドル	アーヴィング (TX)
EXXON MOBIL	10位/4位		3303億ドル	7.27万人
マッケンソン (1833~)	1985億ドル	医薬品卸売	50.7億ドル	サンフランシスコ (CA)
MCKESSON	11位/5位		609億ドル	6.45万人
ユナイテッドヘルス・グループ (1974~)	1848億ドル	医療サービス	70.1億ドル	ミネトンカ (MN)
UNITEDHEALTH GROUP	13位/6位		1228億ドル	23.0万人
CVS　ケアマーク (1892~)	1775億ドル	小売	53.1億ドル	ウーンソッケット (RD)
CVS HEALTH	14位/7位		944億ドル	20.4万人

巻末付録　289

企業名	売上高／順位	業種	利益／時価総額	本社／従業員数
ゼネラル・モーターズ（1897~） GENERAL MOTORS	1663億ドル 18位/8位	自動車	94.2億ドル 2216億ドル	デトロイト (MI) 22.5万人
AT & T（1983~） AT & T	1637億ドル 19位/9位	通信	129億ドル 4038億ドル	ダラス（TX） 26.8万人
フォード・モーター (1903~) FORD MOTOR	1518億ドル 21位/10位	自動車	45.9億ドル 2379億ドル	ディアボーン (MI) 20.1万人
アメリソースバーゲン (1985~) AMERISOURCEBERGEN	1468億ドル 23位/11位	医療品卸売	14.2億ドル 336億ドル	チェスターブルック (PA) 1.85万人
アマゾン (1994~) AMAZON.COM	1359億ドル 26位/12位	小売	23.7億ドル 834億ドル	シアトル (WA) 34.1万人
ゼネラル・エレクトリック (GE)(1892~) GENERAL　ELECTRIC	1266億ドル 31位/13位	電機・金融	88.3億ドル 3651億ドル	フェアフィールド (CT) 29.5万人
ヴェライゾン・コミュニケーション (1983~) VERIZON COMMUNICATIONS	1259億ドル 32位/14位	通信	131億ドル 2441億ドル	ニュウヨーク (NY) 16.0万人
カージナル・ヘルス (1979~) CARDINAL HEALTH	1215億ドル 35位/15位	医療機器	14.2億ドル 341億ドル	ダブリン (OH) 3.7万人
コストコ・ホールセール (1976~) COSTCO WHOLESALE	1187億ドル 36位/16位	会員制量販店	23.5億ドル 331億ドル	イッサクアン (WA) 17.2万人
ウォールグリーンズ (1934~) WALGREENS BOOTS ALLIANCE	1173億ドル 37位/17位	小売	41.7億ドル 726億ドル	ディアフィールド (IL) 30.0万人
クローガー（1883~） KROGER	1153億ドル 40位/18位	小売	19.7億ドル 365億ドル	シンシナシー (OH) 44.3万人
シェヴロン (1879~) CHEVRON	1075億ドル 45位/19位	石油	4.9億ドル 2600億ドル	サンラマン (CA) 5.52万人
連邦住宅抵当金庫（ファニーメイ） FANNIE MAE	1071億ドル 46位/20位	金融	123億ドル 3兆2879億ドル	ワシントンDC 7000人
JPモルガン・チェース (1799~) JPMORGAN CHASE & CO.	1054億ドル 48位/21位	金融	247億ドル 2兆4909億ドル	ニューヨーク (NY) 24.3万人
エクスプレス・スクリプツ・ホールディング(1986~) EXPRESS SCRIPTS HOLDING	1002億ドル 53位/22位	医療サービス	34.0億ドル 517億ドル	セントルイス (MO) 2.56万人
ホーム・デポ (1978~) HOME DEPOT	945億ドル 59位/23位	住宅用品販売	79.5億ドル 429億ドル	アトランタ (GA) 40.6万人
ボーイング (1916~) BOEING	945億ドル 60位/24位	航空宇宙機器	48.9億ドル 899億ドル	シカゴー (IL) 15.0万人
ウェルズ・ファーゴ (WFC)(1852~) WELLS FARGO	941億ドル 61位/25位	金融	219億ドル 1兆9301億ドル	サンフランシスコ (CA) 26.9万人
米国銀行 (1874~)（旧イタリア銀行） BANK OF AMERICA CORP.	936億ドル 62位/26位	金融	179億ドル 2兆1877億ドル	シャーロット (NC) 20.8万人
アルファベット (1998~)（日本法人名グーグル） ALPHABET	902億ドル 65位/27位	インターネット検索	194億ドル 1674億ドル	マウンテンヴュー (CA) 7.2万人
マイクロソフト (1975~) MICROSOFT	853億ドル 69位/28位	ソフトウェア	167億ドル 1936億ドル	レッドモンド (WA) 11.4万人
アンセム (1944~)(非営利ブルークロス・ブルーシールド) ANTHEM	848億ドル 70位/29位	医療保険会社	24.6億ドル 650億ドル	インディアナポリス (IN) 5.3万人
シティーグループ (1812~)(江戸時代から横浜に支店) CITIGROUP	823億ドル 74位/30位	金融	149億ドル 1兆7920億ドル	ニューヨーク (NY) 21.9万人

コムキャスト (1963~)	804 億ドル	ケーブルテレビ	86.9 億ドル	フィラデルフィア (PA)
COMCAST	79 位 /31 位		1805 億ドル	15.9 万人
IBM (1910~)	799 億ドル	電算機	118 億ドル	アーマンク (NY)
INTERNATIONAL BUSINESS MACHINES	81 位 /32 位		1174 億ドル	41.4 万人
ステートファーム保険	761 億ドル	保険	3.5 億ドル	ブルーミントン (IL)
STATE FARM INSURANCE COS.	85 位 /33 位		2560 億ドル	6.82 万人
フィリップス 66 (1875~)	723 億ドル	石油	15.5 億ドル	ヒューストン (TX)
PHILIPS 66	96 位 /34 位		516 億ドル	1.48 万人
ジョンソン・アンド・ジョンソン (1885~)	718 億ドル	医薬品	165 億ドル	ニューブランスウィック (NJ)
JOHNSON & JOHNSON	97 位 /35 位		1412 億ドル	12.6 万人
プロクター・アンド・ギャンブル (P&G) (1837~)	717 億ドル	家庭用品	105 億ドル	シンシナティー (OH)
PROCTER & GAMBLE	98 位 /36 位		1271 億ドル	10.5 万人
米郵政公社 (1955~)	714 億ドル	郵便	55.9 億ドル	ワシントン D.C.
U.S.POSTAL SERVICE	99 位 /37 位		252 億ドル	57.4 万人
バレロエナジー (1955~)	701.6 億ドル	石油	22.8 億ドル	サンアントニオ (TX)
VALERO ENERGY	106 位 /38 位		461 億ドル	9996 人
ターゲット (1902~)	694 億ドル	小売	27.3 億ドル	ミネアポリス (MN)
TARGET	107 位 /39 位		374 億ドル	32.3 万人
連邦住宅貸付抵当会社 (フレディマック)	656 億ドル	金融	78.1 億ドル	マクリーン (VA)
FREDIE MAC	118 位 /40 位		2兆233億ドル	5982 人
ロウズ (1946~)	650 億ドル	住宅用品販売	30.9 億ドル	ムーアビル (NC)
LOWE'S	122 位 /41 位		344 億ドル	24.0 万人
デル	648 億ドル	電算機	16.7 億ドル	ラウンドロック (TX)
DELL TECHNOLOGIES	124 位 /42 位		1182 億ドル	13.8 万人
メットライフ (1863~)	634 億ドル	保険	8.0 億ドル	ニューヨーク (NY)
METLIFE	128 位 /43 位		8987 億ドル	5.8 万人
エトナ (1968~)	631 億ドル	医療サービス	22.7 億ドル	ハートフォード (CT)
AETNA	130 位 /44 位		691 億ドル	4.95 万人
ペプシコ (1898~)	627 億ドル	飲料・食品	63.2 億ドル	パーチャス (NY)
PEPUSICO	131 位 /45 位		741 億ドル	26.4 万人
アーチャー・ダニエルズ・ミッドランド(ADM) (1898~)	623 億ドル	穀物商社	12.7 億ドル	シカゴー (IL)
ARCHER DANIELS MIDLAND	134 位 /46 位		397 億ドル	3.18 万人
ユナイテッド・パーセル・サービス (UPS) (1907~)	609 億ドル	郵便	34.3 億ドル	アトランタ (GA)
UNITED PARCEL SERVICE	138 位 /47 位		403 億ドル	33.5 万人
アルバートソンズ	596 億ドル	小売	3.7 億ドル	ボイズ (ID)
ALBERTSONS COS.	141 位 /48 位		237 億ドル	27.3 万人 ?
インテル (1968~)	593 億ドル	半導体	103 億ドル	サンタクララ (CA)
INTEL	144 位 /49 位	世界 2 位 2017	1133 億ドル	10.6 万人
プルデンシャル・フィナンシャル (1875~)	587.7 億ドル	保険	43.6 億ドル	ニューアーク (NJ)
PREDENTIAL FINANCIAL	148 位 /50 位	世界 10 位	7839 億ドル	4.97 万人
ユナイテッド・テクノロジーズ (1934~)	572 億ドル	航空機器	50.5 億ドル	ハートフォード (CT)
UNITED TECHNOLOGIES	155 位 /51 位		897 億ドル	20.1 万人
マラソン石油 (2005~)	558 億ドル	石油	11.7 億ドル	フィンドレイ (OH)
MARATHON PETROLEUM	160 位 /52 位		444 億ドル	4.44 万人
ウォルト・ディズニー (1923~)	556 億ドル	娯楽・メディア	93.9 億ドル	バーバンク (CA)
WALT DISNEY	161 位 /53 位		920 億ドル	19.5 万人

企業名	売上高 / 順位	業種	利益 / 資産	本社 / 従業員
ヒュウーマナ (1964~)	543 億ドル	医療サービス	6.1 億ドル	ルイヴィル (KY)
HUMANA	166 位 /54 位		492 億ドル	5.47 万人
ファイザー (1849 年~上場 1941 年 1 月)	528 億ドル	製薬業	72.1 億ドル	ニューヨーク (NY)
PFIZER (ペニシリンの販売)	173 位 /55 位		1716 億ドル	9.65 万人
アメリカン・インターナショナル・グループ (AIG) (1919~)	523 億ドル	保険	8.49 億ドル	ニューヨーク (NY)
AMERICAN INTERNATIONAL GROUP	175 位 /56 位		4982 億ドル	5.64 万人
ロッキード・マーチン (1909~)	506 億ドル	航空防衛機器	53.0 億ドル	ベセスダ (MD)
LOCKHEED MARTIN	178 位 /57 位		478 億ドル	9.7 万人
シスコ (1969~)	503.66 億ドル	食品卸売	9.49 億ドル	ヒューストン (TX)
SYSCO	179 位 /58 位		167 億ドル	5.19 万 人
フェデックス (1971~)	503.65 億ドル	運輸	18.2 億ドル	メンフィス (TN)
FEDEX	180 位 /59 位		460 億ドル	33.5 万人
ヒューレット・パッカード (HP) (1939~)	501 億ドル	電算機	31.6 億ドル	パロアルト (CA)
HEWLETT PACKARD ENTERPRISE	181 位 /60 位		796 億ドル	19.5 万人
シスコ・システムズ (1984~)	492 億ドル	通信機器	107 億ドル	サンホセ (CA)
CISCO SYSTEMS	187 位 /61 位		216 億ドル	7.37 万人
HP (創業 1939 年)	482 億ドル	電算用印刷機	24.9 億ドル	パロアルト (CA)
HP (上場 1961 年 3 月)	194 位 /62 位		290 億ドル	4.9 万人
ダウ・ケミカル (1897~)	481 億ドル	化学	43.1 億ドル	ミッドランド (MI)
DOW CHEMICAL	196 位 /63 位		795 億ドル	5.6 万人
HCA (1968 年 ~)	447 億ドル	医療サービス	28.9 億ドル	ナシュヴィル (TN)
HCA HOLDINGS	214 位 /64 位		337 億ドル	21.0 万人
バンギ (非上場)	26 億ドル	農業関連・食品	7.45 億ドル	ホワイトプレイン (NY)
BUNGE s.25	229 位 /65 位		191 億ドル	3.2 万人
コカ・コーラ (1886~)	418 億ドル	飲料	65.2 億ドル	アトランタ (GA)
COCA-COLA	235 位 /66 位		872 億ドル	10.0 万人
ニューヨーク生命 (非上場)	407.8 億ドル	保険	10.8 億ドル	ニューヨーク (NY)
NEW YORK LIFE INSURANCE	243 位 /67 位		2871 億ドル	1.13 万人
センティーン (1984~)	407.2 億ドル	医療保険	5.6 億ドル	セントルイス (MO)
CENTENE	244 位 /68 位		201 億ドル	3.05 万人
米国航空グループ (2011 年経営破綻) (1934~)	401 億ドル	航空	26.7 億ドル	フォートワース (TX)
AMERICAN AIRLINES GROUP	253 位 /69 位		512 億ドル	12.2 万人
ネーションワイド (非上場)	400 億ドル	保険	3.3 億ドル	コロンバス (OH)
NATIONWIDE	254 位 /70 位		1977 億ドル	3.43 万人
メルク (1891 年 ~)	398 億ドル	医療品	39.2 億ドル	ケニルワース (NJ)
MERCK	255 位 /71 位		953 億ドル	6.8 万人
シグナ (1792 年 ~)	396 億ドル	保険	18.6 億ドル	ブルームフィールド (CT)
CIGNA (1982 年 4 月上場)	256 位 /72 位		593 億ドル	4.1 万人
デルタ航空 (1924 年 ~)	396 億ドル	航空	43.7 億ドル	アトランタ (GA)
DETA AIR LINES (2010 年ノースウェスト航空買収)	257 位 /73 位		512 億ドル	8.37 万人
ベスト・バイ (1966 年 ~)	394 億ドル	家電販売	12.2 億ドル	リッチフィールド (MN)
BEST BUY	258 位 /74 位		138 億ドル	12.5 万人
ハネウェル (1920 年 ~)	393 億ドル	航空宇宙機器・制御機器	48.0 億ドル	モリスタウンシップ (NJ)
HONEYWELL INTERNATIONAL	260 位 /75 位		541 億ドル	13.1 万人
キャタピラ (1925 年 ~)	385 億ドル	建設機械	0.67 億ドル	ペオリア (IL)
CATERPILLAR	264 位 /76 位		747 億ドル	9.54 万人

リバティミューチュアル保険グループ(非上場)	383億ドル	保険	10.0億ドル	ボストン (MA)
LIBERTY MUTUAL INSURANCE GROUP	265位/77位		1255億ドル	5.00万人
モルガン・スタンレー (1924年-)	379億ドル	金融	59.7億ドル	ニューヨーク (NY)
MORGAN STANLEY	267位/78位		8149億ドル	5.53万人
マサチューセッツ・ミューチュアル生命保険(非上場)	377億ドル	保険	12.7億ドル	スプリングフィールド (MA)
MASSACHUSETTS MUTUAL LIFE INSURANCE	270位/79位		2710億ドル	1.17万人
ゴールドマン・サックス (1869~)	377.1億ドル	金融	73.9億ドル	ニューヨーク (NY)
GOLDMAN SACHS GROUP	271位/80位		8601億ドル	3.44万人
エナジー・トランスファー・エクイティ(非上場)	375.0億ドル	エネルギー輸送	9.95億ドル	ダラス (TX)
ENERGY TRANSFER EQUITY	275位/81位		790億ドル	3.09万人
TIAA(教員保険年金協会)(非上場)	371億ドル	年金基金	14.9億ドル	ニューヨーク (NY)
TIAA	278位/82位		5231億ドル	1.29万人
オラクル (1977年-)	370.4億ドル	ソフトウェア	89.0億ドル	レッドウッドシティー (CA)
ORACLE (2013年7月上場)	280位/83位	世界2位	1121億ドル	13.6万人
タイソン・フーズ (1935年-)	368.8億ドル	食品	17.6億ドル	スプリングデール (AR)
TYSON FOODS (1997年10月上場)	283位/84位		223億ドル	11.4万人
ユナイテッド・コンチネンタル・Hs (1934-)	365.5億ドル	航空	22.6億ドル	シカゴー (IL)
UNITED CONTINENTAL HOLDINGS (2010年10月上場)	285位/85位		401億ドル	8.8万人
オール・ステート (1931~)	365.3億ドル	保険	18.7億ドル	ノースブルック (IL)
ALLSTATE(1993年6月上場)	288位/86位		1086億ドル	4.32万人
パブリックス・スーパー・マーケッツ	342億ドル	小売	20.2億ドル	レークランド (FL)
PUBLIX SUPER MARKETS (非上場)	308位/87位		174億ドル	19.1万人
アメリカン・エキスプレス (アメックス) (1850~)	338.23億ドル	金融・旅行	54.0億ドル	ニューヨーク (NY)
AMERICAN EXPRESS (1977年5月上場)	315位/88位		1588億ドル	5.64万人
TJX (1956~)	331.8億ドル	アパレル	22.9億ドル	フラミンガム (MA)
TJX (1965年11月上場)	321位/89位		128.8億ドル	23.5万人
ライト・エイド　(非上場)	328.4億ドル	ドラッグ・ストア	0.041億ドル	キャンプヒル (PA)
RITE AID	325位/90位		115.9億ドル	7.04万人
ナイキ (1964~)	323.7億ドル	スポーツ用品	37.6億ドル	ビーバートン (OR)
NIKE(1990年10月上場)	331位/91位		213.9億ドル	7.07万人
エクセロン (1887-) (米国最多の原発所有)	313.6億ドル	電力	11.3億ドル	シカゴ (IL)
EXELON(1943年7月上場)	344位/92位		1149.0億ドル	3.43万人
ゼネラル・ダイナミックス (1899-)	313.5億ドル	防衛機器	29.5億ドル	フォールスチャーチ (VA)
GENERAL DYNAMICS(1952年4月上場)	345位/93位		328.2億ドル	9.88万人
ギリアド・サイエンシズ (1987~)	303.9億ドル	バイオ医薬品	135.0億ドル	ホスターシティー (CA)
GILEAD SCIENCES(1992年1月上場)	358位/94位		569.7億ドル	9000人
CHS (非上場)	303.4億ドル	会社型農協	4.24億ドル	インヴァーグローヴハイツ (MN)
CHS	359位/95位		173.1億ドル	1.21万人
3M (スリーエム) (1902~)	301.0億ドル	化学・事務用品	50.5億ドル	セントポール (MN)
3M (1946年1月上場)	361位/96位		329.0億ドル	9.15万人
タイム・ワーナー (1985~)	293.1億ドル	メディア・娯楽	39.2億ドル	ニューヨーク (NY)
TIME WARNER(1992年3月上場)	371位/97位		659.6億ドル	2.5万人
チャーター・コミュニケーションズ (1999~)	290.0億ドル	ケーブルテレビ	35.2億ドル	スタムフォード (CT)
CHARTER COMMUNICATIONS(2009年12月上場)	376位/98位		1490.6億ドル	9.15万人
ノースウェスタン・ミューチュアル (非上場)	287.9億ドル	保険	8.18億ドル	ミルウォーキー (WI)
NORTHWESTERN MUTUAL	378位/99位		2504.4億ドル	5646人

企業名	売上高/順位	業種	利益	本社/従業員
シュルンベルジェ (1926-) (世界一の石油開発支援メーカー)	78.1億ドル	エネルギー	16.8億ドル	ヒューストン (TX)
SCULUMBERGER (1962年2月上場)	388位/100位		779.5億ドル	10万人
フェイスブック (2004~)	276.3億ドル	SNS(交流サイト)	102.1億ドル	メンロパーク (CA)
FACEBOOK (2012年5月上場)	393位/101位	交流サイト首位	649.6億ドル	1.70万人
トラベラーズ・カンパニーズ (1853-)	276.2億ドル	保険	30.1億ドル	ニューヨーク (NY)
The TRAVELERS COS. (1996年4月上場)	394位/102位		1002.4億ドル	3.09万人
キャピタル・ワン・ファイナンシャル (1988-)	275.1億ドル	金融	37.5億ドル	マクリーン (VA)
CAPITAL ONE FINANCIAL CORP.(1994年11月上場)	395位/103位		3570.3億ドル	4.73万人
21世紀フォックス (1922~)	273.2億ドル	大手興行会社	27.5億ドル	ニューヨーク (NY)
TWENTY-FIRST CENTURY FOX,Inc.(2013年7月上場)	396位/104位		483.6億ドル	2.15万人
USAA (非上場)	271.3億ドル	金融	17.7億ドル	サンアントニオ (TX)
UNITED SERVICES AUTOMOBILE ASSN.	401位/105位		1472.8億ドル	2.99万人
ワールド・フュエル・サービス (非上場)	270.1億ドル	石油・ガス	1.26億ドル	マイアミ (FL)
WORLD FUEL SERVICES	402位/106位		54.1億ドル	5000人
フィリップ・モリス・インターナショナル(1987~)	266.8億ドル	タバコ	69.6億ドル	ニューヨーク (NY)
FHILIP MORRIS INTERNATIONAL(2008年3月上場)	406位/107位		368.5億ドル	7.95万人
ジョン・デア (1837~)	266.4億ドル	農業・建設機械	15.2億ドル	モーリン (IL)
DEERE & COMPANY(1933年6月上場)	407位/108位		579.8億ドル	5.67万人
クラフト・ハインツ (2013~)	264.8億ドル	食品(ケチャップのH,チーズのK)	36.3億ドル	ピッツバーグ (PA)
KRAFT HEINZ(2015年7月上場)	410位/109位		1204.8億ドル	4.1万人
テクデータ (非上場)	262.3億ドル	IT関連製品卸売	1.95億ドル	クリアウォーター (FL)
TECH DATA	412位/110位		79.3億ドル	9500人
アヴネット (非上場)	262.1億ドル	半導体・電子部品商社	5.06億ドル	フェニックス (AZ)
AVNET	414位/111位		112.3億ドル	1.77万人
モンデリーズ・インターナショナル (2000-)	259.2億ドル	食品大手	16.5億ドル	ディアフィールド (IL)
MONDELEZ INTERNATIONAL(2001年6月上場)	421位/112位		615.3億ドル	9.00万人
メイシーズ (1830-)	257.7億ドル	最大手老舗百貨	6.19億ドル	シンシナティ (OH)
MACY'S(1992年2月上場)	425位/113位		198.5億ドル	14.83万人
アッヴィ (2012~)	256.3億ドル	バイオ製薬大手	59.5億ドル	ノースシカゴ (IL)
ABBVIE (2013年1月上場)	429位/114位		660.9億ドル	3.00万人
マグドナルド(1940-)世界首位バーガーチェーン	246.2億ドル	外食	46.8億ドル	オウクブルック (IL)
MCDONALD'S(1966年7月上場)	436位/115位		310.2億ドル	37.5万人
デュポン (非上場)	245.9億ドル	化学	25.1億ドル	ウィルミントン (DE)
DUPONT	438位/116位		399.4億ドル	4.6万人
ノースロップ・グラマン (1939~)	245.0億ドル	防衛機器	22.0億ドル	フォールスチャーチ (VA)
NORTHROP GRUMMAN(1951年12月上場)	440位/117位		256.1億ドル	6.37万人
コノコフィリップス (1917~)	243.6億ドル	米国系石油メジャー	36.5億ドル	ヒューストン (TX)
CONOCOPHILLIPS(1920年5月上場)	444位/118位		897.7億ドル	1.33万人
レイセオン (1952年9月上場)	240.6億ドル	ミサイル世界首位		ウォールサム (MA)
RAYTHEON(トマホーク,パトリオット)	449位/119位		300.5億ドル	6.3万人
アンデバー (旧テソロ) (非上場)	240.0億ドル	石油製品	7.34億ドル	サンアントニオ (TX)
TESORO	453位/120位		203.9億ドル	6308人
アロー電子 (非上場)	238.2億ドル	電子部品	22億ドル	センテニアル (CO)
ARROW ELECTRONICS	456位/121位		142.0億ドル	1.87万人
クアルコム (1985~)	235.5億ドル	移動体通信技術	57.0億ドル	サンディエゴ (CA)
QUALCOMM(1991年12月上場)	460位/122位	世界最大手	523.5億ドル	3.05万人

プログレッシブ (1937~)	234.4 億ドル	自動車保険会社	10.3 億ドル	メイフィールド・ビラージュ (OH)
PROGRESSIVE(1987 年 6 月上場)	464 位 /123 位		334.2 億ドル	3.17 万人
デューク・エナジー (2005~)	233.6 億ドル	全米最大の	21.5 億ドル	シャルロッテ (NC)
DUKE ENERGY(2012 年 7 月上場)	465 位 /124 位	電力会社	1327.6 億ドル	2.87 万人
エンタープライズ・プロダクツ・パートナーズ	230.2 億ドル	エネルギー	25.1 億ドル	ヒューストン (TX)
ENTERPRISE PRODUCTS PARTNERS(非上場)	469 位 /125 位		521.9 億ドル	6800 人
アムジェン (1980~)	229.9 億ドル	バイオ医薬品	77.2 億ドル	サウザンド・オウクス (CA)
AMGEN	471 位 /126 位	メーカー大手	776.2 億ドル	1.92 万人
US フーズ　ホールディング (非上場)	229.1 億ドル	食品	2.09 億ドル	ローズモント (IL)
US FOODS HOLDING	475 位 /127 位		89.4 億ドル	2.5 万人
U.S. バンコープ (非上場)	227.4 億ドル	銀行	58.8 億ドル	ミネアポリス (MN)
U.S. BANCORP	481 位 /128 位		4459.6 億ドル	7.11 万人
アフラック (アメリカンファミリー生命保険会社)	225.5 億ドル	医療保険の	26.5 億ドル	コロンバス (GA)
AFLAC (1955 年 ~,1974 年 6 月上場)	483 位 /129 位	パイオニア	1298.1 億ドル	1.02 万人
シアーズ・ホールディングス (非上場)	221.3 億ドル	小売	22.2 億ドル	ホフマン・エステーツ (IL)
SEARS HOLDINGS	489 位 /130 位		93.6 億ドル	14.0 万人
ダラー・ゼネラル (1939~)	219.8 億ドル	1 ドルショップ	12.5 億ドル	グッドレッツビル (TN)
DOLLAR GENERAL(2009 年 11 月上場)	492 位 /131 位	大手	116.7 億ドル	12.1 万人
オートネーション （1991~)	216.0 億ドル	自動車販売	4.30 億ドル	フォートローダーデイル (FL)
AUTONATION(1997 年 6 月上場)	500 位 /132 位	全米最大	100.6 億ドル	2.6 万人

事項索引

（あ行）

IS・LM 理論　　104
IMF　　83
会津若松市　　59
アセット・アプローチ　　92
アファーマティヴ・アクション　　169
育児　　178
いざなぎ景気　　211
井上デフレ　　225
茨城県　　61
岩手県　　2
岩戸景気　　211
インフレーション　　214
ヴァウチャー・システム　　122
英国の貿易政策　　207
エロア資金　　130
オイコス　　134
オークンの法則　　157
大阪市　　40
大阪府　　39
大竹市　　27
太田市　　30
オランダ　　206

（か行）

外国人労働者　　148
甲斐市　　69
解体新書　　193
開発システム　　80
核家族化　　212
鹿児島県　　23
鹿嶋市　　62
価値マップ　　76
神奈川県　　71
感情的結合集団　　202
企業内貿易　　230
北九州市　　12
給与明細　　163

京都府　　48
近世　　192
勤続給　　162
近代　　192
近代化　　202
金融自由化政策　　218
金融派生商品　　83
クズネッツ循環　　107
群馬県　　29
経済学での「サービス」　　174
経済成長率　　125
経済的不平等　　167
契約的集団　　202
ゲゼルシャフト　　202
結婚　　178
ゲマインシャフト　　202
顕示比較優位係数　　230
現代　　192
江津市　　14
購買力平価説　　92
高齢者の就業　　182
高齢者への労働需要　　183
国際価値論　　94
国際均衡　　81
国内均衡　　81
古典派的接近　　114
雇用差別　　167

（さ行）

サービス　　173
最適通貨圏理論　　97
佐賀県　　64
差別の理論　　168
三種の神器　　211,212
ジェンダー・ギャップ指数　　180
滋賀県　　33
静岡県　　36
失業の形態　　154

失業の定義　　151
志布志市　　24
島根県　　13
社会契約論　　193
自由貿易協定　　130
儒教　　188
朱子学　　190
出産　　178
殉死の禁止　　191
職業差別　　167
職能給　　162
職務給　　162
諸子百家　　190
女性雇用　　179
女性労働者　　178
所得倍増計画　　212
新三種の神器　　211,212
神仏分離　　191
神武景気　　211
生産関数　　145
生産技術　　145
生産要素の相対価格　　145
生産量　　145
制度派経済学　　134
世界貿易　　228
石油危機　　214
尊王攘夷　　200

（た行）

対外ポートフォリオ投資　　83
耐久消費財　　212
大航海時代　　205
大正デフレ　　225
対内直接投資　　84
多気町　　52
武雄市　　65
多国籍企業　　230
タックス・ヘイブン　　84,230
男女雇用機会均等法　　169,180
朝鮮戦争　　210
直接投資　　83
賃金格差　　163
賃金差別　　167

賃金体系　　162
対馬市　　18
TTP　　130
デフレ・スパイラル　　224
デフレーション　　223
デフレターゲット　　223
寺請制度　　191
デリバティブ　　83
東京都　　44
トービンの q　　117
徳川幕府　　190
ドッジ・デフレ　　225
トレードオフ曲線　　156

（な行）

長泉町　　37
長崎県　　17
長浜市　　34
奈良県　　20
ニート　　170
ニクソンショック　　214
西米良村　　8
二重経済　　114
日米修好通商条約　　128
日米貿易摩擦　　218
日露戦争　　203
日清戦争　　203
日本型経営　　126
日本思想　　188
年齢給　　162

（は行）

パートタイマー　　170
バブル期経済　　218
バブル崩壊のプロセス　　220
ハロッド＝ドーマー・モデル　　118
比較優位説　　88
非正規労働者　　170
広島県　　26
フィリップス曲線　　156
福岡県　　10
福島県　　57
福知山市　　50

事項索引　*297*

仏教　　　188,189
フリーター　　　170
触頭制　　　191
米国の戦略　　　207
米国労働統計局定義　　　170
平成デフレ　　　225
ベトナム戦争　　　214
変動相場　　　216
貿易依存度　　　227
ポリシー・ミックス・モデル　　　98
本末制度　　　191

(ま行)

マクロの労働供給　　　141
町田市　　　46
松方デフレ　　　225
マンデル＝フレミング・モデル　　　95
三重県　　　51
宮崎県　　　7

明治維新　　　200

(や行)

山口県　　　54
大和市　　　72
大和高田市　　　21
山梨県　　　68

(ら行)

ラジアーの理論　　　184
リーマンショック　　　229
陸前高田市　　　3
労働供給　　　140
労働供給曲線　　　142
労働経済学　　　134
労働市場の均衡　　　158
労働需要　　　145

人名索引

（あ行）

愛知揆一	258
青木一男	255
芦田均	256
安住淳	267
麻生太郎	266,269
安倍晋三	264
阿部信行	255
安藤昌益	192
池田成彬	254
池田勇人	256,257
池田光政	191
石橋湛山	255,257
石渡壮太郎	255
泉山三六	256
市来乙彦	253
一万田尚登	255,257
伊藤博文	251
犬養毅	254
井上馨	252
井上準之助	253,254
伊吹文明	265
岩崎弥之助	251
イングルハート	76
植木庚子郎	258
ウォーラーステイン	205
宇佐美洵	257
内村鑑三	194
宇野宗佑	260
大久保利通	250
大隈重信	250,252
オークン	157
大平正芳	259
小笠原三九郎	256
岡田啓介	254

荻生徂徠	192
小倉正恒	255
織田信長	189
小渕恵三	262
尾身幸次	264
オリーン	88

（か行）

海部俊樹	260
片岡直温	254
勝海舟	200
カッセル	92
勝田主計	253
桂太郎	252
加藤高明	253
加藤弘之	193
加藤友三郎	253
金子一平	259
賀屋興宣	254,255
カルドア	104
川田小一郎	251
河田烈	255
菅直人	266,267
岸信介	257
北村徳太郎	256
清浦奎吾	253
クズネッツ	107
久保亘	261
クローサー	92
黒田清隆	251
黒田東彦	268
ケインズ	107
小泉純一郎	262
小磯国昭	255
小崎敏男	150

人名索引　*299*

コッホ	193		トービン	117
近衛文麿	254		徳川家康	190
			富田鉄之介	251
			富永健一	202

（さ行）

西園寺公望　252
西郷隆盛　200
斉藤実　254
坂谷芳郎　252
桜内幸雄　255
佐々木直　258
佐藤栄作　257
佐野常民　250
サミュエルソン　89
ジェンナー　193
塩川正十郎　262
幣原喜重郎　255
渋沢敬三　255
シュムベーター　107
シュルツ　121
城島光力　268
白川方明　265
杉田玄白　193
鈴木貫太郎　255
鈴木善幸　259
澄田智　259
曾禰荒助　252

（た行）

高橋是清　253,253,254
竹下登　259,260
武富時敏　253
武村正義　261
伊達宗城　250
田中角栄　216,257,258
田中義一　254
谷垣貞一　263
津島寿一　255
寺内正毅　253
東条英機　255

（な行）

内藤湖南　189
中江兆民　194
中川昭一　266
中曽根康弘　259
中村正直　193
夏目漱石　194
新木栄吉　255,257
新島襄　194
西周　193
西村茂樹　193
額賀福志郎　265
野田佳彦　267

（は行）

ハートマッカーティー　81
ハイエク　104
橋本龍太郎　260,261
パスツール　193
羽田孜　261
鳩山一郎　257
鳩山由起夫　266
華岡青洲　193
馬場鍈一　254
浜口雄幸　253,254
林義郎　261
林羅山　190
早速整爾　254
速水優　262
原敬　253
東久邇宮稔彦王　255
土方久徴　254
ヒックス　104
平沼騏一郎　255

広瀬豊作	255	三塚博	261
広田弘毅	254	三土忠道	254
フィリップス	156	宮澤喜一	260,261,262
深井英五	254	向井忠晴	256
福井俊彦	263	村山達雄	259,260
福田赳夫	258,259	村山富一	261
福田康夫	265	本居宣長	192
藤井裕久	261,266	森永貞一郎	259
藤井真信	254	森喜朗	262
藤原惺窩	190		
ヘクシャー	88	**(や行)**	
ベッカー	121	山県有朋	251
ペリー	128	山際正道	257
坊秀男	259	山本権兵衛	253
細川護熙	261	山本達雄	252,253
本多利明	192	湯浅泰雄	189
		結城豊太郎	254
(ま行)		与謝野馨	266
前川春雄	259	吉田茂	255
松尾臣善	252	吉原重俊	250
松方正義	250	米内光政	255
松方正義	251		
マッキンダー	78	**(ら行)**	
松下康雄	261	ラーナー	104
松平慶永	250	李退渓	190
松田正久	252	ルイス	113
松永光	261	ルソー	193
マルクス	107	レオンチェフ	107
マンデル	95	ロビンス	104
ミード	80		
三重野康	260	**(わ行)**	
三木武夫	259	若槻礼次郎	253
三島弥太郎	253	渡辺国武	251
水田三喜男	257,258	渡辺美智雄	259

[著者紹介]
木村武雄（きむら・たけお）
1953 年　1 月　29 日，鎌倉生まれ。
1977 年　青山学院大学経済学部経済学科卒業。
1979 年　青山学院大学大学院経済学研究科修士課程修了。
1984 年　桜美林大学経済学部非常勤（近代経済学）
　　　　　以降現在に至るまで，以下何れかの大学で途切れなく非常勤を歴任。
　　　　　青山学院大学（一部二部［計画経済論，各国経済論 A，外書講読］，二部演
　　　　　習［**比較経済体制論のゼミを 17 年間担当**。ゼミ卒業生は **200 余名**（共著
　　　　　者の江口君も）。夜間のゼミには珍しく 1 期生から大日本印刷，テルモ等の
　　　　　東証一部上場企業に就職した例もあり，年度によっては 3 年定員 10 名を超
　　　　　えて 20 名近くの時もあった］，東洋大学（一部二部短期大学，［経済学，経
　　　　　済体制論，比較経済体制論 A・B，移行期経済論 A・B］，麗澤大学［ロシ
　　　　　ア研究，東欧研究，ロシア経済論，東欧経済論，国際地域研究総論］，富士
　　　　　短期大学（現東京富士大学）［必修，経済政策論，経済入門］，通信教育［必修，
　　　　　経済政策論］），高崎経済大学［現代経済思想，外書購読］，筑波学院大学（旧
　　　　　東京家政学院筑波女子大）［日本経済論，国際経済論］，中央大学［経済計画
　　　　　論，サービス産業論，日本経済論］，淑徳大学［労働政策論及び経済構造と
　　　　　経済政策 C］。（最終 3 大学の最終科目のみ現在に至る）。
1985 年　青山学院大学大学院経済学研究科博士課程経済政策専攻単位取得。
1997 年　アテネ・フランセ（御茶ノ水）古典ギリシャ語修了。
2003 年　中央大学経済研究所客員研究員（現在に至る）。
[学術業績]
（単著）『地方創生と労働経済論』五絃舎，2017 年 10 月。
　　　　『地方創生と日本経済論』五絃舎，2016 年 9 月。
　　　　『10 カ国語経済・ビジネス用語辞典』創成社，2014 年 11 月。
　　　　『欧露経済研究の新地平　普遍主義を切り口として』五絃舎，2009 年 10 月。
　　　　『EU におけるポーランド経済』創成社，2009 年 5 月。
　　　　『ポーランド経済（最新第 2 版）』創成社，2003 年 4 月（2 刷 05 年 3 月）。
　　　　『欧州におけるポーランド経済』創成社，2000 年 2 月（2 刷 00 年 10 月）。
　　　　　　☆書評①　香川敏幸「木村武雄箸『経済体制と経済政策―体制転換国の経
　　　　　　　済分析を中心に』『欧州におけるポーランド経済（ Gospodarka polska w
　　　　　　　europie)』」『公共選択の研究』第 34 号 107-109 頁，2000 年 4 月。
　　　　　　☆書評②　箱木真澄「木村武雄箸『欧州におけるポーランド経済』」『広島経
　　　　　　　済大学経済研究論集』第 23 巻第 1 号 107-108 頁，2000 年 6 月。
　　　　　　☆書評③　小山洋司「木村武雄箸『欧州におけるポーランド経済』」『新潟大
　　　　　　　学経済論集』第 73 号 17-22 頁，2002 年 9 月。
　　　　『経済用語の総合的研究（第 7 版）』創成社，2009 年 7 月（初版 2001 年 4 月）。
　　　　　［2 刷 2001 年 4 月，2 版 02 年 9 月，3 版 03 年 4 月，4 版 05 年 3 月，5 版，
　　　　　06 年 4 月，6 版 08 年 5 月，7 版 09 年 7 月］。☆書評③　22 頁。
　　　　『EU と社会システム』創成社，2008 年。
　　　　　　☆書評④『ヨーロッパ』2008 年秋号（通巻 255 号）27 頁，駐日欧州委
　　　　　　　員会代表部
　　　　『戦略的日本経済論と移行期経済論(第 2 版)』五絃舎，2008 年(初版 05 年 9 月)。

『経済体制と経済政策』創成社，1998 年 12 月（初版），2003 年 3 月（5 刷）
☆書評①及び☆書評③ 21 頁。

（共著）（江口充崇氏と）『経済分析手法』五絃舎，2012 年 10 月。
飯島大邦編『格差と経済政策』中央大学出版部，2018 年 10 月。
飯島大邦他編『制度改革と経済政策』中央大学出版部，2010 年 3 月。
飯島大邦・谷口洋志・中野守編著『制度改革と経済政策』中央大学出版部，2010 年 3 月。
中野守編『現代経済システムと公共政策』中央大学出版部，2006 年 12 月。

（単著）［市場流通定期刊行物雑誌論文］
「ソヴィエト刺激システム」『科学技術と経済政策』勁草書房，1984 年。
「ソ連の財政トリックの解明」『経済往来』第 36 巻第 9 号，1984 年。
「ロシア財政赤字の起源」『海外事情』第 42 巻第 5 号，1994 年。
「波蘭経済 CEFTA の問題点」『国際経済』第 48 巻，1997 年。

（共著論文）
（日向寺純雄氏と）「欧州におけるポーランド経済（Ⅰ・Ⅱ）『青山経済論集』第 49 巻第 4・5 号，1998 年。

（所属学会）
ロシア東欧学会（旧ソ連東欧学会）1977 年筆者修士課程 1 年入会，学会報告 1984 年 9 月）
日本経済政策学会（1979 年筆者博士課程 1 年入会，学会報告 83 年，2002 年 5 月，部会報告 97 年 1 月）
日本財政学会（1979 年筆者博士課程 1 年入会，学会報告 84 年 10 月）
日本経済学会（旧理論・計量経済学会）（1979 年筆者博士課程 1 年入会）
日本国際経済学会（旧国際経済学会 1979 年筆者博士課程 1 年入会，学会報告 96 年 10 月）
比較経営学会（旧社会主義経営学会）（1979 年筆者博士課程 1 年入会，幹事（履歴書・学術業績目録は当時の文部省提出義務），学会報告 97 年 3 月，部会報告 85 年 1 月）

（木村武雄ゼミナールのゼミ員との共作）
『木村武雄ゼミナール活動報告書 1990 年 4 月～2006 年 3 月』青山学院大学図書館蔵
『青山学院大学経済学部第二部木村武雄ゼミナール卒論レジュメ 1997，98，99，03，04』同
『青山学院大学経済学部第二部木村武雄ゼミナール卒論質疑応答集』同

大学教官歴 30 年超シリーズ
①大学教官歴 30 周年記念著作
『10 ヶ国語・ビジネス用語辞典』創成社，2014 年。
②大学教官歴 33 周年記念著作
『地方創生と日本経済論』五絃舎，2016 年。
③大学教官歴 35 周年記念著作
『地方創生と労働経済論』五絃舎，2017 年。
④大学教官歴 37 周年 記念著作
『地方創生と社会システム』五絃舎，2019 年。（本書）

著作本インターネット検索（　キーワード　→　木村武雄，　経済　）
NACSIS（全国大学図書館ネット），日本国国会図書館及び WORLDCAT（世界大学図書館ネット）。
WORLDCAT には，米国議会図書館 (Library of Congress)，ハーヴァード・プリンストン・イェール・シカゴ・ケンブリッジ・クインズランド（豪）・エラスムス（蘭）ブリュッセル（白）の各大学図書館。早大・慶大・中大は NACSIS 加盟大学でなく，直接当該大学図書館に。

社会的活動

鎌倉市役所講演「ＥＵの東方拡大とコソヴォ問題」1999 年 5 月 28 日。
市民大学講座（於麗澤大）「ロシアの歴史と文化」「EU 拡大と現代ポーランド」等 2000 年 4 〜 12 月

教員免許

中学 1 級・高等学校 2 級社会科教員免許，1977 年 3 月。東京都教育委員会
高等学校 1 級社会科教員免許，1979 年 3 月。東京都教育委員会。

地方創生と社会システム

2019 年 10 月 12 日　第 1 刷発行

著　者：木村武雄
発行者：長谷雅春
発行所：株式会社五絃舎
　　〒173-0025　東京都板橋区熊野町 46-7-402
　　電話・ファックス：03-3957-5587
組　版：office five strings
印刷所：モリモト印刷
ISBN978-4-86434-106-6
Printed in Japan　　Copyright Reserved 2019 © Takeo　Kimura